制造业高质量发展的多维路径探索

吴媛媛 陈 芮 崔艳叶 著

湘潭大学出版社
XIANGTAN UNIVERSITY PRESS

图书在版编目（CIP）数据

制造业高质量发展的多维路径探索 / 吴媛媛，陈芮，崔艳叶著. -- 湘潭 : 湘潭大学出版社，2024. 9.
ISBN 978-7-5687-1561-4
Ⅰ. F426.4
中国国家版本馆CIP数据核字第2024LN1499号

制造业高质量发展的多维路径探索

ZHIZAOYE GAOZHILIANG FAZHAN DE DUOWEI LUJING TANSUO

吴媛媛 陈芮 崔艳叶 著

责任编辑：牛敬丹　刘沫希
封面设计：彭　婷
出版发行：湘潭大学出版社
社　　址：湖南省湘潭大学工程训练大楼
电　　话：0731-58298960 0731-58298966（传真）
邮　　编：411105
网　　址：http://press.xtu.edu.cn/
印　　刷：长沙印通印刷有限公司
经　　销：湖南省新华书店
开　　本：710 mm×1000 mm 1/16
印　　张：13.5
字　　数：251千字
版　　次：2024年9月第1版
印　　次：2024年9月第1次印刷
书　　号：ISBN 978-7-5687-1561-4
定　　价：58.00元

前　言

当前，我国正在加快推进制造强国建设，制造业高质量发展既能为现代化强国建设奠定坚实的物质技术基础，又能为我国高水平参与全球竞争合作、有效应对外部风险挑战筑牢强大根基。为此，必须从全局的角度出发，精心规划和推动制造业的发展，探索出一条既具有中国特色、又顺应时代潮流，且能引领全球的高质量发展道路。

本书首先从理论框架出发，详细阐述制造业高质量发展的相关概念、意义、时代要求、现实基础和理论溯源。接着，在“互联网＋”背景下，深入剖析互联网如何影响制造业的产业集聚，进而提升产业创新效果和促进产业升级。此外，本书还研究了数字经济如何赋能制造业高质量发展，探讨了其面临的挑战和实现路径。智能制造作为另一重要方面，也被深入讨论，包括其内涵、关键技术以及在制造业中的多个应用领域。同时，本书还探索了新发展格局下制造业的转型升级之路，包括转型的机制、方向以及不同行业的发展情况。最后，书中着重强调了绿色发展在制造业发展中的重要性，并提出了绿色税收和碳中和目标下制造业的绿色发展路径。

全书结构严谨，逻辑清晰，内容丰富，不仅为制造业的高质量发展提供了全面的理论支持，还从实际操作层面给出了详尽的指导，是一本极具价值的参考书。

在本书写作过程中，笔者获得了许多专家和学者的帮助与指导，在此表示衷心的感谢。由于笔者的能力有限，加之时间紧迫，书中可能存在一些遗漏之处，希望读者们能够提供宝贵的意见和建议，以便笔者进一步修订，使其更加完善。

目　录

第一章　制造业高质量发展的理论框架

第一节　制造业高质量发展概述

一、经济高质量发展的基本概念

经济高质量发展，也被称为经济发展，是以创新为驱动，注重高效、节能、环保，并追求高附加值的增长方式。这种发展方式以智慧经济为主导，高附加值为核心，重视质量而非数量，确保国内生产总值的真实性和有效性。它推动产业不断升级，并致力于经济、政治、文化、社会和生态文明建设的全面可持续发展。

（一）发展与经济发展

“发展”是一个动态演变、不断更新的范畴。每个学科对于“发展”所诠释的内涵是不同的：从历史层面来看，“发展”是指不以人的意志为转移的，并且遵循事物客观发展的一般规律，这种发展规律是顺应历史背景下趋于更合理、更全面、更高级的事物演变规律；从哲学层面来看，“发展”诠释的是事物不断地从低级阶段向高级阶段演变的过程，是量变积累到一定程度达到质变的飞跃、旧事物被新生事物取代的过程，是在事物不断变化的基础上揭示物质世界整体运动趋势的哲学范畴；从社会层面来看，“发展”伴随着物质社会的进步与经济的发展变迁，其中包含了政治因素、经济因素、人文因素、制度因素等；从伦理道德层面来看，“发展”因为每个国家、民族、风俗等价值观念的不同而存在区别；从经济层面来看，“发展”在 20 世纪 60 年代之前是指经济增长，但一味地追求经济增长导致了一系列的经济危机与发展停滞，人们开始寻找经济发展的真正内涵所在，并且形成了社会演变与经济发展相统一的价值理念。“为了进行生产，人们相互之间便发生一定的联系和关系；只有在这些社会联系和社会关系的范围内，才会有他们对自然界的影响，才会有生产……各个人借以进行生产的社会关系，即社会生产关系，是随着物质生产资料、生产力的变化和发展而变化和改变的。"① 正因如此，每个学科对于"发展"的诠释存在很多的共性，那就是"发展"是一个动态演变、不断更新的过程，是伴随着人类社会的不断发展而不断丰富内涵的概念。

"经济发展"是发展范畴中长盛不衰的话题，即便朝代变更、民族融合、冲突战争等，每个国家、每个民族在不同历史阶段的经济都在发展演进，经济发展因为这些因素在每个时期都带有不同的时代属性与烙印。二十世纪五六十年代，经济学家界定经济发展时只是强调经济高速增长，虽然在当时的历史背景下，大部分国家的经济发展有了显著进步，但是每个国家的普通民众的物质生活没有发生质的提高。在 20 世纪 70 年代，经济学界对于经济发展有了更高层面的认识，认为经济发展不仅仅追求的是数量上的增长，还包括社会经济结构、国家制度的干预、失业率的减少、贫困率的降低等因素。经济学界代表人物达德利·西斯尔指出，假如一个国家的贫困率、失业率、收入不平衡等现象比原来的水平有下降，那么这个国家无疑是经历了经济发展。联合国第三任秘书长吴丹在制定国际发展战略第二个十年（1970—1980 年）规划时，表示经济发展是社会变革与经济增长的结合体。罗斯托的视角则是从"人民生活质量改进"来诠释"发展"是一个国家社会体系向着更加美好，人民的生活水平向着更加幸福的水平持续演进。熊彼特则是从生产要素的重新组合回答了发展的本质。步入 21 世纪以来，学界对于"发展"二字有了新的定义，概括来说分为三个层次，第一层含义是从国家发展层面来说指发展中国家，第二层含义是指发展更倾向于经济发展质量的提高，第三层含义是指人的全面发展。随着研究学者对发展内涵的不断丰富与完善，"发展"二字是从人类发展历史与社会经济生活等问题的总结中得出结论，用其诠释一个国家政治、经济、社会的变迁，包括区域的内部循环与社会转型。

综合而言，发展可以从广义和狭义来看，狭义的发展专门用来诠释社会经济的变化演进，广义的发展是从世界观的角度来诠释问题，认为发展是客观物质世

---

① 中共中央马克思恩格斯列宁斯大林著作编译局，马克思恩格斯文集（第一卷）［M］．北京：人民出版社，2009：724.

界普遍存在的，是物质世界中物竞天择和进化上升的演变过程。发展主要可从两层含义来诠释，一方面是经济总量的增长，即从量的角度的经济增长，包括国内生产总值的增长和人均国内生产总值的增长；另一方面是经济质量的增长，即从质的角度的经济增长，经济发展在量的增长基础之上，对我国政治、社会、文化、风俗习惯、法律制度等方面进行的根本性变革，既包括对经济发展理念、增长方式、数量目标、战略方向的规划和调整，也包括经济结构内部效益和经济效率的变革、科学技术的进步、创新驱动的制度变迁，最终形成人与社会的和谐发展关系，全面提升经济发展质量，构建新的生态体系。

（二）高质量发展

从学术界对发展的诠释和定义来看，从简单的增长与发展的研究到经济发展与国民经济增长，再到追求高质量发展的探索，经历了很长的时间。不同经济学派对不同时期的经济发展都做出过自己的诠释，都推动着人类社会对“什么是发展”“怎么样发展”问题的进一步探索。进入新时代，我国经济已由高速增长阶段转向高质量发展阶段，正处在转变发展方式、优化经济结构，转换增长动力的攻关期。在这一新的发展时期，也让人们对发展的定义有了重新的诠释与思考。因此，我国经济学界对新时代我国经济发展的主题进行了积极回应，即“高质量发展”，而且从新时代的经济新常态，社会主要矛盾改变，宏观、中观、微观及资源配置等多个角度对高质量发展进行了诠释。

对于高质量发展，我国学术界主要从以下五个方面进行了阐述与研究。第一，从发展的新常态角度，高质量发展是从立足新常态、融入新常态、领衔新常态的理论研究基础上对发展更深入的研究，在保证国民经济稳健增长的同时，对发展质量与效益、经济结构调整、培育新的经济增长点等方面做出的新要求。第二，从发展的新理念角度，高质量发展要坚持新发展理念和新的发展要求，创新是高质量发展的第一动力，协调是高质量发展的内生特点，绿色是高质量发展的普遍形态，开放是高质量发展的必由之路，共享是高质量发展的根本目的。第三，进入新时代，我国经济社会的主要矛盾是人民日益增长的美好生活需要和不平衡不充分的发展之间的矛盾，我国在经历高速发展的同时，经济、政治、文化等方面都取得了长足进步，高质量发展就是要满足人民日益增长的美好生活的需要。第四，从宏观、中观、微观角度，宏观角度的高质量发展不仅包括经济总量的发展，还包括经济发展的质量要求、国民经济的运行效率、社会公共服务水平、出口贸易额的数量、民生教育、政策导向等方面，需从根本上提高我国经济发展的质量，健全我国经济发展的宏观调控机制、转变政府宏观调控目标、完善供需体系，提升我国国际竞争力；中观角度的高质量发展主要是对经济发展的产业结构、出口投资结构、国民消费结构的调整，提升经济发展的生产力水平，解决经济结构不平衡的问题，最终目的是从产业链的角度提升产出效益；微观角度的高质量发展是从企业、行业角度对产品质量水平、服务水平提升，实现行业的供给与需求的平衡提出了更高的要求，促使企业通过科技创新、技术革新来提升自身的竞争力。第五，从投入与产出的效益的角度，在高质量发展之下，高的投入必然会产出高的效益，实现资源的优化配置。

研究者对高质量发展是从多个维度进行研究的，研究成果既有共性又有各自的创新之处。比如，从我国社会主要矛盾来看，高质量发展就是要解决人民日益增长的美好生活需要和不平衡不充分的发展之间的矛盾，通过全面提升国民经济的发展质量，倡导创新、协调、绿色、开放、共享的新发展理念，并促使企业对产品质量与服务水平进行全面提升，使社会经济效益更加优良。高质量发展的多维度特性可以对发展范畴进行更全面的概括，从广义上讲，高质量发展包括政治领域、经济范畴、社会文化、生态文明等多个方面，以新发展理念为导向，能够解决我国社会经济发展的主要矛盾，满足人民的美好生活需要，也包括社会意识形态、文化传播、国家治理等方面的高质量发展，所以要在量上追求经济发展的同时，协调好社会经济发展与高质量发展之间的关系。从狭义上讲，高质量发展与以往追求的高速发展是不同的，高速发展以粗放型的经济增长方式为主导，而高质量发展是保证经济总量处于合理区间的基础上，对发展质量、经济效益提出了更高的要求，是一种可持续的发展，不再单一地追求经济增长数量，而是以科技创新、技术创新、消费驱动、投资效益、产业结构调整等多个角度促进经济发展方式，是对以往粗放型的发展观念、增长方式、发展战略、推进动力、发展目标的又一次结构优化和产业升级。概括来说，高质量发展既追求提高质量增加效益，又重视经济结构变革。

概言之，高质量发展不仅仅要在经济发展质量、发展效率方面进行提升，对于经济结构的优化调整同样要重视起来，各个行业和各个产业的发展效益、经济质量、投入产出比等方面均应朝着更加科学合理的方向迈进。

（三）经济高质量发展

从马克思主义政治经济学的角度来看，人类经济社会最基本的生产活动是满足吃穿住用行等人类赖以生存所必需的物质资料的生产与交换，这也是人类历史上第一个经济活动，人类通过付出劳动生产物质资料，不但创造了自己所需的物质资料本身，而且通过交易等一系列活动推动了人类社会文明、精神文化等各个方面的前进。人类的物质生产、交换活动必须依赖一定的生产关系，因此，通过一定的生产关系，人们将各种生产所必需的生产要素组织起来，转变为能够实现价值的社会生产力。但这种生产关系也要适应现实生产力发展，生产关系和生产力的发展关系是辩证统一的。因此可以从两个方面考查社会经济活动：第一，从人类发展所必需的物质资料生产来看，只有各种生产要素有机组合在一起，才能产生社会发展、经济发展的生产力，由此可以看出，各种生产要素在规模、要素质量、组合比例、资源配置方式、经济效率等方面组合成一个合力，才能使得社会生产力发挥出应有的作用，影响整个社会经济活动的发展，促使社会经济活动向着更好的方向前进；第二，人类社会自身的发展离不开物质资料的生产、分配、交换、消费等一系列经济活动，要适应这种再生产与经济发展需要，生产关系一定是处于适应生产力发展基础之上的，社会经济生产的直接目的是使用价值，所以，使用价值高于价值本身，社会经济不断发展的条件下要以劳动者自身为主体的全体社会成员对物质资料生产，精神文化所必需的生存、发展为发展目的，通过扩大再生产的效益和经济质量，为人类社会的生存和发展提供必要的资料。

从宏观经济角度来看，高质量的经济发展是使得整个国民经济在保持数量增长的同时，经济运行更加顺畅，效率更高，国民经济的产出效益更高，产业经济直接的组成结构合理，经济结构比例协调，社会福利更加有利于人民生活水平的提高；从发展经济学的角度来看，生产要素的投入与科技创新、工艺改进、制度完善、对外开放共同推动着经济的高质量、高效率发展，劳动力、土地、资本和自然资源等要素投入的同时也要注重各个要素之间的优化组合和产出效率的提高，只有这样才能推动经济的增长；从质量经济学的角度看，经济发展的主要目的是能够生产出让消费者满意的产品和服务，通过国际标准化组织对“质量”的定义可以看出，产品质量和服务质量就是能够在规定的用途中或者消费者潜在需求中满足他们的实际需要的特性总和，能够满足特定需求的固有特性等，即如果用标准度量产品特性时，产品所能够表现出来的实际水平。2015 年，国际标准化组织将“质量”定义为关注质量的组织者通过满足顾客及相关方的需求来实现价值。从国际标准化组织对质量的定义的演变可以看出，质量一词从以产品为中心的定义逐渐演变为以顾客、消费者为中心的定义，从客观属性向主观属性演变，体现了消费者不断变化、多样化的需求和产品差异化的要求，最终目的都是使产品质量和服务水平得以提升。

从以上论述可以看出，经济的高质量发展的本质主要包括以下三点：第一，生产要素之间投入产出效益高，在一定数量的生产要素投入量的前提下，经济增长产出的效益越高，经济发展的质量越高，在既定经济产出效益的情况下，所投入的生产要素，如土地、资本、劳动者、自然资源等数量越少，对于生态环境的发展越好，那么经济发展质量越高，通过生产要素之间投入比例和结构的最优组合产生更高的效益来实现经济高效率、高质量的发展，这种关系的内在逻辑是从生产要素的投入数量的衡量转变为生产要素的投入效率，从生产要素生产率对经济增长的贡献度的角度进行分解和测算得到经济生产效率的提高更加能够凸显出经济增长的高效率和绿色性；第二，经济的高质量发展要求整个国民经济产业结构之间不断动态调整和优化，其本质特征是从单纯的粗放型追求数量的增长转向调整经济结构、优化质量为主的经济结构更深层次的协调，通过供需结构、产业水平的不断升级优化来推动产品质量的升级，更加突出整个国民经济结构的和谐；第三，从推动经济的发展动力来看，经济发展动力从简单的生产要素数量投入驱动逐渐转变为依靠科学技术创新、劳动力综合素质提高、企业管理水平提升、管理制度创新等生产要素推动经济发展，为经济高质量发展提供长久的增长动力，凸显出经济发展动力的转换，简单来讲就是产品质量、服务供给由从无到有转变为从有到优。总之，一个国家或者地区在一定时期内所产出的生产产品、服务的总量能够满足人民生活的多样性、高端性需要。

二、制造业高质量发展的内涵

现代化经济体系的核心特征是经济高质量发展，现代经济体系的基本特征同样是实现经济高质量发展，经济高质量发展的前提和基础是制造业的高质量发展。

制造业高质量发展是经济高质量发展的重要内容，是全面建设社会主义现代化国家的关键战略支撑。标准决定质量，有什么样的标准就有什么样的质量，只有高标准才有高质量。对于制造业而言，标准化是创新发展的驱动力，是制造业质量技术基础的核心要素。科学认识和准确把握高标准引领制造业高质量发展的内涵、基础与推进方向，具有重要意义。

所谓标准，是指为了在一定的范围内获得最佳秩序，经协商一致制定并由公认机构批准，共同使用和重复使用的一种规范性文件。标准是经济活动和社会发展的技术支撑。在我国，制定技术先进、内容协调统一，既能满足国内经济提质增效升级需求，又能得到国际同行认可的高标准，是提升产品质量的重要保障，也是推动制造业高质量发展的重要基础。在全球层面，通过制定或实行国际标准，有利于提升我国制造业国际竞争力；在宏观层面，通过制定支撑技术法规和强制性标准等，能够规范并促进制造业增长稳定、发展均衡、环境协调、就业充分；在产业层面，通过推动技术创新与标准结合，有利于促进创新发展、产业规模壮大、结构优化、质量提升；在微观企业层面，通过应用先进质量管理标准，有利于提升企业竞争力、质量可靠性和品牌影响力。

制造业高质量发展离不开高标准的引领与支撑。这些年来，通过标准化改革，我国在标准体系、高标准引领实践和国际标准化方面打下了扎实基础。基本建立起政府主导制定的标准和市场自主制定的标准协同发展、协调配套的新型标准体系。开展地方标准化综合改革试点，紧贴经济社会发展需求，在新旧动能转化、产业转型升级、促进新兴产业加快发展等方面大力开展高标准引领制造业高质量发展实践，培育出一批高标准高质量的区域品牌。此外，我国在参与国际标准化活动中取得了瞩目成绩，国际标准化地位显著提升，为我国制造业“走出去”创造了便利条件。

三、制造业高质量发展的特征

我国经济实现高质量发展的重要组成部分是制造业高质量发展，这是我国在实现基本工业化的基础上，在新时代对我国经济发展提出的新要求。制造业的高质量发展是一个有机的整体，贯通企业研发、生产、销售全过程，对生产要素的投入要求低，资源配置效率高，能够显著提升品牌的实力，优化生态环境，经济效益的产出效果好，是高水平的经济持续增长。目前，我国经济转型的路径主要有两条：一是通过新旧能源动力转换来实现；二是从追求经济高速度增长转变为追求经济高质量发展，不仅仅是单纯地追求经济的高速度增长，而是在保证经济增长的同时，追求经济增长的效率更高、供需更平衡、经济结构更高端，以绿色发展助推经济高质量发展，在经济增长速度上从不计代价的粗放式增长转变为更加追求质量的内涵式增长。

制造业的高质量发展是经济发展活力、经济效益和发展质量有机结合的整体，是制造业产业生态体系的高质量发展。从制造业产业链源头要素来看，制造业的高质量发展能够以顶层规划具有前瞻性的产业发展；从制造业科技创新的角度来看，制造业的高质量发展能够引领制造业价值链及其生产要素资源链不断增值、不断创新；从科技创新的角度来看，以科技创新为主导的制造业具有市场地位、科学技术领先、品牌优势等优势，制造业的高质量发展应依托第二产业原创性的研发能力、技术创新能力、商业化应用推广能力和第一、第二、第三产业之间的融合发展能力，制造业的高质量发展又可以推进我国互联网行业、大数据产业、人工智能技术与现代制造业的融合发展，推动各个产业之间建立战略支撑体系。高质量的制造业发展可以依托合理的产业结构布局、强劲发展的动力、良好产业效益的产业生态系统，满足我国人民日益增长的美好生活需要。制造业高质量发展的活力包括市场参与主体各类企业的活力、产业层面科技创新的活力、市场交易的活力和市场经济宏观环境活力。制造业高质量发展下的综合效益包括经济效益、社会效益和生态效益的有机结合，体现的是人类社会、产业行业与自然生态相协调的一种包容性的增长。因此，制造业高质量发展既要求市场活力、发展动力和国际竞争力的高度一致，发展质量、经济效益和生态环境的有机统一，也要求经济发展速度、产业结构、发展品质的相互协调。

（一）高效率的发展

制造业的高质量发展可以用发展效率指标来进行评价，可以将其分为高效率的发展与低效率的发展。制造业高效率的发展是指以较少的生产要素投入获得最大的经济收益，而制造业低效率的发展则是以较大的生产要素投入获得较少的产出效益。制造业的高质量发展是高效率的发展，决定制造业能够高效率发展的一个关键因素是科学技术创新，科学技术创新可以使各种生产要素的投入最大限度地发挥作用，就是说通过科学技术创新能够以较少的生产要素投入实现经济效益的最大化。所以，为了实现制造业高效率发展和高质量发展，就必须从产业层面和企业层面积极鼓励科学技术创新，特别是通过科学技术创新获得颠覆性的科技成果和原创性的科学技术。为此，从研究阶段就要进行超前性的基础学科的研究，形成科学技术创新所必需的财力支撑、知识产权法律制度、生产要素的物质基础、人才资源。制造业高质量发展的另一个关键因素是管理制度创新，制度创新能够有效地调动各种生产要素的积极性，使得各种生产要素发挥出最大限度的作用，通过制度创新能够以较少的生产要素消耗获得更大的经济利益。我国改革开放四十多年的经验充分表明，制度创新能够充分提高经济效率，所以我们要推动制造业高效率、高质量的发展，就必须持续推进各种制度创新，特别是建立以现代市场经济为核心的现代化经济体系。

（二）有效供给性的发展

如果从市场经济供求关系的角度来评价制造业的发展，可以将其分为制造业的有效供给性发展和无效或低效供给性发展。制造业的有效供给性发展是指在市场经济运行过程中实现了供求双方关系的平衡，制造业的无效或低效供给性发展主要表现为市场经济供需关系失衡，生产能力严重过剩，商品库存积压严重。制造业的高质量发展是有效供给性发展。我国制造业在过去一段时间有了较快的发展，但是在国民经济的各个产业中存在产能过剩、商品库存积压的现象，与此相对应的是人们所需求的满意产品和服务供给相对不足，去海外购物成了时尚，这种现象的存在实际是一种无效或低效的供给性发展。但要消除这种无效或低效供给性发展仅仅依靠市场自我的资源配置调节在短时间内是不能取得成效的，所以我国政府开展了供给侧结构性改革，目的就是加快供给企业的结构调整，快速对产能过剩和商品库存积压问题展开积极应对，为制造业高质量发展的有效供给打下良好的基础。制造业的无效供给性发展存在的一个重要因素是作为供给侧的企业、行业没有风险危机意识，只是盲目地加大生产规模，盲目地进行产业扩张，因此只有通过去杠杆化才能有效地消除制造业发展的无效供给的存在，通过降低整个制造业的杠杆率来推动制造业的高质量发展。制造业无效供给的另一个重要原因是制度对风险约束和管控力度不够，企业的经营者对过剩的产能和商品的库存没有从制度上进行风险约束和管控，会导致企业在经济利益的驱动下盲目地加大生产规模，商品库存积压严重。制造业的高质量发展必须有效地进行制度改革，特别是国有企业的供给侧结构性改革，推动企业进行有效的风险约束和管控，实现制造业更好的经济效益。

（三）中高端结构的有效发展

从制造业产业结构的划分来看，制造业发展可以分为中低端制造产业的发展和中高端制造产业的发展，我国的制造业发展在过去很长一段时间内都倾向于中低端制造业的发展，这主要是由我国当时的生产力发展水平决定的，制造业的高质量发展实际上就是中高端制造业产业的发展，制造业的中高端产业发展与中低端产业发展最大的区别在于是否属于国民经济的支柱型产业。中低端产业结构的制造业包括传统的制造业，中高端制造业的支持型企业主要包括两类，第一类属于战略性新兴制造产业，比如新能源汽车、新材料、生命生物工程技术、大数据技术、人工智能技术、节能环保、工业机器人技术、高端装备制造等；第二类是现代制造业，比如航天工程航天器的制造、高铁装备制造、现代船舶制造、海洋装备制造等。因此，我国在向中高端制造业发展的转变过程中，要重点发展战略性新兴产业、现代制造业等成为我国的支柱型产业。

（四）绿色发展

以往我国制造业的发展是在追求数量增长的情况下的发展，存在高污染和高消耗的情况，这种类型的制造业发展注定是不会长久的。制造业的高质量发展与这种只是简单地追求数量增长的高污染与高消耗自然资源的发展是相互对立的，是不符合制造业高质量发展条件的，制造业的高质量发展是节能环保的，是一种绿色的、对环境友好的发展，要实现制造业的绿色发展，首先要保护好自然生态环境，不能以生态资源的破坏为代价。我国过去一些制造业企业为了发展忽视了对当地自然资源的保护，甚至是不惜以破坏当地生态平衡为代价换取发展，严重地危害到了我国的生态安全。发展是硬道理，但是发展不能以生态环境为代价。所以，在制造业绿色发展的理念之下，企业应该从多个方面入手加大对自然生态资源的保护和修复，包括各类河流生态带、山川自然资源生态等。制造业要实现绿色发展。必须对工业现代化和城市化背景下带来的废气、废水、工业固废等进行妥善处理，如果对工业废弃物处理不好，那就不是真正的现代工业化和城镇化，当地经济发展也不是绿色发展。从以往的经验和教训可以看到，工业废弃物、工业垃圾妥善处理的唯一路径是通过科学技术创新，形成良好的生态循环，走现代工业化道路，现代工业化标志着产业的节能环保绿色发展。因此，节能环保就是通过科学技术创新推动我国制造业绿色发展。

（五）可持续发展

如果只是盲目地规模扩张和粗放发展，在一段时间内可以实现制造业的高速度发展，但是这种发展方式是不可持续的，严重的时候可能会引发经济危机。所以，盲目地规模扩张和粗放发展是不可取的，制造业的高质量发展是可持续的发展，要求在制造业高质量发展的战略规划下克服盲目性，因为盲目性会促使企业订立错误的发展目标，过度追求杠杆效应。而过度地追求杠杆效应必然会导致企业的经营风险甚至会导致经济危机，我国改革开放以来的制造业发展，虽然取得了长足的进步，但是依然不能盲目地追求杠杆效应。所以，制造业的高质量发展必须在调整产业结构的基础上，防止企业的杠杆率过高，随时都要去杠杆，越是处于制造业转型的关键时期越要注重去杠杆，制造业的可持续发展需要认真考虑制造业各个产业的自然资源的利用情况和社会经济资源的承受能力，这就是为什么我国制造业不能盲目地规模扩张寻求发展的原因。因此，制造业要实现高质量发展，就必须遵循经济发展的客观规律，坚守科学的发展路径，转变发展方式，提升发展水平。

（六）和谐的发展

制造业高质量发展的最终目的是满足人民日益增长的美好生活需要，造福全国人民，提高人民生活水平，如果制造业的发展不能实现这个目的，甚至影响到人民生活的幸福感和人类生存的生态环境，那么这种发展是和人民的要求相对立的。制造业的高质量发展是社会和谐的发展，人与社会的和谐、人与自然环境的和谐。制造业的和谐发展要求在制造业发展过程中各个社会阶层的幸福感随着制造业的发展而增长，虽然各个社会阶层对幸福感增长的要求有所不同，但都有其需求的相应增长。破坏生态和谐的发展是没有前途的，但是过度的福祉分化也会导致各个社会阶层的不稳定，所以，为了保证各个社会阶层的福祉能够随着制造业的发展而提升，就必须推行良好的企业税收制度和社会保障制度，在实现经济发展的同时强调效率，社会再分配更加注重公平有效，完善社会财富的调节机制。在现代企业制度下，人们因为各种原因，在制造业发展中会有不同程度的利益追求，甚至可能存在同样的付出却获得了不同的利益等情况，必须建立完善的社会保障制度，防止因为制造业的发展导致社会的不公平，制造业的和谐发展是经济发展的长期目标。

第二节 制造业高质量发展的重要意义

制造业高质量发展对于全面建设社会主义现代化国家具有重大而深远的意义。作为经济体系的关键构成，制造业高质量发展能够加快技术创新和产业结构升级，为现代化建设奠定强大的物质技术基础；能够促进高质量和多层次就业，为实现共同富裕提供支撑保障；能够促进资源高效集约利用，为人与自然和谐共生探索新路径；能够赋能全球经贸合作和产业链供应链稳定，为构建互利共赢的国际关系铺就康庄大道。

一、制造业高质量发展为现代化建设提供物质技术支撑

制造业作为我国经济体系的重要组成部分，其高质量发展对于现代化建设起着举足轻重的支撑作用。在这一进程中，技术创新、产业结构升级以及物质技术基础的构建，成了推动制造业高质量发展的关键因素。

（一）制造业技术创新的重要性

在制造业高质量发展的过程中，技术创新是核心驱动力。它不仅能够促进新产品、新技术的研发，还能够有效提升国家整体的科技实力。

新产品、新技术的研发是技术创新最直接的体现。随着科技的不断进步，消费者对产品的需求也日益多样化，这就要求制造业必须不断进行技术创新，以满足市场的需求。例如，在智能手机领域，各大品牌通过不断研发新技术、推出新产品，不仅满足了消费者对手机性能、拍照、续航等多方面的需求，也推动了整个行业的快速发展。

技术创新还是提升国家整体科技实力的重要途径。一个国家的科技实力，很大程度上决定了其在国际竞争中的地位。制造业的技术创新，不仅能够提高企业的核心竞争力，还能够为国家培养大量的科技人才，从而推动整个国家的科技进步。以华为为例，其在5G技术方面的创新，不仅让华为在全球通信设备供应商中脱颖而出，也为我国在5G领域的领先地位奠定了基础。

（二）产业结构升级的推动作用

随着科技的发展和全球经济的变革，传统制造业向智能制造转型已经成为大

势所趋。智能制造不仅能够提高生产效率，降低生产成本，还能够提升产品质量和客户满意度。例如，德国提出的“工业4.0”战略，就是通过引入互联网、物联网等技术，实现制造过程的智能化和个性化定制，从而提升制造业的竞争力。

产业链的优化与提升也是产业结构升级的重要内容。在全球化的背景下，制造业的产业链已经形成了紧密的联系。通过优化产业链，可以实现资源的合理配置和高效利用，从而提升整个产业链的竞争力。以新能源汽车产业为例，从原材料供应、电池生产、电机制造到整车生产、销售和售后服务，形成了一个完整的产业链。通过优化这一产业链，可以实现各环节的协同创新和高效运作，从而推动新能源汽车产业的快速发展。

（三）物质技术基础的构建

高端装备制造业具有技术含量高、附加值高、产业链长等特点，其发展水平直接影响到一个国家的制造业实力和科技创新能力。以航空航天装备为例，其发展水平不仅代表了一个国家的科技实力，也为国家的国防建设和经济发展提供了重要支撑。

关键核心技术的突破则是物质技术基础构建的另一个重要方面。随着全球竞争的加剧，谁掌握了关键核心技术，谁就能在竞争中占据优势地位。因此，各国都在加大投入，力图在关键核心技术上取得突破。例如，在芯片制造领域，随着5G、物联网等技术的快速发展，对芯片的需求也日益增长。哪个国家能够在芯片制造技术上取得突破，哪个国家就能够在未来的科技竞争中占据有利地位。

二、制造业高质量发展为充分就业和共同富裕提供保障

制造业作为国民经济的主体，其高质量发展对于促进就业和实现共同富裕具有重要意义。在当前经济形势下，推动制造业高质量发展，不仅能够提供多样化的就业岗位、培养技能型人才，还能够通过提高劳动者收入水平和促进区域经济均衡发展，为实现共同富裕奠定坚实基础。

（一）制造业对就业的拉动作用

1. 提供多样化就业岗位

制造业是一个包含众多细分行业的庞大产业，从原材料加工到产品组装，从

技术研发到市场营销，每一个环节都需要大量的人力资源。因此，制造业的发展为劳动者提供了丰富的就业机会。这些岗位不限于生产线工人、技术员、质量检测员、销售代表等，覆盖了各个层级和技能水平的劳动者。

以汽车行业为例，随着新能源汽车的兴起，相关产业链不断延伸，对电池、电机、电控等核心零部件的研发和生产需求日益增加。这不仅为相关专业的毕业生提供了更多的就业机会，也为转岗和再就业人员提供了新的职业选择。

2. 培养技能型人才

制造业的高质量发展离不开技能型人才的支持。随着制造业的转型升级，对于具备专业技能和知识的劳动者需求越来越大。因此，制造业的发展也推动了技能型人才的培养。

一方面，企业通过与职业院校合作，开展校企合作项目，共同培养符合企业需求的高素质技能型人才。这种合作模式不仅让学生在校期间就能接触到实际的生产环境和项目，还能够帮助他们更好地适应未来工作岗位的需求。

另一方面，企业内部也会开展各种技能培训活动，提升员工的技能水平和专业素养。这些培训活动不仅包括理论知识的学习，还有实践操作能力的提升，有助于员工在职业生涯中不断进步和成长。

（二）制造业与共同富裕的关联

1. 提高劳动者收入水平

制造业的高质量发展意味着企业效益的提升和产业链的完善，这将直接反映在劳动者的收入水平上。随着制造业的转型升级和技术创新，劳动者的生产效率和工作质量得到了显著提升，从而获得了更高的劳动报酬。

以智能制造为例，随着自动化和智能化技术的应用，生产效率得到了大幅提升，同时也对劳动者的技能水平提出了更高的要求。那些掌握先进技术和专业技能的劳动者，往往能够获得更高的薪资待遇和更好的职业发展机会。

2. 促进区域经济均衡发展

制造业的发展对于区域经济的均衡发展具有重要意义。一方面，制造业能够带动相关产业的发展，形成产业集群效应，提升整个区域的经济发展水平。另一方面，制造业的发展也能够吸引更多的外来投资和人才流入，进一步推动区域经济的繁荣。

以长三角地区为例，该地区依托强大的制造业基础，吸引了大量的国内外企业和人才聚集。这不仅推动了当地经济的快速发展，也为周边地区带来了更多的就业机会和经济增长点。通过制造业的高质量发展，长三角地区已经成为我国经济发展的重要引擎之一。

三、制造业高质量发展为人与自然和谐共生探索新路径

在当今快速发展的工业化时代，制造业的迅猛发展为人类社会带来了巨大的经济效益，但同时也伴随着资源消耗和环境污染的问题。为了实现可持续发展以及人与自然和谐共生，制造业高质量发展成了一条必经之路。这种发展模式不仅关注经济效益，更强调资源的高效集约利用和环境保护，为人与自然和谐共生探索出一条新路径。

（一）资源高效集约利用的意义

随着全球资源日益紧缺，提高资源利用效率成了制造业发展的当务之急。资源高效集约利用不仅可以有效缓解资源压力，还能为企业带来经济效益和社会效益的双重提升。

1. 节能减排，降低环境污染

在制造业生产过程中，能源消耗和废弃物排放是造成环境污染的主要原因。通过高效集约利用资源，企业可以降低能源消耗，减少废弃物和有害物质的排放，从而有效降低环境污染。例如，采用先进的生产工艺和设备，可以提高能源利用效率，减少能源消耗；同时，通过废物回收和再利用，可以减少废弃物的排放，降低对环境的影响。

以汽车制造企业为例，通过引进先进的生产线和技术，可以大幅提高能源利用效率，降低废弃物排放。这不仅能够提升企业的生产效率，还能为企业赢得良好的环保形象，从而提高市场竞争力。

2. 提高资源利用效率

提高资源利用效率是制造业高质量发展的核心要义之一。通过改进生产工艺、优化生产流程、提高设备效率等方式，企业可以充分利用每一份资源，实现资源价值的最大化。这不仅可以降低生产成本，提高企业的经济效益，还有助于缓解全球资源紧张的局面。

以钢铁行业为例，通过采用高炉煤气余压发电（TRT）技术、干熄焦（CDQ）技术等节能技术，以及优化生产流程、提高设备维护水平等措施，可以显著提高资源利用效率，降低生产成本，同时减少能源消耗和环境污染。

（二）制造业绿色发展新模式

随着环保意识的日益增强，制造业绿色发展新模式应运而生。这种新模式以循环经济与可持续发展为核心理念，通过应用绿色技术和清洁能源，推动制造业向更加环保、高效的方向发展。

1. 循环经济与可持续发展

循环经济强调资源的循环利用和高效利用，以实现经济、社会和环境的可持续发展。在制造业中，循环经济主要体现在废物减量化、资源化和无害化处理等方面。通过废物分类、回收和再利用，企业可以实现废物的减量化处理；同时，通过技术创新和工艺改进，将废物转化为有价值的资源，实现废物的资源化利用。这不仅有助于降低生产成本，提高企业的经济效益，还能为环境保护做出贡献。

以电子废弃物为例，通过专业的回收和处理流程，可以提取出有价值的金属和其他材料，实现资源的再利用。这种做法不仅减少了废物对环境的污染，还为企业带来了额外的经济收益。

2. 绿色技术与清洁能源的应用

绿色技术和清洁能源的应用是制造业绿色发展的关键所在。绿色技术包括节能技术、环保材料、清洁生产技术等，这些技术的应用可以有效降低能源消耗和环境污染。清洁能源如太阳能、风能等可再生能源的利用，不仅可以减少化石能源的消耗，还能降低温室气体排放，有助于应对全球气候变化。

以家电制造企业为例，通过引进先进的节能技术和环保材料，可以生产出更加节能、环保的家电产品。同时，还可以利用太阳能等清洁能源为生产提供电力支持，降低生产成本和对环境的影响。

四、制造业高质量发展为构建互利共赢的国际关系打好基础

在全球化的今天，制造业的发展已经不仅仅是一个国家内部的经济问题，而是与全球经贸合作和国际关系紧密相连的。制造业的高质量发展，对于维护全球

经贸合作、稳定产业链供应链、构建互利共赢的国际关系，都具有十分重要的基础性作用。

在全球经济一体化日益加深的背景下，制造业的高质量发展不仅关乎一个国家的经济实力和产业竞争力，更对构建互利共赢的国际关系起着至关重要的作用。通过提升制造业的质量和效率，各国能够更好地融入全球经贸合作体系，稳定产业链供应链，进而促进技术交流与合作，推动全球经济共同发展。

（一）全球经贸合作与产业链供应链的稳定

1. 国际贸易中的制造业角色

制造业在国际贸易中扮演着举足轻重的角色。它是商品生产的核心，为全球市场提供着丰富多样的产品。从原材料的加工到最终产品的组装，制造业贯穿了整个生产链条。在国际贸易中，制造业产品的出口往往占据重要地位，它不仅是外汇收入的主要来源，也是国家经济实力和工业水平的体现。

随着全球化的深入，制造业的国际化程度越来越高。许多跨国公司在全球范围内布局生产线，利用各地的资源和市场优势，实现生产效率和成本控制的最优化。这种全球化的生产模式，使得制造业在国际贸易中的角色更加重要，也推动了全球经贸合作的不断深化。

2. 供应链安全与效率的提升

制造业的高质量发展对供应链的安全与效率有着显著影响。全球供应链的日益复杂使得任何一个环节的失误都可能导致整个供应链的中断。因此，提升制造业的质量和效率，对于保障供应链的稳定至关重要。

通过引入先进的技术和管理模式，制造业可以实现生产过程的自动化、智能化，从而提高生产效率和产品质量。同时，通过加强供应链管理，优化库存和物流，可以降低运营成本，提高供应链的响应速度和灵活性。这些措施不仅有助于提升企业的竞争力，也有助于保障全球供应链的安全与稳定。

（二）互利共赢国际关系的构建

1. 技术交流与合作的平台

制造业的高质量发展为国际技术交流与合作提供了广阔的平台。随着科技的不断进步，制造业的技术含量越来越高。各国在制造业领域的技术交流与合作，不仅可以促进技术的传播与应用，还可以推动相关产业的创新发展。

例如，新能源汽车、智能制造等领域的技术交流与合作，已经成为当前国际科技合作的重要方向。通过共享技术成果、共同研发新产品和技术标准，各国可以在互利共赢的基础上推动制造业的持续进步。

2. 促进全球经济共同发展

制造业的高质量发展是推动全球经济共同发展的重要动力。随着全球产业链的深度融合，各国经济已经形成了紧密的相互依存关系。制造业的发展不仅关乎一个国家的经济繁荣，也影响到全球经济的稳定增长。

通过加强国际合作，推动制造业的转型升级和技术创新，各国可以共同应对全球性挑战，如气候变化、资源短缺等。同时，制造业的发展还可以带动相关产业的繁荣，创造更多的就业机会和经济增长点，从而实现全球经济的共同发展。

第三节　制造业高质量发展的时代要求

现代化产业体系是一个有机整体，具有完整性、先进性、安全性特征。完整的现代化产业体系要求制造业保持较大的规模体量和较高的结构比重，先进的现代化产业体系有赖于具有“含金量”“含智量”“含绿量”的先进制造业，安全的现代化产业体系筑基于制造业的自主可控能力之上。因此，脱离制造业高质量发展，现代化产业体系就缺乏根基支撑；抛开现代化产业体系建设，制造业高质量发展就会面临结构性制约和系统性掣肘。

一、现代化产业体系以制造业畅通循环协作为主要关联

在现代化产业体系中，制造业的畅通循环协作是维系整个体系高效运转的关键环节。制造业作为产业链中的核心，不仅连接着上下游产业，还是物质流、信息流和资金流的重要枢纽。其内部的协作机制，特别是供应链和创新链的协同，对于提高资源配置效率和增强产业体系韧性具有深远意义。

（一）制造业在产业链中的核心作用

制造业在现代化产业链中占据着举足轻重的地位，是链接上下游产业的桥梁

和纽带。以汽车制造业为例，它需要上游的原材料供应商提供钢材、塑料、橡胶等原材料，同时也需要下游的销售和服务网络将产品送达消费者手中。这种承上启下的作用使得制造业成为整个产业链的核心。

此外，制造业还是物质流、信息流和资金流的交汇点。在生产过程中，原材料、零部件和成品的流动构成了物质流；生产计划、订单信息、库存状态等数据的交换形成了信息流；而资金的支付、结算和流转则构成了资金流。这三者的有效运转，都依赖于制造业的顺畅运作。

（二）制造业内部的协作机制

在制造业内部，供应链协同和创新链协同是两大关键协作机制。供应链协同强调各环节之间的紧密配合，以确保生产的高效和稳定。例如，在电子产品制造业中，芯片供应商、组件制造商和最终产品装配商之间的协同至关重要。只有这些环节紧密衔接，才能确保产品的顺利生产和交付。

创新链协同则侧重于技术研发和产品创新的合作。在新能源汽车领域，电池技术的突破需要材料科学、电化学、机械设计等多个领域的交叉合作。这种协同不仅有助于加速新技术的研发，还能提升整个产业链的竞争力。

（三）畅通循环协作的意义

畅通循环协作对于提高资源配置效率和增强产业体系韧性具有显著意义。通过优化供应链管理，企业可以减少库存积压、缩短交货周期，从而提高资源的使用效率。同时，创新链的协同有助于企业快速响应市场变化，推出更具竞争力的产品。

以智能手机产业为例，供应链中的芯片设计、屏幕制造、电池供应等环节必须高度协同，以确保新产品的快速上市和高质量生产。此外，面对市场需求的快速变化和技术创新的不断涌现，智能手机产业链上的企业必须通过创新链协同来共同应对挑战，保持产业体系的灵活性和韧性。

二、现代化产业体系以制造业高位竞争优势为核心支撑

在现代化产业体系的构建中，制造业的高位竞争优势无疑是其核心支撑力量。这种优势不仅源于制造业深厚的技术积累和品牌价值，更得益于智能制造和工业互联网等先进技术的应用。通过持续加大研发投入，积极培养和引进高素质人才，制造业能够不断巩固和提升其高位竞争优势，从而在全球产业链中占据举

足轻重的地位。

（一）制造业的“含金量”

制造业的“含金量”主要体现在技术创新和品牌价值两个方面。技术创新是推动制造业发展的根本动力，它不仅能够提升产品质量，降低生产成本，还能够开发出新的产品和应用，从而满足市场的多样化需求。以新能源汽车产业为例，电池技术的持续创新使得电动汽车的续航里程不断提高，充电时间大幅缩短，这些都极大地提升了消费者的使用体验，也推动了新能源汽车市场的快速发展。

品牌价值则是制造业“含金量”的另一重要体现。一个知名的品牌不仅能够赢得消费者的信任和忠诚，还能够为企业带来溢价收益。品牌价值的提升需要企业在产品质量、服务水平、营销推广等多个方面做出持续努力。例如，华为凭借其卓越的产品质量和创新的营销策略，成功塑造了高端、可靠的品牌形象，使其在全球通信设备市场中占据了重要地位。

（二）制造业的“含智量”

智能制造和工业互联网应用是提升制造业“含智量”的两大关键。智能制造通过引入先进的自动化技术、信息技术和制造技术，实现了生产过程的自动化、数字化和智能化。例如，许多汽车制造商已经引入了高度自动化的生产线和智能机器人，实现了从零部件加工到整车装配的全流程自动化生产。

工业互联网应用则将制造业与互联网深度融合，实现了设备、人员、服务等要素的全面互联。通过工业互联网平台，企业可以实时采集生产现场的数据，对生产过程进行精准控制和优化。同时，工业互联网还能够促进企业间的协同创新和资源共享，推动制造业向更加高效、智能、绿色的方向发展。

（三）高位竞争优势的构建

要构建制造业的高位竞争优势，必须持续加大研发投入和产出。研发投入是推动技术创新和品牌建设的基石，只有不断地进行技术研发和产品创新，才能够在激烈的市场竞争中保持领先地位。同时，研发投入的产出也是衡量企业创新能力的重要指标。一个高效的研发体系应该能够快速地将研发成果转化为具有市场竞争力的产品或服务。

此外，制造业的发展离不开高素质的人才队伍。企业应该注重内部人才的培养和提升，为他们提供良好的职业发展平台和培训机会。同时，积极引进外部优秀人才也是提升企业竞争力的重要途径。通过引进具有丰富经验和专业技能的人才，企业可以快速地提升自身的技术水平和创新能力。

三、现代化产业体系以制造业和数字经济融合为强劲动能

在当今快速发展的科技时代背景下，制造业与数字经济的深度融合已经成为现代化产业体系发展的强劲动能。这种融合不仅为制造业带来了新的发展机遇，也推动了整个经济体系的转型升级。

（一）制造业数字化转型的必要性

制造业数字化转型是提高生产效率和优化供应链管理的关键途径。随着全球市场竞争的日益激烈，提高生产效率成为制造业持续发展的重要因素。数字化转型能够通过引入先进的自动化技术、信息技术和制造技术，实现生产流程的智能化和自动化，从而提升生产效率。例如，通过应用工业物联网技术，企业可以实时监控生产设备的运行状态，预测维护需求，减少故障停机时间，确保生产线的持续稳定运行。

同时，数字化转型对于优化供应链管理也具有重要意义。在传统的供应链管理模式下，企业往往面临着信息不对称、协同效率低等问题。而通过数字化转型，企业可以建立数字化的供应链管理系统，实现供应链各环节的信息共享和协同工作。这不仅有助于企业实时掌握市场需求、库存情况和物流信息等关键数据，还能够提高供应链的响应速度和灵活性，从而更好地满足客户需求，降低运营成本。

（二）数字经济与制造业的深度融合

数字经济与制造业的深度融合体现在工业互联网平台的建设以及智能制造与智能服务的推广上。工业互联网平台是实现制造业数字化转型的重要基础设施。通过搭建工业互联网平台，企业可以将生产设备、产品、服务等要素连接起来，形成一个互联互通的网络。在这个平台上，企业可以实时采集和分析生产数据，优化生产流程，提高生产效率。

智能制造与智能服务的推广则是数字经济与制造业深度融合的另一重要体现。智能制造通过引入先进技术，实现了生产过程的自动化、数字化和智能化。这不仅能够提高生产效率，还能够提升产品质量和生产柔性。而智能服务则是以

客户为中心，通过提供个性化的产品和服务解决方案，满足客户的多样化需求。例如，一些先进的制造企业已经开始提供基于物联网技术的远程监控和维护服务，帮助客户实时掌握设备运行状态，预防潜在故障，提高设备使用效率。

第四节　制造业高质量发展的现实基础

自工业化以来，制造业一直是一国经济发展的重要支柱。我国经过多年的改革与发展，逐步形成了以制造业为重要支撑的“世界工厂”。但是，当前我国经济运行面临需求不足和外部环境复杂严峻的局势，过去制造业“规模扩张、投资驱动、出口导向”的三张牌模式难以为继。新发展阶段，我国制造业发展面临着新的问题和挑战。

一、规模体量巨大但高精尖环节短板突出

我国制造业的规模体量无疑是世界级的。历经数十年的快速发展，凭借国内庞大的劳动力资源、深厚的技术积累和源源不断的资本投入，中国制造的产品已经深入全球各个角落，成为世界上不可或缺的制造力量。这种规模效应为我国带来了显著的经济增长和国际影响力的提升。然而，当深入剖析这种规模效应背后的结构时，会发现一个不容忽视的问题：在高端制造业领域，尤其是那些涉及高精尖技术的环节，我们的短板异常明显。这些高精尖技术是现代制造业的核心，是决定一个国家制造业水平和国际竞争力的关键因素。

在集成电路、高端装备制造、新材料等关键领域，我们与发达国家之间的技术差距仍然明显。这种差距并不仅仅体现在最终产品的研发上，还体现在对高精尖技术的深入理解和掌握上。我们虽然可以生产出大量的产品，但在关键技术、核心零部件以及高端材料的研发和生产上，仍然高度依赖进口。这种短板的存在，意味着我国在全球价值链中的位置仍然偏于中低端。尽管生产出了海量的产品，但在技术附加值更高的领域，我国的影响力有限。高精尖技术的缺失，已经成为制约我国制造业向更高质量、更高附加值方向发展的关键因素。这种局面并不是一朝一夕可以改变的，它需要我们持续投入研发，加强技术积累，培养和引进高端人才，逐步提升我国在高精尖技术领域的实力。这是一个长期而艰巨的任

务，但只有这样，才能真正提升我国制造业的核心竞争力，实现制造业的高质量发展。

二、门类体系完备但产业链卡阻循环不畅

历经数年的持续努力与发展，我国制造业已经建立起了一套相当完备的产业门类体系。我国制造业领域广泛涵盖基础原材料加工至高端装备制造，以及轻工纺织至重工业等各个方面，几乎所有制造业分支皆有相应的产业支撑，这种全面的产业布局为我国经济稳步增长奠定了坚实基础。然而，在这片繁荣景象之下，亦存在若干深层次问题。尤其是在产业链的某些关键环节，存在的“卡脖子”现象逐渐浮出水面，引起了行业内外的广泛关注。这些“卡脖子”问题，主要体现在上游原材料和核心零部件的供应上。由于种种原因，包括技术瓶颈、资源限制或国际政治因素等，我们在某些关键原材料和零部件上仍然高度依赖外部供应。在半导体产业领域，尽管我国已取得了显著的进步，但在高端芯片的设计与制造能力方面，尚存在短板。提及高端芯片，人们普遍会想到国际知名半导体企业，然而我国在此领域的影响力相对较弱。由于核心技术的缺失，我们不得不大量进口高端芯片，这无疑增加了制造成本，更重要的是，它影响了整个产业链的顺畅运行。

这种“卡脖子”现象并不仅仅存在于半导体产业，在其他多个制造业领域，也有类似的问题。这些问题不仅影响了制造业的整体效率，更削弱了我们的国际竞争力。因此，如何让这些“卡脖子”的环节变得更为顺畅，如何实现产业链的自主可控，成了当前我国制造业亟须面对的挑战。

三、要素成本上升，产业转移寻找新洼地

随着我国经济的迅猛发展和城市化进程的加速推进，劳动力、土地等关键生产要素的成本持续攀升已成为一个不争的事实。在过去，我国制造业得益于丰富且相对廉价的劳动力和土地资源，快速崛起为全球制造业的重要基地。然而，随着时间的推移，这些传统优势正逐渐消失，劳动力成本的上升尤为明显。随着人民生活水平的提高和劳动力市场供求关系的变化，工人对薪资待遇的期望也在不断提高。企业为了吸引和留住人才，不得不提高薪酬福利，这无疑增加了企业的运营成本。同时，土地资源的稀缺性也日益凸显，尤其是在东部沿海地区，土地

价格飞涨，使得企业的用地成本大幅增加。

面对这些挑战，许多传统制造业企业开始感受到前所未有的经营压力。为了维持利润空间和竞争力，它们不得不考虑将生产线迁移到成本更低的地区。这一过程中，一些劳动密集型产业，如纺织、玩具制造等，逐渐向我国中西部地区甚至海外市场转移。

中西部地区的劳动力和土地成本相对较低，且地方政府为了吸引投资，往往会提供一系列优惠政策，使得这些地区成为制造业企业新的投资热点。然而，产业转移并非简单的地理位置的变迁，它涉及产业链的重组、技术的更新换代以及市场的重新定位等诸多方面。

这种产业转移的趋势虽然有助于企业在短期内降低生产成本，提升利润空间，但也带来了新的挑战。如何确保在产业转移过程中实现技术的升级和产业的升级，防止产业转移仅仅变成低水平的重复建设，是当前需要深入关注和思考的问题。毕竟，简单的成本转移并不能解决根本问题，只有通过技术创新和产业升级，才能真正提升制造业的核心竞争力。

四、传统模式步入尾声，创新发展亟待破局

传统制造业的发展模式，长久以来都有赖于规模的不断扩张和大量的资本投入来推动的。在这种模式下，企业往往更侧重于生产线的快速复制和产能的迅速提升，以期通过大规模生产来降低成本，从而在市场上获得价格优势。这种策略在过去的几十年中确实为我国制造业的崛起立下了汗马功劳，造就了“世界工厂”的美誉。然而，随着全球经济格局的深度调整和科技的日新月异，单纯依靠规模和投资来推动的发展模式已经显得力不从心。尤其是在信息技术、智能制造等高新技术的冲击下，传统制造业的短板愈发凸显。在此背景下，创新发展，特别是技术创新和模式创新，被寄予了厚望，被视为制造业转型升级、换道超车的关键所在。

但创新之路并非坦途。它需要企业投入大量的研发资金，建设高水平的研发团队，同时还需要构建起完善的创新生态体系，包括与科研院所、高校等机构的紧密合作。更为重要的是，创新需要一种文化和氛围，这需要企业从根本上改变传统的思维模式和组织架构。

除了技术层面的创新，模式创新也同样重要。在新的经济形势下，消费者需

求日趋多样化和个性化，这就要求制造业必须从传统的批量生产转向更为灵活和定制化的生产模式。而这一切，都离不开创新的推动。

但对于我国制造业而言，创新并非一蹴而就的事情。它需要在保持和提升传统优势的同时，不断探索和尝试新的技术和业务模式。这无疑是一个巨大的挑战，但也是制造业走向高质量发展的必由之路。因此，在创新与传统之间找到平衡点，构建起符合自身特点的创新体系，是当前我国制造业亟待解决的问题。

五、绿色发展提速但结构性转型负担沉重

随着全球气候变化问题的日益凸显和环保意识的逐渐提升，绿色发展不仅成了国际社会的共同呼声，更是制造业持续健康发展的必然选择。我国作为世界上最大的制造业国家，对绿色转型的重视程度也日益提高。近年来，我国制造业在绿色转型上迈出了坚实的步伐，特别是在新能源汽车、节能环保设备以及可再生能源技术等领域取得了举世瞩目的成就。

新能源汽车的快速发展是我国绿色转型的一个缩影。国内众多汽车制造商纷纷投身于电动汽车、混合动力汽车等清洁能源汽车的研发和生产，以期在全球绿色出行浪潮中抢占先机。同时，节能环保技术的研发和应用也取得了重要突破，一系列高效节能设备逐渐替代了传统的高能耗设备，有效降低了生产过程中的能源消耗和环境污染。

然而，尽管绿色发展提速明显，但转型之路并非坦途。绿色转型意味着对传统制造业的深刻改造，这涉及产业升级、技术改造、市场开拓等多个层面，每一项都需要巨额的资金投入和长期的研发实践。此外，传统制造业在转型过程中还不得不面对诸多现实问题，如旧设备的淘汰更新、员工技能的再培训、市场需求的重新定位等，这些都给企业带来了巨大的经济压力。

同时，转型还意味着可能带来一系列的社会成本和风险。转型过程中可能出现的企业倒闭、失业增加等问题，都会给社会稳定带来挑战。因此，如何在确保经济稳步发展的同时，实现制造业的绿色转型，是一道摆在我国制造业面前的难题。这一结构性转型的负担，无疑给我国制造业的未来发展增加了更多的不确定性和挑战。

六、国际竞争力强但产业转移外迁压力大

我国制造业凭借出色的制造能力和成本控制，在国际市场上展现出了强大的

竞争力，特别是在中低端产品领域，中国制造的标签已然成为性价比与可靠性的代名词。这一成就的取得，离不开国内完善的产业链、高效的物流体系以及熟练的劳动力资源。多年来的出口导向型经济策略，更是推动了我国制造业的蓬勃发展，让“中国制造”享誉全球。

然而，我国制造业在享受国际竞争力带来的红利的同时，也面临着不小的挑战。近年来，国内生产要素成本的持续上升，让企业利润空间受到压缩。劳动力、原材料、能源等成本的增长，使得一些传统制造业企业开始重新考量其生产布局。与此同时，国际贸易环境的复杂多变，如贸易保护主义的抬头、汇率波动等，也增加了企业出口的不确定性。在这样的背景下，一些企业开始寻求将生产线外迁到成本更低的地区，以维持或提升竞争力。东南亚、非洲等地凭借更低成本的生产要素和逐渐完善的基础设施，成为潜在的生产基地。产业转移虽然在短期内可能为企业带来成本优势，提高在国际市场的竞争力，但从长期视角来看，这一现象可能引发诸多问题。其中，技术流失尤为值得关注。生产线的外迁意味着核心技术及管理经验的输出，一旦这些关键技术和管理经验被他国或地区掌握，可能孕育出新的竞争对手。此外，产业转移还可能导致国内就业机会的减少，对社会稳定和经济发展产生一定负面影响。因此，在保持国际竞争力的同时，防止产业过度外迁和技术流失，是我国制造业当前及未来发展所必须关注的重要问题。

第五节　制造业高质量发展的理论溯源

一、经典工业化理论

“工业革命”由法国经济学家阿道夫·布朗基于 1837 年首次提出；之后，恩格斯在 1845 年发表的《英国工人阶级状况》中明确地使用了这一概念名词；而真正让这个名词成为一个时期的则是牛津大学的青年历史学者阿诺德·汤因比，他于 1880 至 1881 年间就“工业革命”进行了一系列的主题演讲，并于 1884 年发表了《工业革命演讲集》，使这一名词开始流行起来并成为历史学家们的经典用语。目前，工业革命的定义通常是一场社会生产从工场手工生产向工厂大机器生产过渡的生产力的根本变革和社会关系的激烈变革。

（一）马克思主义工业化思想

马克思和恩格斯对于工业化问题的研究，与他们对整个经济理论的研究大体上相一致，而在政治经济学领域的研究，恩格斯对马克思来说是引领者。可以说，马克思对政治经济学领域的研究带给这门科学真正意义上的革命，而马克思投身政治经济学的研究又和与恩格斯的接触是密不可分的。

《政治经济学批判大纲》是恩格斯在1844年发表的著作，核心讨论的就是经济问题，《政治经济学批判大纲》是马克思主义政治经济学的首部文献。[①] 1845年，在《英国工人阶级状况》中，恩格斯探讨了工业革命带来的系列问题，作为马克思主义工业化第一部理论著述，恩格斯首次使用了“工业革命”这个概念。他认为工业革命可以从两个角度进行解读：一是通过工业生产技术的提高、生产工艺的改进推动生产力提高；二是推动改进生产方式，通过建立工厂制度推动生产力大幅提高。第一个角度相对直接地提高了生产能力和生产效率，第二个角度则通过一种新型组织模式，利用工业化运动让新生产组织和新生产方式快速复制发展起来。从这个角度来看，工业革命不单单是技术升级后的生产力提高，还包括新生产方式这种间接提高生产力的方式。

马克思认为，分工一方面会让工人在生产过程中趋向片面化和从属化，另一方面还会使人与人不断竞争、人与机器不断竞争。重要的是，与此同时，资本家通过分工实现了资本积累，实现资本积累后反过来又进一步扩大分工，随着分工的不断发展推进，工人越趋向片面化，也就越在精神上和肉体上从属化，即分工促进劳动生产力提高，促进了工业化，但也强化了劳动的异化。

（二）中国化的马克思主义工业化思想

1. 毛泽东思想对马克思主义工业化理论的发展

毛泽东思想是马克思主义中国化的重要理论成果，也是在对马克思经济理论尤其是政治经济学进行分析的基础上与中国具体实际相融合的体现。在新中国成立后中国共产党第一代中央领导集体十分重视工业发展和工业进步，一方面积极克服相同意识形态但工业发展路径完全不同的苏联所带来的影响，发展重工业；

① 赵玲．马克思恩格斯工业化理论研究［D］．苏州大学硕士学位论文，2015.

另一方面也探索符合我国国情的工业化道路，发展了民用轻工业等工业体系。

2. 邓小平理论对马克思主义工业化理论的发展

邓小平理论从我国国情出发，根据国内环境和世界外部格局重新对我国社会主义发展道路进行设计，重视结合马克思主义工业化的理论和一些国家的发展建设的实践经验来发展我国工业。从邓小平的论断中可以看到，他深刻挖掘出了现代科学技术和生产力之间的相关性，并强调了科学研究在科学技术进步和社会生产变革中的关键作用。“科学技术是第一生产力”是在我国发展道路上提出的最重要也是被广为流传的论断之一，这句话不仅揭示了现代社会科学技术和社会生产之间的关系，更给我国相当长的一段时间内的工业发展定了调子，这同马克思主义基本原理中的许多论述如出一辙，也都充分强调并重视科学和技术在推动工业化进程、促进社会生产变革生产过程中的关键作用。事实上，现代科学技术飞速发展确实给我国经济发展和生产升级提供了巨大机会。另外，邓小平同志作为我国改革开放的总设计师，对中国特色社会主义作了新的诠释，使得我国经济的发展突破了传统社会主义构想的限制，这也是马克思主义基本原理曾提到过的“生产方式的变化”，紧随改革的脚步不断向前迈进，新制度的制度优势使得我国的工业发展锦上添花，速度飞快，而伴随着速度的是可喜的成绩，从深圳对外开放到长三角、珠三角工业格局的不断优化，再到我国遍地是工厂，都得益于邓小平理论对马克思主义工业化理论的活学活用。因此我们要充分认识到马克思主义基本原理在我国的应用实践。

3. “三个代表”重要思想对马克思主义工业化理论的发展

在马克思工业化理论不断在我国深入应用的场景下，江泽民同志指出我国工业化的发展水平制约了我国的发展进步，过去工业化发展的成果显著，但是由于管理能力和发展水平受限，工业化的经济效益不高、科学技术含量不高、人力资源利用不充分、资源消耗多和环境污染严重等问题严重，所以必须走一条“新型工业化道路”。另外，江泽民同志充分地认识到了“信息化”和“工业化”之间的关系，提出要以信息化推动工业化，以工业化带动信息化，是新型工业化道路的“新”之所在。在此背景下，我国的经济发展尤其是工业经济发展得到了信息化的支撑，使得我国制造业发展埋下了重要的信息化基因，这也使得我国在面对世界互联网浪潮之际把握机会乘风破浪。

4. 科学发展观对马克思主义工业化理论的发展

科学发展观的核心是对发展的定义，发展是第一要务，求发展根本就是要靠经济建设发展社会生产力。科学发展观强调了发展的标准是“又快又好”。科学发展观对“发展”的期待和马克思工业化理论有着密不可分的关联性，它强调了要重视发展理念、发展方式及发展质量效益等方面的目标。首先是我国工业尤其是制造业的发展理念需要更新，不必过于关注 GDP 的增加值，而要关注整体发展、全面发展，这一思路设想对我国工业和制造业的发展尤其重要，对于工业制造业的提质增效，对于工业制造业转变发展思路有着重要作用；其次是要让工业发展的方式得到改变，使粗放发展变为集约高效发展。过去相当长一段时间我国的工业制造业发展进步飞速，但由此带来的相关问题也比较突出，发展方式粗放所带来的能耗和环境等一系列问题突出都使得我国的发展存在着大量的隐性社会成本，因此提出转变发展方式的必要性尤为显著，必须变粗放发展为集约高效发展，这是我国工业制造业换挡升级的必由之路；最后是要追求发展的质量和效益，发展理念带动发展方式的调整，发展方式的变革要带来发展质量的提高和效益的兑现，必须在设计之初就将质量及效益和发展理念及发展方式的变革统一到一起，即我们要关注发展各个方面的有机统一，也只有把质量和效益结合其中，才符合马克思主义工业化理论底层思想。

5. 习近平新时代中国特色社会主义思想对马克思主义工业化理论的发展

习近平新时代中国特色社会主义思想是马克思主义中国化最新理论成果。党的十九大报告指出：“加快建设制造强国，加快发展先进制造业，推动互联网、大数据、人工智能和实体经济深度融合，在中高端消费、创新引领、绿色低碳、共享经济、现代供应链、人力资本服务等领域培育新增长点、形成新动能。”面对互联网时代，我国制造业必须同大数据和人工智能充分反应，形成一批我国工业制造业发展的新突破口和新增长点。这是我国新时代工业制造业发展的新路径，我国的工业发展之路一定要对标高位、布局先进，成为价值链的中高端。党的十九大报告对我国工业发展的路线阐述充分细致，对于我国制造业的未来布局构想和关键发展节点的预判充分，能看到习近平新时代中国特色社会主义思想是我国工业制造业发展的新指南，也能看到它和马克思主义工业化理论在新时代的充分结合。

二、新型工业化理论

（一）德国工业 4.0

工业 4.0 的概念是德国在 2013 年 4 月汉诺威工业博览会上提出的，主要目的是使德国工业在国际上拥有一定的话语权，提高其国际竞争力。德国政府在《德国 2020 高技术战略》中提出，要把引领新一轮工业革命作为未来十大项目之一。① 之所以要改变、要革命，一定是存在某些困境和问题，而要变革的终极问题就是生产缺乏灵活性，即使在第三次工业革命中，人类已经通过流水线和自动化的大规模生产顺利进入产能过剩时期，但是人类社会发展其实出现了一个分水岭，即工业革命。工业革命最大的影响莫过于改变了人类生活发展过程中面临的主要问题，从生产不足转变为需求不足，虽然我们在通用需求的满足上远远超过了全人类的需求，但个性化的需求却远远不足。而旧的生产模式已经不能匹配新的能够刺激和满足个性的需求，这就需要生产的灵活性，"柔性制造"的智能工厂呼之欲出，由于德国坚实的工业基础，所以其关注度更多在生产过程上，这将使德国在未来的工业 4.0 浪潮中，以这种新的生产智能化模式继续领跑全球制造业。

（二）美国工业互联网

2008 年经济危机使美国意识到长期发展金融与虚拟经济导致经济空心化所带来的隐患，其政府开始制定再工业化的顶层设计来规避风险，此举代表了美国新工业革命的开端。美国总统科技顾问委员会提出"先进制造伙伴计划"。2014 年，美国政府发布了《加速美国先进制造业》，即 AMP2.0。"先进制造伙伴计划"有两个主要内容：一是建设制造创新中心，二是重塑美国制造业先进文化，这两个内容都是为了孕育制造业的土壤。而美国在数据流动自动化领域真正的解决办法是美国通用电气公司提出的工业互联网，此概念指的是网络全球化，将人与数据、机器与数据、人与机器紧密连接起来，再通过传感器的投入使用使机器

① 杜晓东．市场经济对中国制造业现代化影响的研究［D］．对外经济贸易大学硕士学位论文，2015：18.

智能化，先实现机器之间的连接，再把人和机器连接在一起，最终实现各个系统的协同和效率最优化。之所以要把工业互联网化，其实跟德国提出智能工厂大相径庭，由于全球经济增长放缓，客户购买节奏放缓，制造商为了维持增长必须提升自己的产品竞争力，而想要在已购置设备上提升效率，从存量设备上赚取服务的利润，“制造业＋互联网”是最好的办法。

（三）英法“新工业化”

为了争夺未来制造业的制造点，除了德美两国，英法也跃跃欲试。作为引领第一次工业革命的英国，伴随着世界信息化与互联网的发展，其在工业领域不断缩减制造业发展比例，导致其失去制造业世界强国地位。2013 年，在德国提出工业 4.0 的同时，英国公布了《英国工业 2050 战略》，将服务型制造作为制造业未来发展的重要方向。其实，自 20 世纪 80 年代以来，英国跟美国一样，开始推行去工业化战略，本土集中发展金融、数字等创新型高端产业。在这次争夺赛中，英国率先应用区块链技术，采用了新的方式用金融数字化超越信息化和自动化。跟德国与美国相比，英国无论自动化还是信息化都很难与之相匹敌，但通过金融优势，把区块链融入国家战略发展层面，也使其在工业 4.0 时代彰显了一定的地位。2013 年，法国的《新工业法国》正式发布。它跟英美两国一样，在“去工业化”之后，给本国的制造业和就业带来了明显压力，而法国政府已经意识到工业强则国家强的道理，调整后的法国再工业化内容极其全面，从国家层面系统地优化了法国制造业发展的总体布局。

（四）日韩机器人战略

日韩均是东亚发达国家，在全球制造业强国序列中占据着重要的位置，由于人口结构特殊，老龄化问题较严重，人力成本问题成为制约其制造业发展的主要障碍。因此，发展机器人代替部分自然人劳动力势在必行。2009 年，韩国启动机器人五年计划，截至 2018 年两轮机器人计划，前一个侧重产业架构，后一个侧重融合扩张。未来的韩国将围绕机器人产业，着力构建全产业链的机器人产业生态系统，努力进行机器人开发与研究。日本作为机器人传统强国，在互联网时代仍然紧追不舍，2015 年，“日本机器人新战略”发布，目标直指世界第一。日本工业生产基础好，尤其是以制造业为主的工厂中，应用场景非常适合机器人，在汽车与电子产业中，机器人的生产效率有着明显优势。

三、新工业革命理论

（一）我国新工业革命理论的提出

2015年5月，国务院颁布了《中国制造2025》，首次提到新工业革命理论。《中国制造2025》是中国实施制造强国战略第一个十年的行动纲领，也是我国的“工业4.0”规划，是推动我国经济成功转型的关键。

新工业革命本质是对我国工业发展趋势的一个定性判断，是基于对工业革命内涵全面把握的基础之上，结合我国国情，特别是“互联网+”“双创”以及改革红利等新时代经济发展背景下的精准分析。新工业革命需要围绕其核心特征，即数字化、网络化、智能化、绿色化来推动其发展过程。

（二）我国新工业革命的现状

我国工业产业链在世界上趋于成熟，工业品生产市场在国际中占据重要地位。虽然我国在高速铁路、桥梁隧道、核电等领域掌握了核心科技，但相比后工业时代的美国，工业产业结构性问题突出。美国中低端制造业保留比例有限，却在一些高端制造方面处于垄断地位，尤其是航空发动机、关键技术软件、高端芯片等细分市场。我国必须在质量、创新、效率和技术方面实现反超，通过深度参与和积极引领新工业革命，帮助我国构建现代化经济体系，完成社会主义现代化强国的建设目标。

（三）我国新工业革命的发展路径

如今在互联网飞速发展的背景下，新一轮工业革命在整个世界范围内正如火如荼地开展。我国如何在新一轮的工业革命中乘风破浪，关键在于我们采取什么样的发展路径。

从路径来看，首先，新一轮工业革命会聚焦于新产品新服务的研究开发，让产品升级作为新工业革命的第一个突破口，更高质量、更好性能、更优服务、更绿色节能的产品和服务应该是关注的重点和中心；其次，要不断探索新商业模式的应用，通过新商业模式的设计以及推广带动技术和产品的换代升级，让新商业模式成为推动生产力和生产关系变革的重要动力因素；再次，要大胆尝试新应用、新技术，让新应用新技术成为带动经济高质量增长的助推器；最后，要充分关注产业需求和消费需求，优化供给的目的是满足更高质量的需求，供给侧结构性改革应围绕更高标准的产业需求和消费需求，要尽量让质量好、性能好、技术含量高、绿色环保的产品和技术应用成为新工业革命的主流，让其成为新工业革命的“标志”。

新工业革命“革”的就是旧工业发展思路的命，因此要抓住“网络化、数字化、智能化、绿色化”这个新的本质。第一，要依靠“网络化”推动工业制造业发展，在生产环节充分发挥各生产要素的协同性，降低生产过程中的沟通成本，提高生产的效率；第二，要通过“数字化”推动制造业向更高质量和更高水平迈进，高质量的制造必然和数字化应用紧密相关，控制生产的精度、准度及提高效率，离不开在数字化上下功夫，我们要充分推动产业的硬件数字化和软件数字化，依靠挖掘“数字化”资源获得更深层的生产技术，让“数字化生产”推动精益制造；第三，要依靠智能化，数字赋能的背后要依靠计算能力不断提升的机器人和大数据做基础，一方面制造业智能化取代人力会使生产力得到大幅解放，另一方面，生产流程的智能化会让生产关系和市场结构发生重大调整。第四，要推动绿色化，新工业革命的特色是“绿色发展”。发展是不可回避的主题，但如何实现发展，实现什么水平的发展是我们关注的重点。“绿色发展”之所以是新工业革命发展的特色是因为过去工业发展的路径存在粗放的问题，资源利用不够高效集约，经常发生环境污染和生态破坏。因此，重视绿色发展，让单位工业制造业增加值的碳排放水平更低是新工业革命的重要使命。以“绿色发展”为底色，谋求人与自然环境的和谐相处，是新工业革命的特色。新工业革命中的“网络化、数字化、智能化、绿色化”相互依存、紧密结合，对制造业价值链的重塑起到关键作用，新工业革命必须依靠“网络化、数字化、智能化、绿色化”才能更本质地推动革命，做到制造业的提质增效。

新工业革命的关键是推进多种类型创新系统的搭建，创新是新时代经济社会发展的关键环节，通过创新发挥技术要素在生产环节的功能和价值是新工业革命的重要任务。世界主要经济体的经济发展和社会进步的经验证明创新驱动和创新管理的重要性，我国推动新工业革命要重视“创新系统”的搭建，要依靠不同类型的创新系统在各个层次领域里发挥作用，让创新的力量通达经济社会的各个末梢。企业创新体系、行业创新体系、产业创新体系和国家创新体系作为创新系统的基础，要发挥其作用，同时要重视仿制创新、原始创新以及颠覆式创新的功能并推动生产创新和科研创新紧密结合。

新工业革命必须聚焦地区、国内、国际产业分工。我国新工业革命的背景是经济进入新常态发展的背景下以高质量生产为目的的一次生动实践，在这一背景条件下如何在地区及国际市场的分工中找好定位势必是关键问题。一方面，面对老牌国际竞争者的竞争行为，我国如何发挥后发优势将竞争者的不足弥补，从而形成更强的竞争力以争夺国际市场份额需要进行系统谋划。另一方面，国内经济是一个大市场，各个地区如何避免定位重复、互相内耗也是在新工业革命过程中需要构思和谋划的。除了依靠各地区的禀赋优劣条件自然淘汰以外，更需要依靠行政手段的科学规划引导，避免内部耗损。

新工业革命的后续支撑是人才教育和科研创新。人才、教育和科研是工业发展的重要支撑，从更长的时间周期来看，人才起的作用是关键性的，我国在新工业革命推动的过程之中需要源源不断地注入人才，更需要通过新技术、新应用、新产品使新工业革命的发展真正走出“上坡路”的形态。因此，我国必须更重视教育和科研，尤其是工业领域的技能型人才、基础教育的学术型人才、科研领域里的专家型人才以及制造业开发管理人才的培养和储备，这是制造业发展的重要支撑。要继续深入推动制造业科学研究的力度，发挥工业制造业科研的引领作用，鼓励工业制造业科研成果转化，推动成果转化市场化机制，真正用市场化的手段激发科研人员的动力和活力，真正走出一条技术自主研发、人才自主培养的新工业化之路。

四、供给侧结构性改革

2015 年 11 月，中央财经领导小组第十一次会议首次提出着力加强供给侧结构性改革，同时对“三去一降一补”① 的具体任务进行了细化，至此该提法得到了基本的完善，理论体系也初具模型。

（一）供给侧结构性改革发展背景

目前，我国经济出现结构性分化，经济发展进入新常态。为适应其变化，在优化提升传统经济发展模式的同时，还急需改善供给侧环境，通过供给侧结构性改革，激发经济主体发展活力。② 新常态作为当下经济发展基本特征其具体的内

① “三去一降一补”即去产能、去库存、去杠杆、降成本、补短板五大任务。

② 于贵平．对供给侧结构性改革的政治经济学解析［J］．生产力研究，2016（07）：26－28.

涵包括三个方面，一是经济增速从高速变为中高速；二是经济结构不断优化升级；三是经济增长方式从要素驱动、投资驱动转向服务业发展及创新驱动。与此同时，我国经济发展具有周期性、总量性与结构性的特点，而结构性的矛盾在经济运行过程中表现最为突出，并主要集中在供给侧方面，故而经济运行的矛盾主要集中于供给侧。①

（二）供给侧矛盾的主要表现

1. 产能问题

我国煤炭产能利用率低于行业均值，同时粗钢、有色、水泥生产加工也存在着这样的问题，但即便是产能利用率提高，对于此类过剩产能的消化能力也十分有限，因此利用率低其实是产能过剩的表现之一，需求有限的原因是市场升级不再对此类产品有旺盛需求。

2. 创新问题

从现状上看，我国的科技创新水平仍有较大提高空间，而传导到消费领域的直接体现就是我国产品的产出质量仍处于中低端水平，无法满足一些高端产品的设计、生产、制造，部分核心产品的对外依存度较高。

3. 发展粗放

我国发展粗放是许多发达经济体发展过程中必须经历的环节，随着新发展理念不断深入人心成为社会共识，大多数社会组织和个人都认识到粗放发展之弊端，不仅带来资源的浪费和生态环境的破坏，而从更长周期来看，这必然是影响经济健康发展的重要因素。

4. 生产要素低效

一方面我国人口出生率不断下降，劳动力这一生产要素的抑制十分显著；另一方面资本形成总额对 GDP 增长的拉动效益也不明显。人口红利的不断衰减使得人力成本不断攀升，也使得企业的生产成本不断高涨，因此调整劳动力的结构和分布，使关键领域有人可用、有人能用是新要素供给的关键举措之一。

（三）供给侧结构性改革的具体做法

供给侧结构性改革，是指从供给环节入手，通过提升国家整体的供给水平，

---

① 刘瑞．论习近平经济思想之市场经济观［J］．财经问题研究，2018（07）：15－22.

盘活现有的生产性资源，使生产提质增效。具体内容主要包括两个方面，一方面是要“去腐”，即淘汰落后产能并清理“僵尸企业”，促进过剩产能有效化解，促进产业优化重组；化解房地产库存，促进房地产业持续发展。另一方面是要“生新”，即要谋创新，建设有利于经济增长的营商环境，尤其是要让资本市场完备融资功能、扎实基础制度。

供给侧结构性改革的目标是提高供给体系的质量和效率，提高社会生产力水平，落实好以人民为中心的发展思想。宏观政策实施以“稳”为主、产业政策实施以“准”为主、微观政策实施要以“活”为主、改革政策实施要注重“实”、社会政策要向“托底”倾斜，构成一整套政策体系支柱。供给侧结构性改革的五大任务是“三去一降一补”，分别是去产能、去库存、去杠杆、降成本、补短板。①

去产能即化解过剩产能，即要通过金融、财税和产业政策来促进企业的兼并重组，淘汰过剩产能。② 在除去落后产能的同时，也要将产能提质增效，让去产能向优产能转化，提高高端产能全球占比和规模。

去库存主要指房地产去库存，也包括一些其他库存。可能的路径包括四种，一是要通过户籍改革让农民工市民化的方式在城市购置房产；二是通过房地产企业之间出现企业并购的方式让行业格局发生变化，行业的集中度变化，随之而来的企业营销策略也将转变，与之相应的库存消化的管理也会更集约高效；三是取消限购限贷；四是政府购买消化。政府通过购买商品房提供棚改户做安置用，改造成公租房、人才公寓等特殊用途的项目以减少定向市场供给，从而实现减少和消化库存的目的。

去杠杆即防范化解金融风险。“杠杆”在金融领域指使用较少的本金获取高收益，即“以小博大”。去杠杆是考虑如果企业杠杆率过高可能带来的金融风险同比会增加。主要方法包括五点：一是解决国企杠杆率过高的问题；二是控制地方政府的借款比例；三是解决不良资产；四是加强对大资管行业的监管；五是关注货币供给。但是，去杠杆是要减少融通带来的风险，房产去库存很容易通过加

---

① 王鑫瑀．供给理论的历史演进及其在中国的最新发展［D］．哈尔滨商业大学硕士学位论文，2017：43.

② 张璐．供给侧结构性改革视角下中国实体经济的振兴［J］．中国集体经济，2019（19）：14－15.

杠杆的方式来推动，因此二者存在一定冲突，不能用加杠杆的办法来去库存。

降成本是降低我国制造业企业的成本。企业成本上升在当前背景下对于国家利弊参半，生产要素如劳动力成本的提升带来劳动者收入提高这也是必然结果之一。而弊端主要体现在资本、税收、技术等层面，一方面要降低融资成本构建功能完备的金融市场，另一方面要提高减税降费的力度，通过商事制度改革提高政府服务市场发展的能力。

补短板是提升不足和弱项。我国经济长期高速发展的大背景下也掩盖了一部分发展中的问题，在基础设施建设和城乡发展的均衡性、环境保护和生态涵养的完整性和可持续性、民生建设如教育就业医疗养老等方面的稳定性都需要提高。补短板一方面要补投资，完善基础设施建设和公共服务；另一方面要补政策，消除一些治理能力不足和治理现代化水平不够的问题，促进地区平衡发展、充分发展、减少贫富差距增大等问题。

供给侧结构性改革作为我国实现经济转型升级的重要环节和关键步骤，不仅要有制度设计还要有进度掌控，也就是必须建立怎么去、怎么降、怎么补的具体时间推进表，而且在目标管理的过程中要明确哪些是必须要做且必须做好的。供给侧结构性改革的重点在结构调整，对生产要素的创新应用和规划是关键步骤，我们要关注四个如何：一是如何创新盘活土地要素供给，让土地的资源效能得到最大化的发挥并将制约发展的有限供给变成弹性供给、灵活供给；二是如何让资本市场发挥投融资的功能为实体经济尤其是制造业供血供能，完成实体经济和金融发展的高水平耦合；三是如何发挥出人力资本的优势让教育体系交付出的人才能顺利应用到市场之中且在人口红利逐渐消退的大背景下继续挖掘“新市民”的优质劳动力供给；四是如何推动技术研发技术保护和技术应用的壁垒和体制机制障碍破除，让技术要素发挥出带动生产力变革的“杠杆解”。

供给侧结构性改革的核心目标是提高优质供给，而我国的国家体制优势则有利于供给侧结构性改革。供给侧结构性改革一方面要想办法调动起市场配置资源的效率，即发挥市场的配置功能，引导市场提高供给水平，培养市场对高质量供给的预期，这里包括质量预期和价格预期；另一方面低质低效的供给始终是存在市场的，市场配置资源的时候，始终会给这部分产能留有一席之地。因此，淘汰落后产能、处理库存资产，实现“去”“降”“补”，还需要一定程度的行政力量作为基础保证，即靠政府之力将其强制退出。我国经济制度的基础既有市场经济的基因也拥有计划经济的底色，国家政治经济动员能力极强，在有充分完备顶层设计的基础上，发挥制度特色优势，一方面能充分发挥市场活力调动各种要素资源进行自由配置，推动高质量供给和高质量需求对接以实现供给侧升级；另一方面强调计划统筹能力，让行政能力在关键行业领域里落后产能退出时扮演“打板子”的角色，加强落后产能退出的速度和效率，从而整体提高水平和质量，真正做到提质增效。

第二章 “互联网＋”：制造业高质量发展的网络路径

第一节 “互联网＋”背景下制造业高质量发展的挑战

在“互联网＋”的时代背景下，制造业正面临着前所未有的转型与发展机遇，但同时也伴随着诸多挑战。

一、技术更新换代的压力

随着科技的飞速发展，尤其是互联网技术的革新，制造业在技术层面正经历着巨大的变革。这一变革不仅带来了生产效率的提升和产品质量的改进，同时也给企业带来了巨大的挑战。

（一）新技术不断涌现，制造业需持续跟进

在“互联网＋”的背景下，物联网、大数据、云计算等新技术层出不穷。这些技术为制造业的生产、管理和市场拓展提供了新的可能性，但同时也要求制造业必须持续跟进这些技术的发展，以便在竞争中保持领先地位。最后，新技术的引进和应用需要投入大量的资金和人力资源，这对于许多中小型企业而言无疑是一个巨大的挑战。他们不仅需要评估新技术的适用性，还需要考虑如何将其有效地融入现有的生产流程中，以提高生产效率和产品质量。

此外，新技术的不断涌现也意味着制造业需要不断地进行技术升级和改造。这不仅涉及设备的更新换代，还包括员工技能培训、生产流程优化等多个方面。这些都需要企业投入大量的时间和精力，而且一旦决策失误，就可能导致巨大的经济损失和市场地位的下降。

（二）老旧设备与技术的淘汰问题

与新技术的引进相对应的是老旧设备与技术的淘汰问题。随着技术的不断进步，许多传统的制造设备和工艺已经无法满足现代制造业的需求。这些老旧设备和技术的淘汰不仅涉及资产的处置问题，还包括员工技能转换、生产线的重新设计等多个方面。

对于一些历史悠久的制造业企业来说，老旧设备与技术的淘汰意味着需要放弃一些传统的生产方式和经验积累。这可能会对企业的生产能力和市场竞争力产生一定的影响。同时，淘汰老旧设备和技术还需要大量的资金投入，用于购买新的设备和培训员工掌握新技术。这对于一些资金实力不强的企业来说是一个巨大的挑战。

二、人才培养与技能短缺

在“互联网＋”的时代背景下，制造业的人才需求也在发生着深刻的变化。高技能人才的短缺和制造业人才培训与教育体系的不完善成为制约制造业高质量发展的关键因素。

（一）高技能人才需求与供给的不平衡

随着制造业的转型升级，对于掌握先进技术和管理经验的高技能人才的需求越来越大。最后，当前的人才市场却存在着高技能人才供给不足的问题。这一方面是由于新技术的不断涌现和应用，使得传统制造业人才的知识和技能结构无法满足现代制造业的需求；另一方面，也与当前的教育和培训体系有关，即现有的教育和培训体系还未能完全适应“互联网＋”时代背景下的制造业发展需求。

高技能人才的短缺不仅影响了制造业的创新能力和市场竞争力，还可能导致企业陷入技术瓶颈和发展困境。因此，如何吸引和培养高技能人才成为制造业面临的一个重要挑战。

（二）制造业人才培训与教育体系的完善

面对高技能人才短缺的问题，完善制造业人才培训与教育体系显得尤为重要。然而，当前这一体系还存在诸多不足。首先，传统的教育和培训体系过于注重理论和应试能力的培养，而忽视了实践和创新能力的提升。这导致许多毕业生在进入制造业后难以快速适应实际工作需求。其次，现有的培训和教育资源分布不均，一些地区和企业难以获得优质的教育和培训资源。最后，当前的教育和培训体系还未能与制造业的发展需求完全对接，无法为制造业提供足够的高素质人才。

三、国际贸易环境的变化

在“互联网＋”的时代背景下，制造业的发展不仅受到国内因素的影响，还深受国际贸易环境变化的影响。近年来，全球贸易环境发生了显著变化，这些变化对制造业，尤其是出口导向型的制造业带来了不小的挑战。

（一）全球贸易保护主义的抬头及其影响

全球贸易保护主义的抬头是当前国际贸易环境中的一个显著特点。由于全球经济形势的复杂多变，一些国家为了保护本国产业和就业，开始采取更为严格的贸易保护措施，如提高关税、设置非关税壁垒等。这些措施的实施，不仅阻碍了全球贸易的自由化进程，也给制造业的出口带来了严峻挑战。

在“互联网＋”的时代背景下，制造业的供应链和价值链更加紧密地联系在一起，全球贸易保护主义的抬头对这种联系产生了不小的冲击。首先，关税的提高直接增加了制造业产品的出口成本，降低了产品的国际竞争力。其次，非关税壁垒，如技术壁垒、环保壁垒等，对制造业产品的技术标准、环保要求等提出了更高的要求，增加了企业的生产和研发成本。最后，贸易保护主义的抬头还可能导致全球供应链的重新配置，给制造业的生产和组织带来不确定性。

此外，全球贸易保护主义的抬头还可能引发贸易战，进一步加剧国际贸易环境的不稳定性。在这种环境下，制造业企业需要更加谨慎地评估出口市场，调整出口策略，以应对可能出现的贸易风险。

（二）制造业出口面临的挑战与机遇

在国际贸易环境日益复杂多变的背景下，制造业出口面临着诸多挑战。首先，市场竞争日益激烈，制造业产品需要不断提高技术含量和附加值，以提升国际竞争力。然而，技术创新和产品研发需要大量的资金投入和人才支持，这对于许多制造业企业来说是一个不小的挑战。

其次，国际贸易规则的不断变化也给制造业出口带来了不确定性。随着全球贸易保护主义的抬头，一些国家开始重新审视和调整其贸易政策，这给制造业的出口环境带来了变化。制造业企业需要密切关注国际贸易动态，及时调整出口策略，以适应新的贸易环境。

最后，挑战与机遇并存。在“互联网 +”背景下，制造业企业可以借助互联网和信息技术，提升生产效率、优化供应链管理、拓展国际市场等。例如，通过电子商务平台，制造业企业可以更加便捷地展示产品、寻找潜在客户、完成交易等。此外，随着全球经济的复苏和新兴市场的崛起，制造业出口也面临着新的机遇。这些新兴市场对于高质量、高性价比的制造业产品有着巨大的需求，为制造业企业提供了广阔的发展空间。

第二节　“互联网 +”背景下制造业的产业集聚路径

一、“互联网 +”对制造业产业集聚的影响

（一）“互联网 +”促进信息共享与流通加速

在“互联网 +”的时代浪潮中，信息共享与流通的加速已经不仅仅是技术进步的表现，更是推动制造业产业集聚的核心力量。互联网技术广泛而深入的应用，正以前所未有的速度提升着制造业信息流通的效率，重塑着整个产业的生态。

1. “互联网 +”提升制造业信息流通效率

“互联网 +”通过构建多元化的信息平台，为制造业企业打开了一扇全新的窗户，让它们能够以前所未有的速度和精度捕捉市场信息、技术信息和供应链信息的细微变化。这些平台像是信息的集散地，将原本分散、孤立的信息汇聚到一起，再通过高效的算法和精准的推送，确保信息能够在第一时间触达需要的人。这不仅大大降低了企业获取信息的成本，更使得企业能够在激烈的市场竞争中抢占先机，做出更为明智的决策。

我们可以想象，一个制造业企业在传统的运营模式下，可能需要花费大量的时间和精力去搜集和分析市场信息、技术动态以及供应链状况。然而在“互联网 +”的背景下，这些信息就像是被放在了一个巨大的、实时更新的数据库中，企业只需通过简单的搜索和筛选，就能快速获取到所需的信息。这无疑极大地提高

了企业的决策效率和准确性，减少了因信息不对称而造成的资源浪费和效率低下。

2. 实时数据共享促进产业集聚区内企业协同

在传统的制造业生产模式中，企业间往往存在着信息壁垒，各自为战的情况屡见不鲜。这不仅限制了企业间的协作与共赢，更在一定程度上阻碍了整个产业集聚区的发展。然而，在“互联网＋”的推动下，这一局面正在被彻底改变。

通过互联网技术，企业之间可以实现生产数据、销售数据等的实时交换。这意味着，当一家企业在生产过程中遇到瓶颈或问题时，它可以迅速地从其他企业那里获取帮助和支持。同样地，当一家企业接到大量订单时，它也可以通过数据共享迅速找到合作伙伴，共同完成生产任务。这种企业间的协同生产不仅提高了整体生产效率，更促进了整个产业集聚区的资源优化配置。

此外，“互联网＋”还推动了产业集聚区内企业间的创新协作。通过共享研发数据、技术成果等信息资源，企业可以共同开展技术创新和产品升级活动。这种创新协作不仅有助于降低研发成本和风险，还能加速新技术的推广和应用。

（二）“互联网＋”助力供应链优化与整合

“互联网＋”时代的到来，使得供应链管理焕发出了新的活力。随着这一技术在供应链管理中的广泛应用，制造业产业集聚正收获着显著的效益。

1. 供应链管理变得更为智能化和精细化

在传统的供应链管理中，企业往往面临着信息不透明、反应速度慢等问题。然而，在“互联网＋”的赋能下，企业现在可以实时监控供应链的各个环节，从原材料采购到生产进度，再到物流配送，每一个环节都尽在掌握。这种全面的监控能力得益于物联网（IoT）技术、大数据分析等先进技术的应用。例如，通过在仓库和运输工具上安装传感器，企业可以实时追踪物资的位置和状态，确保它们按时到达目的地。同时，大数据分析技术则能够帮助企业从历史数据中挖掘出有价值的信息，预测未来的市场需求和供应变化，从而做出更为明智的决策。

这种智能化的供应链管理不仅大大提高了企业的反应速度，使其能够迅速应对市场变化和突发事件，还显著降低了库存积压和缺货风险。企业可以根据实时数据调整生产计划，避免过度生产或生产不足的情况发生。这不仅有助于减少资源浪费，还能提高企业的运营效率和客户满意度。

2. 降低库存成本和提高物流效率

在传统模式下，企业往往需要保持较高的库存水平以应对市场波动，这不仅占用了大量的资金，还增加了库存管理的难度。然而，在“互联网+”的背景下，企业可以利用大数据分析技术更准确地预测市场需求，从而合理安排生产计划，实现库存的最优化。

此外，物联网技术的应用也使得物流配送更加高效。通过实时追踪货物的位置和状态，企业可以确保货物按时、安全地到达目的地。这不仅减少了运输过程中的损耗和延误，还提高了客户对配送服务的满意度。例如，一些先进的物流企业已经开始使用无人机和自动驾驶车辆进行配送，大大提高了配送速度和准确性。

3. 促进供应链协同和信息共享

在供应链协同方面，“互联网+”使得各个环节的企业能够更紧密地合作，共同应对市场变化。例如，当市场需求突然增加时，供应链上的企业可以迅速调整生产计划，共同满足市场需求。这种协同作战的能力不仅提高了整个供应链的响应速度，还增强了供应链的稳定性。

在信息共享方面，“互联网+”打破了传统供应链中的信息孤岛，实现了信息的实时共享。这使得各个环节的企业能够更准确地了解市场需求、生产计划和物流配送情况，从而做出更为明智的决策。这种信息共享不仅提高了供应链的透明度，还减少了因信息不对称而造成的浪费和冲突。

（三）“互联网+”赋能定制化生产与消费者需求响应

在“互联网+”的时代背景下，制造业正经历着一场由大规模生产向定制化生产的转变。这一转变，不仅改变了传统制造业的生产方式，更深刻地影响着制造业产业集聚的态势和未来发展。

1. “互联网+”帮助制造业更好地理解消费者需求

“互联网+”为制造业带来了前所未有的市场洞察能力。通过互联网平台，企业能够实时收集并分析消费者的购买行为、搜索意图、社交媒体互动等大量数据，从而更准确地把握市场动态和消费者需求。这种精准的市场洞察，使得制造业企业能够根据消费者的偏好调整产品设计、功能定位和市场策略，实现更加精准的市场投放。

具体来说，"互联网+"通过以下几个方面帮助制造业更好地理解消费者需求：

一是用户行为跟踪与分析：企业可以利用互联网技术跟踪消费者的在线行为，包括浏览记录、购买历史、搜索关键词等，从而分析出消费者的兴趣偏好和消费习惯。

二是社交媒体情感分析：社交媒体成为消费者表达意见和情感的重要渠道。通过监测和分析社交媒体上的用户评论和情感倾向，企业可以及时了解消费者对产品的反馈和期望，为产品改进和市场策略调整提供有力支持。

三是在线调研与问卷调查：借助互联网平台，企业可以轻松地进行在线调研和问卷调查，直接收集消费者的意见和建议，为产品研发和市场定位提供第一手资料。

2. 定制化生产模式的兴起及其对产业集聚的影响

随着消费者对个性化需求的不断增长，"互联网+"推动了定制化生产模式的兴起。定制化生产允许消费者根据个人喜好和需求定制产品，从而获得更加贴合自身需求的产品体验。这一模式的出现，对制造业产业集聚产生了深远的影响。

首先，定制化生产促进了制造业的柔性化转型。为了满足消费者的个性化需求，企业需要具备更强的生产灵活性和快速响应能力。推动制造业向柔性化生产方式的转变，使得企业能够根据市场需求快速调整生产线和产品配置，提高生产效率和市场适应性。

其次，定制化生产加强了产业链上下游的协同创新。在定制化生产模式下，企业需要与供应商、分销商等产业链上下游伙伴紧密合作，共同应对市场需求的变化。这种协同创新不仅提高了整个产业链的运作效率，还促进了新技术、新材料的研发和应用，推动了产业集聚的技术升级和创新发展。

最后，定制化生产对产业集聚的地理布局也产生了影响。传统的制造业产业集聚往往依赖于地理位置的邻近性和资源的共享性。然而，在定制化生产模式下，信息的即时传递和物流的高效配送使得地理位置的限制逐渐减弱。企业可以更加灵活地选择生产基地和销售市场，从而优化生产布局，降低运营成本。

（四）"互联网+"促进创新驱动与研发合作

技术创新是推动制造业持续发展的核心动力，而"互联网+"为这一领域带来了新的机遇和挑战。

1. “互联网+”促进制造业技术创新

“互联网+”为制造业技术创新提供了广阔的平台和丰富的资源。首先，互联网技术极大地扩展了制造业企业获取信息和知识的渠道。企业可以通过互联网快速获取全球范围内的最新技术动态、市场趋势和消费需求，从而及时调整研发方向和产品设计。此外，云计算、大数据等技术的应用也使得企业能够对海量数据进行分析挖掘，发现潜在的市场机会和技术创新点。

其次，“互联网+”推动了制造业技术的跨界融合。在“互联网+”的推动下，制造业开始与信息技术、人工智能等领域进行深度融合，催生出许多具有颠覆性的新技术和新产品。例如，智能制造、工业互联网等新兴技术的应用，不仅提高了制造业的生产效率，还为产品创新和个性化定制提供了可能。

最后，“互联网+”降低了制造业技术创新的成本和风险。通过互联网平台，企业可以更加便捷地寻找到合适的研发合作伙伴，共同开展技术创新活动。同时，众筹、众包等新型创新模式的出现，也使得企业能够以更低的成本获取创新资源和市场反馈，从而降低技术创新的风险。

2. 开放创新与封闭式创新的优劣势

在“互联网+”的背景下，开放创新与封闭式创新成为制造业技术创新的两种主要模式。这两种模式各有优劣势，企业需要根据自身情况和市场环境进行选择。

开放创新的优势在于能够充分利用外部资源进行创新。通过互联网平台，企业可以广泛吸引全球范围内的创新资源和智慧，加速技术创新的进程。同时，开放创新还能够降低创新的成本和风险，因为企业无需承担全部的研发费用和失败风险。此外，开放创新还有助于企业建立更加广泛的合作关系和生态系统，提升整体的竞争力。

然而，开放创新也存在一定的劣势。首先，企业需要具备一定的整合能力，才能有效地吸收和利用外部的创新资源。其次，开放创新可能导致企业的核心技术和知识产权泄露的风险增加。最后，企业在开放创新过程中需要处理与众多合作伙伴之间的关系，管理难度和成本可能会上升。

相比之下，封闭式创新则更加注重企业内部研发能力的积累和提升。其优势在于能够保护企业的核心技术和知识产权，避免技术泄露和竞争风险。同时，封闭式创新有助于企业形成独特的技术优势和产品特色，提升市场竞争力。

但是，封闭式创新也存在明显的劣势。首先，企业需要承担全部的研发费用和失败风险，这对于资金实力较弱的企业来说是一个巨大的挑战。其次，封闭式创新可能导致企业陷入“闭门造车”的困境，无法及时跟上市场的变化和技术的更新。最后，封闭式创新可能妨碍企业与其他企业和机构的合作与交流，限制了创新资源的获取和利用。

（五）“互联网＋”推动市场营销与品牌建设

在“互联网＋”的时代背景下，市场营销与品牌建设迎来了前所未有的机遇。互联网技术的广泛应用，不仅改变了传统营销方式，还为制造业产业集聚区内的企业提供了更多创新的品牌推广手段。

1. 互联网营销对制造业品牌建设的推动

互联网营销以其低成本、高效率、广覆盖的特点，成为制造业品牌建设的重要推动力。通过互联网平台，制造业企业能够迅速触达更广泛的潜在消费者，提升品牌知名度和影响力。

（1）精准定位与目标受众分析

在互联网营销的大背景下，制造业企业得以借助大数据和人工智能等先进技术，对消费者行为进行深度挖掘和分析。这些技术工具使得企业能够精确地洞察消费者的购买习惯、偏好以及潜在需求，从而实现更为精准的营销定位。这种精准营销的策略不仅显著提高了营销活动的效率和效果，更使得品牌建设活动能够更具针对性和实效性。

具体而言，通过对消费者数据的精细分析，企业可以根据不同消费者群体的特点，制定差异化的营销策略。比如，针对年轻消费者群体，企业可以通过社交媒体和短视频平台，推出更加时尚、前卫的产品信息和推广活动；而对于中老年消费者，则可能更注重产品的实用性和性价比，因此，在营销策略上应强调产品的品质和售后服务。

此外，精准定位还体现在对市场趋势的敏锐洞察上。通过互联网平台收集的大量用户反馈和数据，企业可以及时调整产品设计和市场策略，以更好地满足市场动态变化的需求。这种以消费者为中心的营销理念，无疑为制造业品牌建设注入了新的活力。

（2）内容营销的兴起

在互联网时代，内容营销正成为制造业企业提升品牌形象和增强消费者情感联系的重要手段。内容营销的核心在于创造和分享有价值、有吸引力的内容，如撰写专业文章、制作产品视频、设计吸引人的图像等，以此来吸引和留住潜在客户。

制造业企业通过精心策划和制作高质量的内容，不仅可以展示产品的独特卖点和优势，更能够传递企业的核心价值观和文化理念。这种营销方式不仅能够提升品牌的认知度和美誉度，还能够在消费者心中建立起深厚的情感联系。

例如，一些制造业企业通过发布系列化的产品教程和使用技巧，帮助消费者更好地了解和使用产品，从而提高用户满意度和忠诚度。同时，通过与消费者的互动和交流，企业可以及时了解消费者的反馈和需求，进而不断优化产品和服务。

（3）社交媒体营销的影响力

在当前的营销环境中，社交媒体已成为品牌与消费者之间互动的重要桥梁。制造业企业通过积极利用社交媒体平台，如微博、微信、抖音等，与消费者进行实时沟通和交流。这种互动不仅可以及时回应消费者的疑问和反馈，更能够建立起品牌与消费者之间的紧密联系。

通过社交媒体，企业可以发布最新的产品信息、促销活动，甚至可以进行在线问卷调查，以了解消费者的真实需求和意见。同时，社交媒体也是展示企业文化和品牌形象的重要窗口，通过精心策划的内容发布，可以有效提升品牌的美誉度和忠诚度。

值得一提的是，社交媒体营销还具有传播速度快、覆盖面广的特点。一条精心制作的社交媒体内容，很可能在短时间内引发大量关注和转发，从而迅速提升品牌的知名度和影响力。这种“病毒式”传播效应，使得社交媒体成为制造业品牌建设不可或缺的重要工具。

2. 产业集聚区利用互联网进行联合营销

在制造业产业集聚区内，众多企业可以利用互联网平台进行联合营销，共同提升区域品牌的整体形象。

（1）共建区域品牌

在产业集聚区内，企业间通过共同建立和维护一个统一的区域品牌，有助于提升整个区域的知名度和市场竞争力。这种共建品牌的策略，能够将原本分散的企业力量汇聚成一股合力，形成一个更加强大、更具影响力的品牌形象。

通过互联网营销手段，这些企业可以共同推广区域品牌，以统一的形象和声音对外展示，从而吸引更多潜在客户的关注。例如，通过社交媒体、搜索引擎优化（SEO）和内容营销等方式，提高区域品牌在网络上的曝光度和认知度。这种集体发声的做法，不仅能够降低单个企业的营销成本，还能够增强整个产业集聚区的影响力。

同时，共建区域品牌还有助于提升消费者对产品的信任度和购买意愿。当消费者看到众多企业共同推广一个品牌时，他们会更容易产生信任感，认为这些企业是可靠和有实力的。这种信任感进而会转化为实际的购买行动，推动产业集聚区的销售业绩提升。

（2）跨企业合作与资源共享

在产业集聚区内，企业之间的紧密合作是实现资源共享和互利共赢的关键。借助互联网的强大连接能力，这些企业可以更容易地实现跨企业的合作与资源共享。例如，在营销方面，多家企业可以共享营销渠道、客户资源等关键资源，从而降低各自的营销成本，提高市场拓展的效率。

通过互联网平台，企业之间可以实时分享市场动态、消费者需求等信息，以便更准确地把握市场脉搏，调整产品和营销策略。此外，企业还可以共同开展市场调研、产品开发等活动，以集体的智慧和力量应对市场挑战。

这种合作模式不仅有助于提升单个企业的品牌影响力，还能够推动整个产业集聚区的共同发展。当各个企业都能够在资源共享和合作中受益时，整个产业集聚区的竞争力和市场地位也会随之提升。

（3）线上线下融合营销

在互联网时代，线上线下的融合营销已成为一种趋势。产业集聚区可以利用互联网平台，将线上活动与线下体验紧密结合，为消费者提供全方位、多维度的品牌体验。

具体而言，产业集聚区可以通过线上活动吸引潜在客户的关注，如发布优惠信息、举办线上抽奖等，激发消费者的购买欲望。随后，引导这些潜在客户到线下门店或展区进行产品体验，让他们亲身感受产品的品质和功能。这种线上线下的融合营销方式，不仅能够增强消费者对品牌的认知和信任，还能够促进实际销售转化。

此外，线下体验还能够为消费者提供更加直观、生动的品牌印象。通过精心设计的门店装修、产品陈列以及专业导购的讲解，消费者可以更加深入地了解产品的特点和优势，从而增强对品牌的忠诚度。

二、制造业产业集聚提升产业创新水平

（一）产业集聚中的创新生态构建

在制造业产业集聚的背景下，创新不再是一个孤立的活动，而是一个涉及多方参与、多元互动的复杂过程。这种过程逐渐构建起一个充满活力的创新生态系统，其中包含了企业、科研机构、政府机构等多方的深度互动与合作。

1. 创新生态系统的形成

制造业产业集聚为创新生态系统的形成提供了得天独厚的条件。在这一区域内，众多相关企业和机构汇聚一堂，形成了一个高度密集的创新网络。这个网络不仅包括了生产制造企业，还囊括了科研机构、高等教育机构、政府机构以及各类服务提供商。

首先，生产制造企业的集聚为技术创新提供了广阔的市场和应用场景。这些企业之间频繁的交流与合作，促进了技术、知识和信息的流通，为创新思想的产生和碰撞提供了可能。

其次，科研机构和高等教育机构的参与，为创新生态系统注入了源源不断的科研力量和人才资源。这些机构不仅进行基础科学研究，还与企业紧密合作，共同研发新技术、新产品，推动了科研成果的转化和应用。

最后，政府机构在创新生态系统中扮演着重要的角色。他们通过制定相关政策、提供资金支持、建设基础设施等方式，为创新活动创造了良好的外部环境。同时，政府机构还作为桥梁和纽带，促进了企业、科研机构和高等教育机构之间的合作与交流。

2. 资源共享与协同创新

在产业集聚区内，资源共享成了一种常态。这种共享不仅包括了有形资源的共享，如生产设备、原材料等，更包括了无形资源的共享，如技术、知识、信息等。通过资源共享，企业可以降低生产成本、提高生产效率，同时也能够加速技术创新和产品研发的进程。

协同创新则是产业集聚区内创新活动的另一大特点。在协同创新的过程中，

企业、科研机构和政府机构等各方参与者共同投入创新活动，通过知识共享、技术交流和资源整合等方式，共同推动创新的实现。这种协同创新模式不仅能够提升整个产业的创新能力和效率，还能够增强产业的竞争力和抗风险能力。

协同创新在制造业产业集聚中起到了至关重要的作用。一方面，它促进了各方之间的深度合作与交流，打破了传统行业界限和壁垒；另一方面，它推动了新技术、新产品的快速研发和应用，为产业的升级和转型提供了有力支持。同时，协同创新还能够帮助企业降低创新风险、缩短研发周期、提高市场竞争力，从而推动整个产业的持续健康发展。

（二）加强产业集聚对技术创新的推动

在制造业产业集聚的背景下，技术创新成为推动产业持续发展的关键力量。产业集聚不仅为企业提供了资源共享、信息交流的平台，更在无形中培育了一种有利于技术创新的环境和氛围。

1. 技术交流与碰撞

产业集聚区域内，众多相关企业的汇聚为技术交流提供了得天独厚的条件。这种交流不仅限于简单的技术信息传递，更多的是在互动与合作中产生的思想碰撞和创新火花。

首先，产业集聚使得不同企业间的技术人员有了更多面对面交流的机会。在日常的工作接触、行业研讨会、技术论坛等场合，这些技术人员能够分享各自的经验、探讨共同面临的问题，从而在交流中产生新的创新点和想法。这种交流方式远比单纯的文献阅读或网络查询来得更直接、更有效。

其次，产业集聚还促进了跨领域的技术合作。在制造业中，许多创新都来源于不同领域技术的交叉融合。产业集聚使得这些原本分散在不同领域的企业有机会走到一起，共同探讨技术融合的可能性，从而开辟出新的技术领域和市场机会。

最后，产业集聚还为企业提供了与供应链上下游企业紧密合作的机会。这种合作不仅限于产品和服务的交换，更包括在技术研发、产品设计等方面的深度合作。通过与供应链伙伴的技术交流，企业能够更准确地把握市场需求和技术趋势，从而有针对性地进行技术创新。

2. 创新氛围的培育

产业集聚不仅在物质层面为企业提供了创新的条件，更在精神层面培育了一种鼓励尝试、容错、迭代的创新氛围。

首先，产业集聚区域内的企业普遍具有较强的创新意识和紧迫感。面对激烈的市场竞争和不断变化的技术趋势，这些企业深知只有不断创新才能保持竞争优势。因此，它们更愿意尝试新的技术路线、探索未知的市场领域，即使面临失败的风险也在所不惜。

其次，产业集聚区域内的政府机构、行业协会等组织也在积极营造创新氛围。它们通过举办创新大赛、设立创新基金、提供技术支持等方式，鼓励企业进行技术创新。同时，这些组织还为企业提供了与科研机构、高校等创新资源对接的机会，进一步降低了企业创新的门槛和风险。

最后，产业集聚区域内的社会文化氛围也有利于创新的产生。在这里，创业精神、冒险精神被高度推崇，失败被看作是通往成功的必经之路。这种文化氛围使得企业更加勇于尝试、敢于失败，从而在不断的迭代中找到最佳的创新路径。

（三）注重产业集聚与创新人才培养

在“互联网＋”的时代背景下，制造业产业集聚不仅促进了产业升级和技术创新，更在吸引、培养创新人才方面发挥了至关重要的作用。人才是推动产业创新的核心力量，而产业集聚则为这些人才提供了一个集中展示才华、实现价值的平台。

1. 人才集聚效应：构建创新人才的“磁场”

随着制造业产业集聚的不断发展，一个显著的现象便是人才的集聚效应。这种效应的形成，主要得益于产业集聚所带来的多方面优势。

首先，产业集聚区域往往具有较高的经济发展水平和生活品质，这为吸引高端人才奠定了物质基础。例如，在长三角、珠三角等经济发达区域，由于产业集聚效应明显，这些地区不仅经济发展水平高，而且生活环境优越，吸引了大量的人才涌入。

其次，产业集聚区域内的企业往往具有较高的技术水平和创新能力，这为人才提供了更多的发展机会和挑战。在这样的环境下，人才可以接触到更先进的技术和理念，从而更好地发挥自己的才能和创新精神。

最后，产业集聚还促进了行业内的交流与合作，为人才提供了更广阔的视野和学习机会。在产业集聚区域内，各种行业研讨会、技术交流活动等层出不穷，这些活动不仅促进了企业之间的合作，也为人才提供了学习和交流的平台。

2. 实践与教育的结合：打造产业创新人才的“摇篮”

在“互联网+”时代，单纯的理论教育已经无法满足制造业的发展需求。因此，产业集聚区域内的企业开始积极寻求与教育机构的合作，共同培养符合产业发展需求的创新人才。这种合作模式通常表现为企业为教育机构提供实习、实践的机会，而教育机构则为企业提供专业的人才培养和科研支持。通过这种合作，学生可以在学习过程中接触到实际的生产环境和问题，从而更好地将理论知识与实践相结合。

此外，企业还会通过与教育机构的合作，共同研发新技术、新产品，推动产业的创新与发展。这种合作模式不仅提高了学生的实践能力，也为企业注入了新的创新活力。

值得一提的是，在“互联网+”的背景下，这种实践与教育的结合模式还得到了进一步的拓展。例如，通过在线教育平台，学生可以远程参与到企业的实际项目中，实现跨地域的实践与学习。同时，企业也可以利用在线教育平台，对人才进行更为灵活、高效的培养和选拔。

总的来说，制造业产业集聚通过吸引和留住创新人才、促进实践与教育的结合，为产业的创新与发展提供了强有力的人才保障。在未来的发展中，随着“互联网+”技术的不断深入应用，这种产业集聚与人才培养的良性互动将会更加紧密和深入。

（四）加大产业集聚中的创新网络与政策支持

在制造业产业集聚的背景下，创新网络的构建和政策支持显得尤为重要。这两者相辅相成，共同推动着产业创新水平的提升。创新网络为产业集聚区内的企业和机构提供了交流、合作的平台，而政府的政策支持则为这些创新活动提供了必要的保障和激励。

1. 创新网络的构建与优化

（1）创新网络的形成与发展

在制造业产业集聚区内，创新网络的形成是一个自然的过程。随着相关企业和机构的集聚，它们之间开始建立起紧密的联系和合作。这种联系和合作不仅体现在业务往来上，更体现在技术创新、人才培养、市场开拓等多个方面。随着时间的推移，这些联系和合作逐渐形成了一张复杂的创新网络。

这张创新网络具有高度的开放性和动态性。任何一家企业或机构都可以加入这个网络中，与其他成员进行交流和合作。同时，这个网络也在不断地调整和优化，以适应市场和技术的发展。

（2）政策引导与网络优化

政府在产业集聚区的发展中扮演着重要的角色。为了促进创新网络的形成和优化，政府可以通过政策引导来发挥作用。

首先，政府可以制定相关的产业政策，明确产业的发展方向和目标。这些政策可以引导企业和机构朝着特定的方向进行技术创新和市场开拓，从而促进创新网络的构建。

其次，政府可以通过提供公共服务和基础设施建设来支持创新网络的发展。例如，建立公共技术服务平台、质量检测中心等机构，为产业集聚区内的企业和机构提供技术支持和质量保障。

最后，政府还可以通过举办各种行业交流会议、技术研讨会等活动，促进产业集聚区内企业和机构之间的交流与合作。这些活动不仅可以加强成员之间的联系，还可以为创新网络引入新的元素和活力。

2. 政策支持与激励机制

政府在产业集聚区提供的创新支持政策是推动产业创新的重要动力。这些政策包括但不限于税收优惠、科研资金支持、人才引进和培养计划等。

（1）税收优惠。通过减免企业的税收负担，政府可以降低企业的创新成本，提高企业的创新积极性。例如，政府可以对进行技术创新的企业给予一定期限的免税或减税优惠，以鼓励企业在技术研发方面的投入。

（2）科研资金支持。政府可以通过设立科研基金、提供科研项目资助等方式，为企业的技术创新提供资金支持。这些资金可以用于购买研发设备、聘请研发人员、开展技术合作与交流等，从而推动企业的技术创新进程。

（3）制定人才引进和培养计划。人才是推动创新的核心力量。政府可以通过制定人才引进和培养计划，为产业集聚区吸引和留住高素质人才。这些计划可以包括提供优厚的人才待遇、建设人才公寓、设立人才奖励基金等措施，以吸引更多的人才加入产业集聚区的创新活动中来。同时，政府还可以与高校和科研机构合作，共同培养符合产业发展需求的高素质人才。通过校企合作、产学研结合等方式，为产业集聚区输送更多的创新人才。

（五）加强产业集聚与创新成果的转化

在“互联网+”的时代背景下，制造业产业集聚对于提升产业创新水平的作用愈发显著。特别是在加强产业集聚与创新成果的转化方面，产学研一体化模式和市场导向的创新成了推动力量。

1. 产学研一体化模式：加速创新成果转化

产学研一体化是指产业界、学术界和研究机构之间的紧密合作，共同推动科技创新和产业升级。在制造业产业集聚区内，这种一体化模式具有得天独厚的优势，能够有效地加速创新成果的转化。

（1）资源共享与优势互补。产业集聚带来了企业、高校和研究机构的地理集中，使得各方可以更方便地共享资源，包括设备、技术、人才和信息等。高校和研究机构拥有强大的研发能力和丰富的科研资源，而企业则具备市场运营和产品生产的经验。产学研一体化模式促进了这些资源的有效整合，形成了优势互补，从而加速了创新成果的研发和转化。

（2）合作研发与成果转化。通过产学研合作，企业可以委托高校或研究机构进行针对性的研发，或者双方共同设立联合实验室、研发中心等，共同推进技术创新和产品研发。这种合作模式确保了科研成果更加符合市场需求，提高了成果转化的效率和成功率。

（3）人才培养与交流。高校和研究机构可以为企业提供专业的技术培训和人才输送，而企业则为这些人才提供实践的平台。这种紧密的人才交流和培养机制，不仅提升了企业的创新能力，也为创新成果的转化提供了源源不断的人才支持。

2. 市场导向的创新：贴近市场需求

制造业产业集聚的一个重要优势是使企业更加贴近市场，能够以市场需求为导向进行创新。

（1）快速响应市场需求。产业集聚区域内的企业通常与供应商、客户和合作伙伴保持着紧密的联系。这种紧密的产业链关系使得企业能够迅速捕捉到市场的变化和需求，从而及时调整创新方向和产品策略。这种以市场需求为导向的创新模式，确保了企业的研发成果更具市场竞争力。

（2）定制化与个性化创新。在“互联网+”时代，消费者的需求日益多样化和个性化。产业集聚使得企业能够快速响应这些变化，提供定制化和个性化的产品和服务。通过与产业链上下游企业的紧密合作，企业可以更加灵活地调整生产流程和产品设计，满足消费者的独特需求。

（3）降低创新风险与成本。以市场为导向的创新还有助于降低企业的创新风险和成本。通过紧密跟踪市场动态和消费者反馈，企业可以在研发初期就发现并修正可能存在的问题，避免走弯路和浪费资源。同时，产业集聚还为企业提供了丰富的合作伙伴和资源，使得企业可以以更低的成本获取创新所需的要素和支持。

第三节 “互联网+”背景下制造业的转型升级路径

一、产业创新在产业升级中的具体应用

随着科技的不断进步和市场竞争的日益激烈，制造业产业升级已成为行业发展的必然趋势。产业创新在这一过程中发挥着至关重要的作用，通过新产品开发与技术改造、生产工艺与流程的优化以及产业链整合与价值提升等方面的具体应用，有效地推动了产业升级的进程。

（一）新产品开发与技术改造

1. 新技术的应用与产品迭代

在“互联网+”的推动下，新技术的不断涌现为制造业带来了前所未有的机遇。例如，物联网、大数据、云计算等先进技术的应用，使得产品能够实现更加智能化、个性化的功能，从而提升用户体验和产品竞争力。同时，新技术的引入也加速了产品的迭代速度，使企业能够更快速地响应市场变化，满足消费者日益多样化的需求。

以智能家居为例，通过物联网技术，家居设备能够实现互联互通，为用户提供更加便捷、舒适的生活环境。这种新技术的应用不仅提升了产品的附加值，还推动了家居行业的产业升级。

2. 传统产业的技术改造路径

传统产业在面临新技术冲击的同时，也迎来了技术改造的契机。通过引进先

进的生产设备、改进生产工艺、提升产品性能等方式，传统产业能够实现生产效率的提升和产品质量的改善。此外，借助“互联网+”的平台优势，传统产业还能够拓展销售渠道、优化供应链管理，从而降低运营成本、提高市场竞争力。

例如，在纺织行业，通过引进智能化的纺织机械和先进的生产技术，可以大幅提高生产效率和产品质量。同时，利用互联网平台开展线上销售和定制化服务，也能够满足消费者的个性化需求，推动纺织行业的产业升级。

（二）生产工艺与流程的优化

1. 智能制造与自动化技术的应用

智能制造是当前制造业发展的重要趋势之一。通过引入自动化生产线、智能机器人等先进技术，制造业能够实现生产过程的自动化和智能化控制，从而提高生产效率、降低人工成本并减少生产过程中的浪费。同时，智能制造还能够实现生产数据的实时采集和分析，帮助企业更加精准地把握市场需求和生产节奏。

在汽车制造业中，智能制造技术得到了广泛应用。自动化的生产线和智能机器人能够高效地完成汽车零部件的组装和检测任务，大大提高了生产效率和产品质量。同时，通过实时数据采集和分析系统，企业能够及时发现生产过程中的问题并进行调整，确保生产线的稳定运行。

2. 精益生产与流程再造的实践

精益生产是一种以顾客需求为导向的生产方式，旨在通过消除浪费、提高效率来实现生产成本的降低和产品质量的提升。在制造业产业升级过程中，精益生产与流程再造成为推动企业持续改进和优化生产流程的重要手段。

例如，在电子产品制造业中，通过精益生产的思想对生产流程进行再造和优化，可以减少生产过程中的不必要环节和浪费现象。同时，借助先进的生产管理系统和数据分析工具，企业能够更加精准地控制生产成本和交货期，提高客户满意度和市场竞争力。

（三）产业链整合与价值链提升

1. 上下游产业的协同创新模式

在制造业产业升级过程中，上下游产业的协同创新成为提升整个产业链竞争力的重要手段。通过加强上下游企业之间的合作与交流，共同研发新产品、新技术和新工艺，可以实现资源共享、优势互补和协同创新的目标。这种协同创新模式不仅能够提高企业的研发能力和市场竞争力，还能够推动整个产业链的升级和发展。

以新能源汽车行业为例，上下游企业之间的协同创新至关重要。电池、电机、电控等核心零部件的研发与生产需要紧密配合，以实现整车性能的最优化。同时，通过与充电设施、智能网联等产业的协同创新，可以推动新能源汽车行业的快速发展和产业升级。

2. 品牌价值与产业链附加值的提升

品牌是企业核心竞争力的重要组成部分，也是提升产业链附加值的关键因素。在制造业产业升级过程中，企业应注重品牌建设和品牌推广，通过提高产品质量、增强用户体验、加强售后服务等方式提升品牌价值。同时，借助“互联网 +”的平台优势，企业可以拓展销售渠道、加强与消费者的互动与交流，进一步提升品牌知名度和美誉度。

例如，在服装行业中，一些知名品牌通过线上线下相结合的方式开展品牌推广活动，不仅提高了品牌知名度和美誉度，还带动了整个产业链的发展。这些品牌注重产品质量和用户体验，通过设计独特的款式和提供优质的售后服务来吸引消费者关注并购买其产品。这种品牌建设策略不仅提升了企业的市场竞争力，还为整个产业链带来了更高的附加值。

二、产业升级的外部环境与支持体系

制造业的产业创新不仅是企业内部研发和技术进步的结果，更是受到外部环境与支持体系的深刻影响。产业升级的成功与否，很大程度上取决于政府创新政策的引导、金融资本的支持以及社会文化背景的推动。以下将从创新政策的制定与实施效果评估、创新金融与资本市场的支持作用以及创新文化与人才培养机制的构建三个方面进行深入探讨。

（一）创新政策的制定与实施效果评估

政府在制造业产业升级中扮演着关键角色，其创新政策的制定与实施对产业升级具有显著的导向作用。政府需要通过制定明确的创新政策，为企业提供税收优惠、资金扶持、项目支持等，以鼓励企业加大研发投入，推动技术创新和产业升级。

首先，税收优惠是政府激励企业创新的重要手段。通过减免企业所得税、增值税等税收优惠措施，可以降低企业的税收负担，增加其研发投入的意愿和能力。此外，政府还可以通过设立专项基金、提供贷款贴息等方式，为企业提供直接的资金支持，帮助企业解决资金难题，推动技术创新和产业升级。

其次，政府在项目实施方面也可以给予企业大力支持。通过设立科研项目、技术创新项目等，鼓励企业参与申报，推动产学研用深度融合。这不仅有助于解决企业在研发过程中遇到的技术难题，还可以促进科技成果的转化和应用，推动产业升级。

然而，政策的制定与实施并非一蹴而就，而是需要不断进行评估和调整。政府应建立有效的政策评估机制，定期对创新政策的实施效果进行评估，及时发现问题并进行调整。同时，政府还应加强与企业的沟通与协作，了解企业的实际需求和困难，确保政策更加精准地服务于产业升级。

（二）创新金融与资本市场的支持作用

金融是经济的血脉，对于制造业产业升级而言，创新金融与资本市场的支持至关重要。随着“互联网+”时代的到来，金融创新层出不穷，为制造业产业升级提供了更多的融资渠道和金融服务。

一方面，资本市场为制造业企业提供了直接的融资平台。通过股票、债券等金融工具，企业可以筹集到大量的长期资金，用于研发投入、扩大生产规模等。特别是对于一些创新型企业和高新技术企业来说，资本市场更是其快速发展的重要推动力。

另一方面，创新金融产品和服务不断涌现，为制造业产业升级提供了更多元化的金融支持。例如，供应链金融、融资租赁等新型金融服务模式，可以有效地解决企业在生产经营过程中的资金问题。此外，一些金融机构还针对制造业企业的特点，推出了定制化的金融产品，以满足企业在不同阶段、不同领域的金融需求。

然而，创新金融与资本市场的支持并非毫无风险。企业在享受金融支持的同时，也需要关注资金使用的合规性、风险性等问题。同时，政府也应加强对金融市场的监管和规范，防范金融风险的发生和扩散。

（三）创新文化与人才培养机制的构建

创新文化和人才培养机制是制造业产业升级的软实力支撑。一个充满创新氛围的企业文化和完善的人才培养体系，可以激发员工的创新意识和创造力，为产业升级提供源源不断的人才保障。

首先，企业应树立开放、包容、勇于尝试的创新文化。鼓励员工敢于挑战传统、勇于探索未知领域，为企业的创新发展提供源源不断的动力。同时，企业还应建立容错机制，允许员工在创新过程中犯错并从中吸取教训，形成积极向上的创新氛围。

其次，人才培养机制的构建也是至关重要的。企业应建立完善的培训体系和学习机制，为员工提供多样化的学习资源和成长机会。通过与高校、科研机构等合作开展产学研用合作项目，培养具备创新意识和实践能力的高素质人才。此外，企业还可以通过设立创新奖励机制、提供晋升机会等方式，激励员工不断提升自己的专业素养和创新能力。

总之，在“互联网 +”的时代背景下，制造业产业升级面临着前所未有的机遇和挑战。通过构建良好的创新文化和人才培养机制，企业可以充分激发员工的创新意识和创造力，为产业升级提供有力的人才支撑。

第三章　数字变革：以数字经济促进制造业高质量发展

第一节　数字经济的崛起及发展趋势

一、数字经济的崛起与发展条件

数字经济的发展伴随互联网、大数据、云计算、人工智能等数字技术的创新、扩散与成熟到大规模运用，迄今为止大致经历了五个典型阶段，分别是数字经济的发端、数字经济的浮现、数字经济的兴起、数字经济 1.0 和数字经济 2.0 阶段，这五个发展阶段没有明显的界限，更多是自然递进、相互融合、相互促进的发展关系。

（一）数字经济的发展演进

1. 数字经济的发端

世界上第一台通用电子计算机于 1946 年在美国宾夕法尼亚大学诞生，从此，人类开始步入信息时代，标志着数字化的起步。这一时期主要的商业模式是芯片等硬件的生产和制造、操作系统及其他软件的开发，代表公司为微软、英特尔、IBM 等。在数字经济起步阶段，语言、文字、音视频等诸多信息内容都被转化为电子计算机能够识别、存储、加工及传输的二进制代码。

随后，从少量科研人员专用的电子技术逐步衍生出计算技术、通信技术、网络技术，从个人计算机发展到超级计算机、网络计算机、量子计算机，从科学计算应用逐步延伸至企业管理、生活娱乐、消费购物等方方面面。人类生产、生活等经济行为的相关信息内容绝大部分都可被数字化记录，但仍然有部分信息内容不能以数字化的方式被收集、存储、加工与分析，游离在数字经济体系之外。

2. 数字经济的浮现

20 世纪 60 年代末，信息技术的兴起与应用、阿帕网的诞生标志着数字经济进入网络化的萌芽阶段，即通过网络通信技术实现了人与人、人与物、物与物之间的实时连接。20 世纪 70 年代到 90 年代，随着 IT 在传统的行业和领域的大量应用，以 IT 相关的软件开发和硬件制造为主体的 ICT 产业也在迅猛发展，互联网开始兴起并逐渐在各行业得到初步应用，这大大降低了经济系统的运行成本，提升了原有经济系统的运行效率。

3. 数字经济的兴起

数字经济的概念发端于 20 世纪 90 年代。数字经济一词最早产生于 1994 年 3 月 1 日美国《圣迭戈联合论坛报》的一篇报道。此后，随着互联网等数字技术日趋成熟，并大规模运用于经济社会实践，数字经济的概念被提出并引起广泛关注，数字化应用越来越广泛，企业的数字化程度逐渐提高，数字经济进入从无到有，逐渐迅猛发展阶段。

1996 年，数字经济的概念在美国学者唐·塔普斯科特出版的《数字经济：网络智能时代的希望与危险》一书中正式提出，书中详细论述了数字经济的发展情况以及互联网等数字技术对经济社会的影响。此后，数字经济才成为专有概念，唐·塔普斯科特也被认为是较早提出“数字经济”概念的人之一。

20 世纪 90 年代，美国在全球经济表现平平的状态下，实现了连续 118 个月的持续快速增长，并创下了连续增长时间最长的历史记录。在这一阶段的持续高速增长过程中，美国经济也呈现资本主义发展史上难得一见的发展模式新特征：高生产增长率、高经济增长率、低失业率、低通货膨胀率并存的“两高两低”高质量增长特征。这一轮经济增长应归功于计算机和互联网技术的大规模商业化运用展现出的强大生命力，以互联网技术二进制形式构成的数字流不但改变了信息传输与人机交互方式，也改变了商品流通、交易与支付方式。

20 世纪 90 年代以后互联网的全球普及为数字经济发展构筑了至关重要的基础设施。在 ICT 革命如火如荼、互联网正式开启商业化进程的美国，ICT 成为驱动其经济增长的关键要素。1996 年，随着曼纽尔·卡斯特的《信息时代三部曲：经济、社会与文化》与尼古拉斯·尼葛洛庞帝的《数字化生存》等重要著作的出版，让数字经济的现象和趋势成为学术界和产业界进一步关注的焦点。著作中认为数字经济时代的信息储存于虚拟化的比特而非实体化的原子之中，并将数字化比喻为原子向比特的转变，会导致原有工业经济时代的运输、出版等发展方式发生颠覆性的变化。

1997 年，日本通产省开始使用“数字经济”的提法。1998 年美国商务部发布了《浮现中的数字经济》报告，对电子商务这一当时最为凸显的数字经济形式进行了具体描述，指出数字技术发展已成为各国制定经济战略时考虑的核心问题，并且勾勒出未来 25 年的数字经济结构蓝图。此后，美国开始持续关注数字经济，与数字经济相关的研究成果不断涌现，数字经济也日益成为美国经济发展的新动力。

4. 数字经济 1.0

进入 21 世纪，随着大数据、云计算、物联网、人工智能、3D 打印等数字技术的不断迭代创新，那些富含知识与信息的数据成为经济社会发展的关键核心资源，标志着整个经济社会进入数据驱动的 1.0 时代。随着数字化概念与数字技术的广泛传播，主要国际组织与各国政府希望以数字经济为抓手促进产业创新、拉动经济增长，也开始将政策重心转向数字经济，纷纷加大对数字经济的研究。

1998 年，美国商务部发布的《新兴的数字经济》等报告，提出数字经济是 20 世纪 90 年代中后期美国经济繁荣增长的重要因素，并第一次从政府官方角度提出数字经济时代已经来临，开始通过设计数字经济的相关测量指标，大量收集相关数据，将数字经济纳入官方统计范畴。从此，数字经济概念与数字技术开始被广泛使用，发展数字经济的理念日趋流行与成熟，世界各主要国家政府也纷纷把发展数字经济提上议事日程，以求通过发展数字经济来促进经济的增长与社会的转型。

其实在美国数字经济发展的带动与影响下，国际组织、国际研究机构与世界各国也纷纷出台和数字经济相关的、更详细的战略与政策框架，就如同美国 1993 年推出的“信息高速公路计划”影响世界各国的信息化战略制定与信息化进程一样，其发布的数字经济报告，对发展数字经济的相关论述和政策实践也在深刻地影响着各国数字经济战略的制定与数字经济的发展进程。例如，世界经济论坛近年来连续发布多份《全球信息技术报告》，并在 2002 年发布的《全球信息技术报告》中就提到数字经济，后面多年的研究报告基本是对数字经济发展的阐述。OECD 连续多年发布和数字经济相关的研究报告与工作论文，并在多项研究的标题中直接使用数字经济一词。特别是在2008年国际金融危机后，为推动全球经济缓慢复苏，世界贸易组织（World Trade Organization，WTO）、联合国贸易和发展会议、亚太经合组织（Asia－Pacific Economic Cooperation，APEC）、国际货币基金组织等国际组织与世界各国便开始纷纷制定数字经济发展战略，期望通过发展数字经济为全球经济增长寻求动力支撑。其中，欧盟最先于2010年公布了数字经济议程，美国到2015年公布数字经济议程，英国、德国、法国、俄罗斯、日本、韩国、新加坡等国均发布了数字化战略，其余一些国家也在纷纷考虑出台和数字经济相关的战略与政策框架，以通过发展数字经济，推动传统经济的数字化转型，为经济增长提供新的动力。

我国也十分重视信息技术、数字技术对传统经济的促进作用，只不过是我国在名称上较多采用信息化和两化融合等提法。近年来，在国外数字经济以及工业4.0等战略的影响下，我国出台了《中国制造2025》，以通过发展互联网等数字技术和高新技术战略性新兴产业等推动我国经济结构的转型升级与高质量发展。

5. 数字经济2.0

2016年，全球市值最高的五家公司首次全部花落数字平台公司，远超传统工业巨头，在数字技术、数字标准与数据商业化快速发展背景下，数字技术对农业、制造业、服务业等传统行业的数字化改造进程也在不断加速，随着智慧农业、智能制造、智慧物流、互联网金融等领域的快速发展，全球数字经济发展进入2.0阶段。

2015年，“互联网＋”首次进入《政府工作报告》，提出通过促进互联网融合创新作用的发挥，培育经济增长新动能，开启了我国数字经济发展新篇章。之后“数字经济”这一提法进入政府工作报告，并被各类官方文件与重大会议所采用，数字经济发展的战略及相关政策的制定也提上了我国各部委及各级政府的议事日程。2016年的世界互联网大会与G20杭州峰会等重大国际会议、党的十九大报告、《金砖国家领导人厦门宣言》等也出现了数字经济的字眼。从2015年到2017年“互联网＋”、分享经济、数字经济分别首次进入《政府工作报告》，2018年政府工作报告又多次提到数字经济，指出我国要通过发展“互联网＋”、智能制造等加快经济转型升级步伐，可见，我国已开始更多地从经济层面关注与研究数字经济问题，也希望通过培育数字技术新动能来大力发展数字经济。

2015年以来，随着谷歌、百度、科大讯飞、阿里巴巴等代表性公司在语音与图像识别、自动驾驶、数字医疗等人工智能诸多领域实现重大进展，我国的人工智能研究也在多个领域实现率先突破，我国数字经济也进入以智能化为核心的数字经济 2.0 阶段。但目前我国数字经济商业模式还主要集中在单一的弱人工智能应用上，未来智能化技术还有较大的发展空间，这也必将对我国数字经济发展、生产生活方式变革产生巨大的推动效应。

除了互联网的迅速发展，物联网及其相关设备也在快速增长，但与此同时，数字经济发展过程当中的问题也日渐突出，如数据纷争的解决、数据安全的治理、数字鸿沟的跨越、数字素养的提升等问题日渐进入公众的视野。

（二）数字经济的发展条件

1. 国际组织积极倡导发展数字经济

20 世纪 90 年代，随着互联网的发展及其在经济生活中的广泛应用，数字经济逐渐在美国等西方发达国家兴起，成为推动经济增长的重要动力。世界银行、世界经济论坛、经济合作与发展组织等国际组织均通过各种举措大力推动数字经济发展，美国、欧盟等国家和地区也在持续不断地发布数字经济相关战略，推动经济社会数字化转型。

世界银行：世界银行一直将数字经济作为帮助发展中国家实现经济增长、减少贫困、增加就业的重要手段。2016 年，世界银行把“数字红利”作为年度报告《世界发展报告》的主题，报告主要介绍了技术的应用，特别是其在经济增长环境下带来的影响以及技术对公平性的影响、对公共服务效率的影响。

世界经济论坛：为研究数字经济的健康发展，联合国际贸易和可持续发展中心（ICTSD）于 2016 年发起“E15 项目”，提出将 WTO 规模扩大到数字经济的范围，开启数字贸易协定的谈判进程，扩大和深化数字贸易议题上的规则合作以及政府、企业和非政府组织协同支持数字贸易等政策建议。随后，世界经济论坛发布《2016 年全球信息技术报告——数字经济时代推进创新》报告，指出全球正进入第四次工业革命，数字技术是这场革命的中坚力量，将数字经济视为“第四次工业革命”框架中不可缺少的一部分。

经济合作与发展组织：经济合作与发展组织非常重视全球数字经济的发展，建议各国政府加快扶持互联网经济，维持互联网基础设施建设的高速发展，提高数字技术水平，缩小国家在数字经济方面的缺口。2015 年，经济合作与发展组织在《数字经济概览：2015》中指出，数字经济的全部潜能尚未实现，鼓励成员国以战略方式发展数字经济。2016 年，在经济合作与发展组织部长级会议上，“数字经济”成为各国部长和其他高层利益相关者探讨的重要议题。

亚太经合组织：亚太经合组织一直重视数字经济建设。2002 年，在亚太经合组织第十次领导人非正式会议中，成员国通过了《关于执行 APEC 贸易和数字经济政策的声明》，首次为贸易与数字经济制定了政策框架。2010 年，在日本横滨召开的亚太经合组织部长级会议重申了数字经济的重要性。

全球移动通信系统协会：全球移动通信系统协会认识到，在全球及地区层面，数字和移动技术均已产生影响深远的社会和经济效益。随着数字和移动革命进一步加速，人工智能、机器人和物联网的新技术有望创造极大的益处，迎来众多领域的数字化颠覆。全球移动通信系统协会（GSMA）联合波士顿咨询公司发布《拥抱数字革命：制定相应政策，打造数字经济》的报告，鼓励政府制定刺激投资和推进数字经济发展的政策，激励国内数字经济发展，呼吁政策制定者为其民众建设一个包容的数字化未来。

G20 作为一个国际经济合作论坛，宗旨是推动发达国家和新兴国家之间开放及有建设性地讨论和研究实质性问题，以寻求合作并促进国际金融稳定和经济持续增长。

在 2015 年 G20 安塔利亚峰会上，二十国集团领导人认识到，互联网经济时代给全球经济增长带来的机遇与挑战并存。在 2016 年 G20 杭州峰会上，“数字经济”被列为创新增长蓝图中的一项重要议题，探讨了共同利用数字机遇、应对挑战、推动经济实现包容性增长和发展的路径。

2. 主要国家积极推动数字经济发展

进入 21 世纪，尤其是 2008 年国际金融危机爆发以来，世界各国开始制定数字经济战略，期望通过发展数字经济来拉动经济复苏。但是，数字经济发展真正进入黄金时代是智能手机和移动互联网的出现与快速渗透，伴随着移动接入端的快速膨胀，全球范围内的网络连接产生了巨大的数据量，催生了云计算、大数据等海量数据分析技术及处理平台，对经济社会发展中产生的海量数据进行分析和提炼，形成有价值的知识，再在经济社会发展中使用，产生了大量的新业态、新模式，统称为“数字经济”。

美国是互联网的发源地，20 世纪 90 年代开始建设“信息高速公路”，引领全球信息通信技术进入蓬勃发展时代，之后出台了一系列促进数字经济基础产业发展和国家级数字经济发展战略的政策。1998 年美国商务部发布了《浮现中的数字经济》报告，开始把发展数字经济作为驱动新发展的手段。发展数字经济的意义不仅仅停留在互联网经济上，更多的是指发展“信息化”的经济。2012 年，美国发布《数字政府：创建 21 世纪的平台更好地为美国人民服务》，将面向用户的移动政务服务置于优先地位。2015 年 11 月，美国发布数字经济议程。2016 年，为帮助政府和私有部门协力应对数字科技带来的机遇和挑战，美国商务部成立了数字经济顾问委员会，旨在帮助企业和消费者充分利用数字经济的好处，促进经济繁荣、教育完善，积极参与政治与文化生活。同年 12 月，美国国家网络安全促进委员会发布了《加强国家网络安全——促进数字经济的安全与发展》报告，提出关于网络安全建设的建议。亚太经合组织的一项研究发现，美国是唯一使用去中心化，以市场为导向的数字战略的亚太经合组织国家。

欧洲国家数字经济的发展程度各不相同，因此数字经济发展分为欧洲整体层面和各国家层面两个方面。欧洲整体层面最主要的发展措施是“欧盟 2020 战略”，其目标是通过最大化利用数字经济基础产业对社会和经济的潜能，尤其是互联网领域，培育其成为经济和社会活力的显著驱动力，实现智能的、可持续的包容性增长。该战略包括 132 项“行动”，集中于七个领域：第一，实现数字市场化；第二，提高数字交互性和数字标准；第三，增强线上信任和安全；第四，实现所有成员互联网接入的高速和极速；第五，增加数字研发和数字创新领域的投资；第六，促进数字的识别能力、技能和包容性；第七，促进数字经济基础产业对整个欧洲社会的贡献。此外，欧洲还重点关注以下两个领域的问题：第一，构建安全的网络环境。欧洲网络与信息安全局颁布《国家网络安全评估指南》，构建一系列保障数字安全的关键措施，例如提高网络防御能力、降低网络犯罪、提高网络弹性、保障数字基础设施安全、增加网络安全领域的资源与研发投入。第二，消除数字鸿沟。一方面，提高数字基础设施的普及程度，通过《电子欧洲：创建所有人的信息社会》中的一系列倡议提高宽带接入的泛在程度和速度；另一方面，提高公民数字素养，通过“数字素养计划”，从数字信息、数字交流、数字内容、数字安全和解决数字问题五个方面，提高公民利用数字资源与工具的能力，扩大数字需求，构建数字经济基础。2015 年 5 月，欧盟委员会发布最新数字化战略《数字化单一市场战略》，宣布将通过出台政策改革、版权法、消费者保护、云服务等一系列措施，推动欧盟跨境贸易。2016 年 4 月，欧盟委员会出台产业数字新规划作为单一数字市场战略的重点，旨在帮助欧洲的产业、中小型企业、研究人员以及政府部门充分利用新技术。欧盟委员会称，欧盟层面的全方位战略将有助于避免市场碎片化，并从数字革命中获益。

英国一直处于全球信息技术发展的领先梯队。2009 年，英国政府发布了“数字英国”计划，数字化第一次以国家顶层设计的形式出现。该计划从国家战略高度确立了信息技术的发展蓝图，提出了数字社会、数字经济、数字文化等各方面的详细行动计划，旨在将英国打造成为世界数字之都。“数字英国”的发布被视为英国数字经济发展正式启动的起点。随着数字经济的发展，英国政府2013年发布了《信息经济战略 2013》。该战略与“数字英国”计划紧密相连，但又着重于数字化对经济发展带来的变化，将数字经济单独作为一个概念进行深入细致的剖析。2015 年，英国发布《数字经济战略（2015—2018)》，倡导通过数字化创新驱动经济社会发展，为英国建设数字化强国确定方向。2017 年，为了建立更好的数字化基础设施并为使用数字化服务的公民提供保护，英国政府颁布的《数字经济法》获得皇室批准。

2010 年 11 月，德国联邦经济和技术部发表了指导信息通信技术发展的纲领性文件《德国 ICT 战略：数字德国 2015》。2014 年 8 月，德国联邦政府出台了《数字议程（2014—2017)》，倡导数字化创新驱动经济社会发展，为德国建设成为未来数字强国部署战略方向。德国宏观经济的成功数字化转型是提高竞争力的前提。2016 年，德国发布了《数字战略 2025》，该战略包括数字基础设施扩建、促进数字化投资与创新、发展智能互联等，其目标是将德国建设成最现代化的工业国家。

在新兴经济体当中，新加坡数字经济的发展成绩斐然。新加坡自 1981 年开始先后实施完成了“国家电脑化计划”“国家 IT 计划”“IT2000 计划”“InfoComm21”和“全联新加坡计划”，使得新加坡在家用电脑、家庭互联网接入、家庭宽带与企业宽带接入、移动电话普及等方面获得了巨大的发展，信息通信已经深入人心，渗透到生活、商业交易、政府办公等方方面面。新加坡成熟的信息通信市场，为新加坡“智慧国家 2015（IN2015）计划”，打下了坚实的基础。“IN2015 计划”，通过 ICT 的发展，带动了各个经济部门的数字化进程，推动了经济的发展，加快了智慧国家建设，提升了国际竞争力和创新能力。

二、数字经济的概念及特点

数字经济的蓬勃发展，给经济社会带来了颠覆性影响。数字经济是继农业经济、工业经济之后的一种新的经济社会发展形态。无论是从生产组织形式，还是从生产要素等方面来看，数字经济都是一种与农业经济、工业经济截然不同的经济形态。

（一）数字经济的定义

数字经济，也称新经济、互联网经济、网络经济、信息经济，但数字经济的内涵要远远大于仅仅指由互联网驱动的经济活动的互联网经济。网络经济、信息经济也仅仅指数字经济发展的早期或前一阶段，即依赖信息处理技术和网络建设来驱动的信息经济发展的初级阶段，而数字经济则指的是信息经济的高级阶段。时至今日，驱动数字经济发展的已经不是固有技术本身，而是数字技术的大规模运用与不断创新。

1996 年，数字经济的概念由美国新经济学家唐·塔普斯科特首次提出，并且其预测分析了数字化对政府、商业、教育等 12 个领域可能产生的正负面影响。同年，美国计算机科学家尼古拉斯·尼葛洛庞帝在《数字化生存》一书中首次从人类发展的角度界定了数字经济与传统经济的差异：由原来原子加 T 处理过程逐步转变为信息加 T 处理过程。但作为数字经济研究的先锋，他们仍然未能在其著作中对数字经济的概念做出准确的界定与精准的描述。

数字经济是继农业经济与工业经济之后一种全新的经济形态，随着人们对数字经济认识的不断深化，不同时期、不同学者与机构对数字经济的定义也会存在差异。但目前各界使用最多的是 2016 年 G20 杭州峰会上达成的《二十国集团数字经济发展与合作倡议》对数字经济的定义：数字经济是指以使用数字化的知识和信息作为关键生产要素、以现代信息网络作为重要载体、以信息通信技术的有效使用作为效率提升和经济结构优化的重要推动力的一系列经济活动。

首先，从数字经济关键生产要素的角度来看，其不同于以往把土地、能源、劳动力、资本等作为农业经济与工业经济下的关键生产要素，而是把富含知识和信息的数据或数字化的知识与信息作为数字经济下的关键生产要素，从而作为一种新的技术经济范式，数字经济在基础设施、产业结构、就业结构、治理体系上与农业经济和工业经济表现出显著不同的新特点；其次，从数字经济发展的基础与载体来看，数字经济把现代信息网络与数字平台作为载体，而不简单只是信息初级阶段依托宽带与互联网等载体；最后，从数字经济发展的根本动力来看，云计算、大数据、物联网、人工智能、增材制造、区块链等信息通信与数字技术成为数字经济发展的根本动力。总之，数字经济以数字化的知识和信息作为关键生产要素、以现代信息网络与数字平台为重要载体，通过相关数字技术的有效应用，推动传统领域的数字化转型与升级，进而实现价值增值和效率提升。

（二）数字经济的内涵与外延

从20世纪90年代数字经济的兴起到现在，历经将近30年的发展，随着数字技术不断向农业、制造业、服务业等传统领域渗透，数字经济所包含的内容也远远超过信息通信、电子技术、软件业等产业发展的范畴，融入经济社会的各个领域与层面，数字经济的内涵与外延得以持续扩展。下面对数字经济的内涵与外延做详细梳理。

1. 数字经济的层次

美国经济学家托马斯·梅森伯格把数字经济解构为三个层次：软件、硬件的电子交易基础设施层，建立在网络基础设施层上的数字化商务网络与组织交易层，涵盖了从原材料、半成品运输、加工组装到制成品出厂、销售整个过程的数字化交易产品层。在此基础上，比尔·伊姆拉又把数字经济的外延扩大到第四个层次：纯数字化物品交易的网络社交和互联网搜索层，并认为第四层次对前三个层次的发展有一定的促进作用，如网络社交助推数字基础设施水平的提升，互联网搜索也对数字化网络与数字化交易产品层的发展具有较大的推动作用。

其实，近年来新涌现出来的、接近零边际成本但已形成较大经济体量的共享单车、共享汽车、众筹、众包、短视频直播服务平台等不同形式的虚拟商品和服务，到底该归属于第三层，还是该独立成第五层，没有统一的定论。但不可否认的是，就目前数字经济的发展趋势来看，未来的数字经济一定会涌现出更多的新模式与新业态，并不断助推数字经济向更高的层次发展。

2. 数字经济的具体内容

数字经济是以数字技术创新为核心驱动力，并通过与传统产业融合、渗透，促进传统产业数字化、自动化与智能化水平不断提高，从而加速经济升级与社会转型的经济形态。由于数字经济更多的是融合型经济，所以根据现行的国民经济行业分类和统计标准，要较为准确地界定与衡量数字经济的规模存在较大的困难，但对数字经济具体内容的界定日渐清晰。

（1）数字经济超越了信息产业，概念蕴意丰富。二十世纪六七十年代以来，随着数字技术的飞速发展，ICT产业逐渐崛起为经济社会中创新最为活跃、成长最为迅速的战略性新兴产业部门。但随着数字技术广泛应用到经济社会各行各业，不但全要素生产率得以提升，整个经济形态也得以重塑，经济社会面貌也得到全面改造，因此不应将数字经济简单地看作信息与数字产业。综合多方观点，本书认为数字经济包含以下两部分：

第一部分是指数字产业化的数字经济基础部分，主要包括电子信息制造业、通信业、软件和信息技术服务业等ICT产业。其具体又分为两个类型：一是资源型数字经济，大致对应大数据、云计算等数字技术的核心业态与应用领域，主要包括数据采集、存储、分析挖掘、可视化、交换交易等；二是技术型数字经济，大致对应数字技术本身及其关联业态部分，主要包括智能终端产品硬件、软件研发、系统集成、数字安全以及虚拟现实、可穿戴设备、3D打印、人工智能等产业领域。

第二部分是指传统产业数字化的数字经济融合部分，即数字技术对传统产业改造所带来的效率提升和产出增加的产业数字化部分，此部分在数字经济中所占比重越来越大，成为数字经济的主体部分，但这部分却更难准确衡量。其具体也分为两类：一是融合型数字经济，这部分在生产过程中的融合特征较明显，主要指通过数字技术与一产、二产等实体经济的融合创新应用，直接推动传统产业数字化转型升级，如智慧农业、智能制造等新业态。二是服务型数字经济，主要是指服务业与数字技术的融合、应用与创新，涌现出的新模式与新业态：一部分是指通过数字技术提升服务质量、培育服务新业态，如旅游餐饮、游戏娱乐、健康医疗等领域的线上线下整合协同；另一部分则是指通过数字技术的使用导致服务模式与服务形态的创新，甚至直接提供一种新服务，如智慧物流、互联网金融、数字化会展服务等。

（2）数字经济是一种经济社会形态，也是一种技术经济范式。数字经济是继传统的农业经济与工业经济之后的一种经济社会形态，在基本特征、运行规律、相关理论等维度与传统的农业经济和工业经济相比出现了根本性变革。所以对数字经济的认识，也需要站在人类经济社会形态发展的历史长河中，不断拓宽视野、范围和边界，才能认清其对经济社会的系统性、革命性和全局性影响。此外，作为一种技术经济范式，数字技术具有基础性、网络性和外溢性等特征，不但会推动经济效率的大幅提升，促进社会阶跃式变迁，社会成本大幅度降低，给人们的生活带来极大的便利，而且会彻底对整个经济与社会进行重塑，使人们的行为方式也发生彻底的变革。

（3）数字经济是信息经济发展的高级阶段。数字经济的内涵较为丰富，既包括以非数字化的知识和信息驱动的信息经济低级阶段，也包括以数字化的知识和信息驱动的信息经济高级阶段，二者共同构成信息经济。而数字经济属于信息经济发展的高级阶段，特别是随着未来非实物生产要素的数字化成为不可逆转的历史趋势，数字经济也必将成为未来信息经济的发展方向。而信息化、数字化仅仅是经济发展的一种重要手段，所以数字经济除了包括数字化等手段外，还包括建立在数字化基础上所产生的经济转型升级和社会形态的彻底变革等数字化发展的结果。

（三）数字经济的独有特点

数字经济作为一种有别于农业经济和工业经济的新型经济形态，其呈现出一些传统经济所不存在的独有特点，具体表现在以下几个方面：

1. 数字化

数字化，这一概念在现代科技飞速发展的时代背景下，显得尤为重要。数字化不仅仅是一个简单的转换过程，它将复杂多变的信息，无论是文字、图像、声音还是其他形式的数据，都巧妙地转化为可以精确度量和计算的数字、数据。这一过程，将原本抽象、难以捉摸的信息，赋予了可量化的形式。这些转化后的数字和数据，就像是信息的“骨架”，支撑起了整个信息系统的运作。① 基于这些数据，可以建立起适当的数字化模型，进一步将其转变为一系列二进制代码。这些代码，就像是信息的“DNA”，携带着原始信息的所有特征和属性。

在数字经济时代，数据已经超越了其原始的信息载体角色，成为一种全新的生产要素。它的重要性不亚于传统的土地、劳动力和资本。数据不仅记录了过去的交易和行为，更能预测未来的趋势和走向。在这样的背景下，企业纷纷开始运

① 陈晓红等．数字经济理论体系与研究展望［J］．管理世界，2022，38（02）：208－224＋13－16.

用数字化手段来优化生产流程、提升管理效率、精准营销等。例如，在制造业中，企业通过引入数字化生产线，可以实时监测生产过程中的各项数据，从而及时调整生产策略，提高生产效率和产品质量。这不仅降低了生产成本，还大幅提升了产品的市场竞争力。

2. 智能化

智能化，这一概念随着人工智能技术的突飞猛进，已经逐渐渗透到社会生活的各个领域。在数字经济中，智能化展现出了其独特的价值和影响力，这种影响力主要体现在两大层面。

第一，智能化通过精妙的算法和深入的数据分析，巧妙地模拟了人类的判断和决策过程。这种模拟不仅提高了经济活动的效率和准确性，更在一定程度上规避了人为因素可能带来的风险和误差。想象一下，在复杂的金融市场中，智能算法能够迅速分析海量数据，为投资者提供更为精准的投资建议，这无疑大幅提升了投资的回报率和安全性。

第二，智能化还体现在利用先进的智能设备和系统来替代传统的人力进行生产和服务。这种替代不仅降低了人力成本，更在效率和质量上实现了质的飞跃。以零售行业为例，通过智能化的客户数据分析，企业可以更加精准地洞察消费者的需求和偏好，从而为消费者推荐更加符合其需求的产品。这种个性化的推荐系统不仅提高了销售额，更在一定程度上提升了消费者的购物体验，实现了双赢的局面。

总的来说，智能化在数字经济中发挥着举足轻重的作用，它不仅提高了经济活动的效率和准确性，更在降低成本、提升效率方面展现出了巨大的潜力。随着技术的不断进步和应用场景的拓展，智能化必将在未来继续发挥其独特的优势，推动数字经济的蓬勃发展。

3. 平台化

在数字经济的汹涌浪潮中，平台化成为一种显著的发展趋势。所谓平台化，便是借助先进的互联网技术，将原本分散、独立的资源和服务进行有机的融合，集成为一个综合性的服务平台。这种模式的出现，极大地改变了传统经济模式下的资源配置和服务提供方式，使得用户能够在一个统一的界面上，轻松获取到多样化的服务，从而极大地提升用户体验。

在数字经济的大环境下，平台化经营模式已经逐渐成为行业的主流趋势。以电商平台为例，它们通过高效的物流体系和支付系统，将各式各样的商品和服务资源进行整合，为消费者打造了一个更加便捷的购物环境。消费者只需轻点鼠标，就能浏览到海量的商品信息，享受到从选购到支付，再到收货的一站式购物体验。这不仅节省了消费者的时间和精力，也大大提高了购物的效率和满意度。

再看在线教育平台，它们将世界各地的优质教育资源汇集在一起，为学子们提供了一个突破时空限制的学习环境。学生们可以根据自己的学习需求和兴趣，在这个平台上自由选择课程和老师，享受到个性化的学习服务。这种教育资源的整合和共享，不仅扩大了学生的选择范围，也提高了教育资源的利用效率。

总的来说，平台化作为数字经济的一种重要表现形式，正在以其独特的优势和魅力，深刻地影响着我们的生活和工作方式。它通过将各种资源和服务进行有效整合，为用户带来了前所未有的便利和高效体验。

4. 共享化

在数字经济蓬勃发展的时代背景下，共享化成为一种新兴的经济模式，逐渐渗透到我们生活的各个方面。共享化，即通过互联网等高科技手段，达成资源的共享与高效利用，旨在最大化地提升资源的价值。

数字经济中的共享经济模式已经得到了广泛的实践与应用。以共享单车为例，这一创新模式的出现，极大地便利了市民的日常出行。在城市的任意角落，人们只需通过手机上的应用，便能迅速找到附近的共享单车，轻松扫码使用。这不仅有效解决了城市交通“最后一公里”的难题，更在无形中减少了私家车的使用，从而缓解了交通拥堵，降低了汽车尾气排放，为城市的绿色发展贡献了一份力量。

同时，共享汽车也逐渐在各大城市兴起。与传统的租车服务相比，共享汽车更加便捷、经济，它使得没有购车需求的市民也能轻松享受到自驾的乐趣，而且无需担心停车、保养等问题。这一模式的推广，不仅优化了出行方式，也有效地减少了汽车资源的闲置和浪费。

此外，在办公领域，共享办公空间的概念也逐渐被大众所接受。这种新型的办公模式为企业提供了更加灵活和高效的办公环境。企业可以根据自身的需求，灵活租赁办公空间，无需长期承担高昂的租金和物业费用。这不仅降低了企业的运营成本，也促进了企业之间的交流与合作。

三、发展数字经济的现实意义

（一）推动经济增长

在当今时代，数字经济的崛起已成为全球经济格局中的重要力量。它不仅改变了人们的生活方式，更在推动经济增长方面发挥着至关重要的作用。

1. 数字经济对 GDP 的贡献

数字经济以其独特的优势，正在全球范围内展现出强大的经济推动力。随着信息技术的飞速发展和普及，数字经济已经成为许多国家经济增长的重要引擎。它通过提高生产效率、降低交易成本、促进创新和优化资源配置等多种方式，对 GDP 的增长作出了显著贡献。

首先，数字经济通过提高生产效率来推动经济增长。在数字技术的支持下，企业能够更高效地管理供应链、优化生产流程，并实时监控市场动态。这不仅减少了资源浪费，还提高了产品质量和客户满意度。例如，智能制造和工业互联网的应用，使得工厂生产自动化和信息化水平大幅提升，有效缩短了产品生产周期，降低了生产成本。

其次，数字经济降低了交易成本，促进了市场交易的活跃。电子商务平台、在线支付系统等数字技术的应用，使得买卖双方能够更便捷地进行交易，减少了中间环节和时间成本。这不仅提高了市场的透明度，还为消费者提供了更多的选择和便利。

此外，数字经济还通过促进创新来推动经济增长。数字技术为创新创业提供了广阔的平台和机遇，鼓励了新产品、新服务和新商业模式的涌现。比如，共享经济、在线教育、远程医疗等新业态，都是在数字技术的推动下应运而生的。这些新业态不仅为消费者带来了全新的体验，也为经济增长注入了新的活力。

2. 创造新的经济增长点

数字经济不仅在传统产业中发挥着优化和提效的作用，更在创造全新的经济增长点方面展现出巨大的潜力。随着大数据、云计算、人工智能等技术的不断发展，数字经济正在孕育出一批新兴产业和商业模式，为经济增长提供新的动力。

一方面，数字经济催生了数据服务产业的快速发展。在大数据时代，数据已经成为一种新的生产要素和战略资源。数据的收集、处理和分析服务，不仅为企业提供了精准的市场洞察和决策支持，还孕育了全新的数据产业链。这个产业链包括数据采集、数据存储、数据处理、数据分析和数据可视化等多个环节，为经济增长提供了新的增长点。

另一方面，数字经济还推动了平台经济的蓬勃发展。平台经济以互联网技术为基础，通过连接供需双方，打破了传统产业的边界和限制。各类在线平台如电商、共享经济、在线教育等，不仅为消费者提供了便捷的服务，也为创业者和小微企业提供了广阔的发展空间。这些平台的兴起，不仅创造了大量的就业机会，还通过促进交易和创新，为经济增长注入了新的活力。

此外，数字经济还在智能制造、智慧城市、无人驾驶等领域创造了新的经济增长点。这些领域的发展，不仅提升了城市管理的效率和人民生活的便捷性，还带动了相关产业链的发展和创新。

（二）提升生产效率

生产效率的提升，一直是企业追求的目标。在数字经济背景下，这一目标正通过两大主要途径实现：数字化转型促进企业生产流程优化，以及数据驱动的精准决策。

1. 数字化转型促进企业生产流程优化

数字化转型是当前企业发展的必然趋势。随着工业互联网、大数据、云计算等技术的不断进步，企业正将这些技术应用到生产流程中，从而实现生产流程的优化。

首先，数字化转型使得企业能够实现生产自动化和智能化。通过引入先进的机器人技术和自动化设备，企业可以减少对人工的依赖，提高生产线的运行效率。例如，在制造业中，越来越多的企业采用工业机器人进行精准、高效的生产操作，不仅提高了产品质量，还大大降低了生产成本。

其次，数字化转型还推动了生产流程的透明化和可追溯性。借助物联网（IoT）技术，企业可以实时监控生产设备的运行状态、生产环境以及产品质量等关键信息。这种透明化的管理方式有助于企业及时发现并解决问题，减少生产过程中的浪费和延误。

此外，数字化转型还促进了企业间的协同合作。通过云计算平台，企业可以实时共享生产数据和信息，加强供应链上下游企业之间的沟通与协作。这种协同合作不仅提高了整个供应链的响应速度，还有助于企业更好地应对市场变化。

2. 数据驱动的精准决策

在数字经济时代，通过收集、分析和利用数据，企业可以作出更为精准的决策，从而提高生产效率。

首先，数据分析可以帮助企业准确把握市场需求。通过对消费者行为、销售数据等进行分析，企业可以预测市场趋势，及时调整生产计划和产品策略。这种以数据为基础的决策方式，使企业能够更快速地响应市场变化，减少库存积压和产品滞销的风险。

其次，数据驱动的决策还有助于企业优化生产资源配置。通过对生产过程中的数据进行实时监测和分析，企业可以精确掌握各生产环节的效率情况，及时发现并解决生产瓶颈。这种精准的资源配置方式，不仅提高了生产资源的利用效率，还降低了生产成本。

此外，数据驱动的决策还在产品研发、质量控制等多个方面发挥着重要作用。通过对产品使用数据的分析，企业可以不断改进产品设计，提高产品质量和用户体验。同时，质量控制部门可以利用数据对生产过程中的质量问题进行追踪和分析，及时采取措施防止类似问题的再次发生。

（三）促进就业与创新

数字经济不仅重塑了传统经济格局，还为就业和创新带来了巨大的推动力。数字经济通过催生新兴职业和岗位，以及鼓励创新和创业精神，为社会的进步和发展注入了新的活力。

1. 新兴职业和岗位的产生

随着数字经济的蓬勃发展，越来越多的新兴职业和岗位应运而生。这些职业和岗位与数字技术紧密相连，为就业市场注入了新的活力。

首先，数字经济催生了一大批与技术相关的职业，如数据分析师、大数据工程师、云计算专家等。这些职业要求从业者具备扎实的数字技术基础，能够处理和分析海量数据，为企业提供有价值的信息和见解。随着企业对数据价值的认识不断加深，这些技术型岗位的需求量也在持续增长。

其次，数字经济还推动了网络营销、电商运营等新兴岗位的发展。在数字经济的推动下，企业的营销方式发生了翻天覆地的变化。网络营销人员通过各种数字渠道进行品牌推广、产品销售，成为企业不可或缺的人才。同时，电商运营也成为一个独立的职业领域，负责线上平台的运营和管理，为消费者提供更好的购物体验。

此外，数字经济还促进了灵活就业和远程办公的兴起。随着网络技术的不断进步，许多工作不再受地域限制，人们可以在家办公，或者选择成为自由职业者。这种新型的就业方式不仅为个人提供了更多的职业选择和发展空间，也为企业降低了成本，提高了效率。

2. 鼓励创新和创业

数字经济不仅创造了大量的就业机会，还为创新和创业提供了前所未有的便利和条件。

首先，数字经济降低了创业的门槛和成本。传统的创业模式需要投入大量的资金和资源，而在数字经济时代，创业者可以利用互联网和数字技术，以较小的成本快速验证商业模式的可行性。例如，通过社交媒体、电商平台等渠道，创业者可以迅速触达潜在客户，了解市场需求，从而调整产品或服务策略。

其次，数字经济为创新提供了广阔的空间。在数字技术的驱动下，各种创新应用层出不穷，如共享经济、在线教育、智能制造等。这些新兴领域不仅为消费者带来了全新的体验和价值，也为创业者提供了无限的商机。

此外，政府也在积极推动数字经济相关政策的制定和实施，以支持创新和创业。例如，设立创业投资基金、建设创新创业园区等措施，为创业者提供了资金、场地等支持。同时，政府还加强与高校、研究机构的合作，推动科研成果的转化和应用，为数字经济发展注入源源不断的创新动力。

（四）改善生活质量

在数字经济的推动下，人们的生活方式正在发生翻天覆地的变化。智能化生活带来的便利以及定制化服务和产品满足个性化需求，正是这一变革的两大显著特点。

1. 智能化生活带来的便利

随着物联网、大数据、人工智能等技术的普及，智能化生活已经不再是遥不可及的梦想。智能家居系统让家庭环境变得更加智能和舒适。通过手机或智能语音助手，人们可以远程控制家中的电器设备，如调节室内温度、控制灯光亮度等。这种智能化的生活方式不仅提高了生活的便捷性，还让人们能够更加高效地管理自己的家居环境。

此外，智能交通系统也在逐步改变人们的出行方式。通过大数据分析，智能交通系统能够实时预测交通流量和路况，为驾驶者提供最佳的出行路线，从而减少拥堵和延误。同时，自动驾驶技术的不断发展，也为未来的智能交通打下了坚实的基础。

在医疗健康领域，智能化技术同样展现出了巨大的潜力。远程医疗、智能诊断等技术的应用，使得患者能够更加方便地获得医疗服务。例如，通过可穿戴设备，患者可以随时监测自己的健康状况，而医生也可以根据这些数据为患者提供更加精准的治疗方案。

2. 定制化服务和产品满足个性化需求

数字经济时代，消费者的需求越来越多样化，定制化服务和产品应运而生。通过大数据分析，企业可以更加准确地了解消费者的偏好和需求，从而为消费者提供个性化的产品和服务。

例如，在服装行业，越来越多的品牌开始提供定制化服务。消费者可以根据自己的喜好和身体尺寸，定制专属的服装款式和尺寸。这种定制化的服务不仅满足了消费者的个性化需求，还提高了产品的舒适度和满意度。

同时，在数字娱乐领域，定制化服务也同样受到欢迎。音乐、电影、游戏等娱乐内容提供商开始根据用户的喜好和习惯，推荐个性化的娱乐内容。这种定制化的娱乐体验让用户能够更加享受自己的闲暇时光。

此外，在教育领域，定制化服务也正在悄然兴起。在线教育平台可以根据学生的学习进度和能力水平，提供个性化的学习计划和辅导资源。这种定制化的教育方式有望提高学生的学习效率和成绩。

（五）全球竞争力的提升

数字经济在国际竞争中扮演着越来越重要的角色。首先，数字经济促进了全球贸易的便利化。通过电子商务平台，企业可以轻松地拓展海外市场，实现国际贸易的无缝对接。这不仅降低了交易成本，还提高了市场敏感度，使企业能够迅速应对市场变化。

其次，数字经济推动了全球创新网络的形成。在数字技术的驱动下，全球范围内的研发资源得以高效整合，促进了跨国界的科技创新合作。这种合作模式不仅加快了科技成果的转化速度，还为全球经济的持续发展注入了新的动力。

再次，数字经济还助力企业构建全球供应链体系。通过物联网、大数据等技术手段，企业可以实现对全球供应链的实时监控和优化管理。这不仅提高了供应链的透明度和可追溯性，还降低了运营成本，增强了企业的抗风险能力。

此外，在数字经济时代，跨国企业需要紧跟技术发展趋势，不断推进数字化转型。通过充分利用数字技术带来的优势，企业可以在全球范围内优化资源配置、提高运营效率、拓展市场空间，从而全面提升自身的全球竞争力。同时，政府和国际组织也应加强合作，共同推动数字经济的健康发展，为全球经济的繁荣与进步贡献力量。

最后，数字经济还在推动全球经济的均衡发展中发挥着重要作用。传统的国际贸易往往受到地理、政治和经济等多重因素的限制，导致资源分配不均和地区发展不平衡。而数字经济则打破了这些限制，使得全球范围内的企业和个人都能更加公平地参与市场竞争和资源共享。通过数字平台，即使是偏远地区的企业和个人也能获得与城市中心同等的市场机会和信息资源，从而促进了全球经济的均衡发展。

四、发展数字经济的优势体现

（一）突破时空限制

数字经济以其独特的优势，正在逐步改变人们的生活方式、工作模式和商业模式。其中，突破时空限制是数字经济最为显著的优势之一。这一优势主要体现在远程工作和在线服务的兴起，以及为企业带来的全球市场的拓展机会。

1. 远程工作和在线服务的兴起

在传统经济模式下，工作和服务的提供往往受到地理空间的严格限制。然而，在数字经济的推动下，远程工作和在线服务逐渐兴起，极大地突破了这种时空限制。

远程工作的普及使得员工可以在家或其他远离传统办公场所的地点工作。这不仅为员工提供了更大的灵活性和便利性，同时也为企业节省了办公空间和其他相关成本。例如，许多科技公司、咨询公司和内容创作者团队已经开始采用远程工作模式，员工可以分散在全国各地甚至世界各地，通过网络平台进行高效的协作。

在线服务的兴起则是数字经济突破时空限制的另一个重要体现。如今，人们可以通过互联网随时随地访问各种在线服务，如在线教育、远程医疗、电子商务等。这些服务不仅为消费者提供了极大的便利，也为服务提供者带来了更广阔的市场机会。例如，在线教育平台的兴起，使得优质教育资源得以跨越地域限制，让更多人享受到高质量的教育资源。

2. 全球市场的拓展机会

数字经济的另一个显著优势是为企业提供了全球市场的拓展机会。在传统经济模式下，企业拓展市场往往受到地理、文化和政治等多重因素的限制。然而，在数字经济时代，这些限制被大大削弱。

通过互联网和电子商务平台，企业可以轻松地触达全球消费者，无需在每个目标市场设立实体店面或分支机构。这不仅降低了市场进入的门槛和成本，还大大提高了市场拓展的效率。例如，许多我国的电商平台如阿里巴巴、京东等，已经通过互联网将产品销往全球各地，实现了国际化的发展。

此外，数字经济还为企业提供了更多的市场信息和消费者数据，有助于企业更精准地定位目标市场，制定更有效的营销策略。通过大数据分析，企业可以深入了解消费者的购买习惯、偏好和需求，从而推出更符合市场需求的产品和服务。

总的来说，数字经济通过突破时空限制，为远程工作和在线服务的兴起以及全球市场的拓展提供了巨大的动力。这一优势不仅改变了人们的工作方式和生活方式，也为企业带来了前所未有的市场机会和发展空间。随着技术的不断进步和市场的日益开放，数字经济将继续发挥其突破时空限制的优势，推动社会的持续创新和发展。

然而，与此同时，我们也应看到数字经济带来的挑战和问题，如数据安全、隐私保护、就业结构变化等。因此，在享受数字经济带来的便利和机遇的同时，也需要我们共同努力，建立完善的法律法规体系，加强技术研发和应用，以确保数字经济的健康、可持续发展。

（二）降低交易成本

数字经济不仅改变了人们的生活方式，还为企业和个人带来了前所未有的便利。其中，数字经济在降低交易成本方面的优势尤为突出，这主要体现在电子商务和在线支付的优势，以及通过减少中间环节提高效率上。

1. 电子商务和在线支付的优势

电子商务的兴起是数字经济发展的重要标志之一。传统的实体交易需要双方当面协商、签订合同、交付货物等，这些过程不仅耗时耗力，还可能因为信息不对称导致交易成本增加。而电子商务通过互联网平台，实现了商品信息的实时更新和广泛传播，消费者可以随时随地浏览商品、比较价格、下单购买，极大地提高了交易的便捷性。

与此同时，在线支付的发展也极大地降低了交易成本。传统的支付方式，如现金、支票等，存在携带不便、易丢失、难以追溯等问题。而在线支付通过电子化的方式，实现了资金的快速、安全转移，不仅减少了支付过程中的人力、物力成本，还提高了支付的效率和安全性。

以我国的电商巨头阿里巴巴为例，其旗下的淘宝、天猫等平台通过提供一站式的购物体验，包括商品浏览、下单、支付、物流跟踪等服务，大大降低了消费者的购物成本和时间成本。同时，通过支付宝等在线支付方式，实现了资金的即时结算，提高了交易的效率。

2. 减少中间环节，提高效率

在传统经济模式下，商品从生产到消费者手中往往要经过多个中间环节，如批发商、零售商等。这些中间环节不仅增加了交易成本，还可能导致信息不对称和资源配置效率低下。而数字经济的发展，尤其是物联网、大数据等技术的应用，使得生产者可以直接与消费者建立联系，减少了不必要的中间环节。例如，一些农产品电商平台通过直接与农户合作，将农产品从田间地头直接送到消费者手中，省去了传统的批发、零售环节。这不仅降低了交易成本，还提高了资源的配置效率。同时，通过大数据技术的应用，生产者可以更准确地把握市场需求，制定更合理的生产计划，进一步降低库存成本和滞销风险。

除了减少中间环节外，数字经济还通过提高信息透明度来降低交易成本。在传统的交易模式中，由于信息不对称，买卖双方往往需要花费大量的时间和精力进行信息搜寻和核实。而在数字经济时代，通过互联网平台的信息披露和用户评价等功能，消费者可以更容易地获取商品的真实信息和其他买家的购买体验，从而做出更明智的购买决策。这种信息透明度的提高不仅降低了交易成本还增强了市场的公平性。

（三）数据资源的价值挖掘

在数字经济高速发展的今天，数据资源已成为推动经济增长和社会进步的关键因素。数据不仅记录了人们的消费习惯、市场趋势，还蕴藏着无数商业机会和创新可能。发展数字经济，挖掘数据资源的价值，正成为企业和政府共同关注的焦点。本文将重点探讨大数据在市场营销中的应用以及数据驱动的产品和服务创新。

1. 大数据在市场营销中的应用

随着大数据技术的日益成熟，市场营销领域正经历着一场深刻的变革。大数据不仅能够帮助企业更精准地定位目标客户群体，还能优化营销策略，提高营销效率和效果。

首先，大数据可以用于消费者行为分析。通过收集和分析消费者的购物记录、浏览历史、搜索行为等数据，企业可以深入了解消费者的偏好、需求和消费习惯。例如，电商巨头亚马逊就通过其强大的数据分析能力，为用户推荐相关产品和个性化服务，从而大大提高了销售额和用户满意度。

其次，大数据在市场预测中也发挥着重要作用。企业可以利用历史销售数据、市场趋势等信息，通过数据模型和算法预测未来的市场需求和变化。这不仅有助于企业制定合理的生产计划，还能帮助企业在激烈的市场竞争中抢占先机。

此外，大数据还能优化广告投放策略。通过分析用户的网络行为、社交媒体互动等数据，企业可以精准地将广告投放到目标受众群体中，提高广告的有效性和转化率。比如，谷歌的广告系统就通过大数据分析，实现了对用户兴趣的精准把握和广告投放的个性化定制。

2. 数据驱动的产品和服务创新

数据资源的另一个重要价值在于推动产品和服务创新。在数字经济的时代背景下，数据已经成为企业创新的重要驱动力。

一方面，数据可以帮助企业发现新的市场机会。通过对海量数据的挖掘和分析，企业可以发现消费者的潜在需求和市场空白，从而开发出更具创新性和市场竞争力的产品。例如，特斯拉就通过收集和分析用户的驾驶数据，不断优化其自动驾驶系统的性能和安全性。

另一方面，数据还可以提升产品的用户体验。企业可以利用用户反馈数据、使用习惯等信息，对产品进行迭代和优化，以满足用户的个性化需求。比如，智能手机厂商通过收集用户的使用数据，不断优化手机界面设计、功能布局等，以提供更加便捷、高效的用户体验。

此外，数据驱动的服务创新也日益受到重视。通过收集和分析用户的行为数据、需求信息等，企业可以开发出更加贴心、个性化的服务。例如，一些金融机构就利用大数据分析技术，为用户提供个性化的理财建议和风险评估服务。

值得注意的是，随着数据资源的日益丰富和大数据技术的不断发展，数据驱动的产品和服务创新将成为企业竞争的新焦点。谁能够更有效地利用数据资源，谁就能够在激烈的市场竞争中脱颖而出。

然而，数据资源的挖掘和利用也面临着诸多挑战。数据的收集、存储、处理和分析都需要专业的技术和人才支持。同时，数据安全和隐私保护也是不可忽视的问题。因此，企业在挖掘数据资源价值的同时，也需要注重数据的合规性和安全性。

（四）灵活适应市场变化

在当今快速变化的市场环境中，灵活适应市场变化成为企业持续发展的关键。数字经济以其独特的优势，为企业提供实时数据分析与市场预测，并能快速响应消费者需求和市场趋势，从而助力企业在激烈的市场竞争中脱颖而出。

1. 实时数据分析与市场预测

随着信息技术的飞速发展，大数据已经成为数字经济发展的核心资源。实时数据分析是指利用现代信息技术手段，对海量数据进行即时处理和分析，以获取有价值的信息。在数字经济时代，企业可以通过实时数据分析，迅速洞察市场动态和消费者行为，为决策提供有力支持。例如，零售企业可以通过分析销售数据、库存数据以及消费者购买行为等数据，及时调整商品结构和库存策略，以满足市场需求。同时，实时数据分析还可以帮助企业发现潜在的市场机会和威胁，为企业的战略规划提供重要参考。

市场预测则是基于实时数据分析的结果，对未来市场趋势进行研判。通过市场预测，企业可以提前做好准备，把握市场先机。例如，在智能手机市场，通过分析消费者的购买偏好、使用习惯以及技术发展趋势等数据，企业可以预测未来哪种类型的智能手机将更受欢迎，从而及时调整产品研发和生产策略。

2. 快速响应消费者需求和市场趋势

在数字经济时代，消费者的需求日益多样化和个性化。企业需要快速响应这些需求变化，以满足消费者的期望。数字经济为企业提供了与消费者实时互动的平台，如社交媒体、电商平台等，使企业能够及时了解消费者的反馈和需求。

例如，快时尚品牌可以通过社交媒体收集消费者的时尚偏好和购物需求，然后迅速将这些信息转化为产品设计和生产指令，以满足消费者对时尚和个性的追求。这种快速响应消费者需求的能力，不仅提高了企业的市场竞争力，还增强了消费者对企业的忠诚度和满意度。

此外，数字经济还使企业能够快速跟随市场趋势，把握发展机遇。市场趋势是不断变化的，企业需要及时调整战略和业务模式，以适应市场的变化。在数字经济时代，企业可以通过实时监测市场动态和竞争对手的行为，迅速调整自身的战略和业务模式。

以新能源汽车行业为例，随着环保意识的提高和政府对新能源汽车的政策支持，新能源汽车市场呈现出快速增长的趋势。一些传统汽车制造商和新兴创业公司迅速把握这一市场趋势，加大在新能源汽车领域的研发和投入，从而获得了市场的先机。

灵活适应市场变化的能力已经成为企业在数字经济时代的重要竞争优势。通过实时数据分析与市场预测以及快速响应消费者需求和市场趋势，企业可以更加精准地把握市场动态和消费者需求，为企业的持续发展和创新提供有力支持。同时，这也要求企业不断加强信息化建设，提升数据处理和分析能力，优化业务流程和组织架构，以适应数字经济时代的发展需求。

（五）可持续发展与环保

随着全球气候变化的日益严峻，可持续发展和环境保护已经成为国际社会普遍关注的重点。在这一背景下，数字经济的崛起不仅推动了经济的快速增长，还为可持续发展和环保提供了新的路径。数字经济通过其独特的优势，正在节能减排、绿色数据中心以及云计算等方面发挥着积极作用。

1. 数字经济在节能减排中的作用

数字经济以其高效、智能的特性，为节能减排提供了强有力的支持。首先，数字经济促进了资源的优化配置。通过大数据分析，企业可以更加精准地预测市场需求，从而合理规划生产和供应链，减少资源浪费。例如，智能物流系统的应用，能够实时追踪货物的运输情况，优化运输路径，减少空驶和绕行，有效降低能源消耗和碳排放。

其次，数字经济推动了智能制造的发展。在智能制造模式下，企业可以通过互联网、物联网等技术实现生产过程的自动化和智能化，提高生产效率的同时，降低能源消耗。此外，智能制造还能够实现产品的个性化定制，减少过度生产和库存积压，从而节约资源和能源。

最后，数字经济为绿色建筑和智能城市的建设提供了技术支持。通过数字技术的应用，建筑可以更加节能、环保，如智能照明、智能空调等系统的应用，能够根据实际需求和外部环境自动调节能源消耗，达到节能减排的目的。

2. 绿色数据中心和云计算的环保效益

随着数字经济的蓬勃发展，数据中心和云计算成为支撑其运行的重要基础设施。然而，传统的数据中心往往能耗较高，对环境造成了一定压力。因此，绿色数据中心和云计算技术的出现，为环保事业带来了新的希望。

绿色数据中心通过采用先进的节能技术、优化设备配置、提高能效比等措施，显著降低了数据中心的能耗。例如，采用自然冷却技术、高效能供电系统和模块化设计等，都能够有效降低数据中心的能耗和散热问题。此外，一些数据中心还开始利用可再生能源，如太阳能、风能等，进一步减少对传统能源的依赖。

云计算作为一种新兴的信息技术服务模式，也具有显著的环保效益。通过云计算，企业可以无需自建数据中心，而是将数据存储和处理的任务交给云服务提供商。这种方式不仅降低了企业的运营成本，还避免了因设备闲置而造成的能源浪费。同时，云服务提供商可以集中优化数据中心的能源使用效率，实现规模效应，进一步降低能耗。

值得一提的是，近年来各国政府和企业都加大了对绿色数据中心和云计算技术的投入和支持。例如，一些国家已经出台了相关政策，鼓励企业采用绿色数据中心技术，并对符合条件的项目给予资金支持和税收优惠。这些政策措施的实施，将进一步推动数字经济在可持续发展和环保方面的积极作用。

第二节 数字经济赋能制造业高质量发展的内在机理

一、数字经济赋能供给侧结构性改革，实现供需精准匹配

在当今快速发展的数字经济时代，信息技术的革新正以前所未有的速度改变着传统经济结构和商业模式。数字经济作为一种新型经济形态，不仅推动了生产力的飞速发展，更在供给侧结构性改革中扮演着日益重要的角色，为实现供需精准匹配提供了强大的动力。

数字经济通过大数据、云计算等现代信息技术，极大地提高了数据的收集、分析和处理能力。这使得企业能够更准确地把握市场需求，预测消费趋势，从而实现供给与需求的精准对接。例如，电商平台通过用户购物数据的分析，可以精准推送个性化的商品推荐，不仅提升了用户体验，也有效减少了库存积压和资源浪费。

数字经济的发展也促进了生产方式的智能化和柔性化。智能制造、物联网等技术的应用，使得生产线能够根据实时数据进行调整，实现定制化生产。这种灵活性不仅满足了消费者日益多样化的需求，还大幅提高了生产效率和质量。同时，数字经济还推动了供应链的优化，通过数据共享和协同管理，减少了供应链中的信息不对称和牛鞭效应，降低了运营成本。

数字经济在推动供给侧结构性改革的过程中，还带动了相关产业的创新和升级。比如，数字创意产业、电子商务、互联网金融等新兴产业的蓬勃发展，为经济增长注入了新的活力。这些新兴产业不仅创造了大量的就业机会，还促进了传统产业的转型升级，推动了经济结构的优化。

此外，数字经济在促进供需匹配的同时，也对政府治理能力提出了新的挑战和机遇。政府需要适应数字经济的特点，建立更加高效、透明的监管体系，保护消费者权益，同时也要鼓励创新，为数字经济发展提供良好的法治环境。

然而，数字经济在赋能供给侧结构性改革的同时，也伴随着数据安全、隐私保护等问题。因此，在推动数字经济发展的过程中，必须高度重视数据安全和个人隐私的保护，建立健全相关法律法规和标准体系，确保数字经济的健康可持续发展。

数字经济作为推动供给侧结构性改革的重要力量，正以其独特的优势促进着供需的精准匹配。通过大数据分析、智能制造等技术手段，数字经济不仅提升了生产效率，还满足了市场的多元化需求，推动了经济的持续健康发展。未来，随着技术的不断进步和应用的深化，数字经济将在优化经济结构、提升供给体系质量和效率方面发挥更加显著的作用。

二、数字经济赋能数据共享，实现经济倍增效应

在传统制造业时代，企业往往面临着数据孤岛、信息不对称以及资源配置效率低下等诸多弊端。这些弊端不仅限制了企业的发展速度，还增加了运营成本，甚至导致市场竞争力下降。然而，随着数字经济的兴起，数据共享正成为一种强大的动力，推动实现经济倍增效应。

在传统制造业模式中，数据往往被局限于各个企业内部，形成数据孤岛。这种孤立的数据状态使得企业难以准确把握市场动态和消费者需求，导致生产决策滞后，甚至可能引发产能过剩或供需失衡的问题。同时，企业间的信息不对称也加剧了市场竞争的不公平性，使得一些企业难以获得应有的市场份额。

数字经济的到来为打破这种僵局提供了可能。通过大数据、云计算等技术的运用，企业能够实现数据的快速收集、处理和分析，进而将数据孤岛连接起来，形成数据共享的网络。这种数据共享不仅提高了信息的透明度，还促进了企业间的协同合作，使得资源配置更加高效。

在数字经济的赋能下，数据共享成为推动企业发展的重要手段。首先，通过共享销售数据、消费者行为数据等，企业可以更加准确地洞察市场趋势，及时调整生产策略，满足消费者的个性化需求。其次，供应链数据的共享能够帮助企业优化库存管理，减少库存积压和浪费，提高资金周转率。再者，通过共享研发数据和技术资源，企业可以加速产品创新，提升技术实力，从而在激烈的市场竞争中脱颖而出。

此外，数字经济还推动了跨界合作与共享。不同行业的企业通过数据共享，发现新的商业机会，实现业务的互补与协同。例如，零售业与金融业的结合，通过消费数据分析为消费者提供个性化的金融服务；制造业与服务业的融合，则能够通过智能设备的数据共享，提供更加精准的售后服务。

数字经济的赋能还体现在对公共数据的利用上。政府开放公共数据，与企业

数据相结合，不仅提高了政府的决策效率，还为企业提供了更多的市场机会。这种公私数据的融合与共享，有助于构建更加公平、透明的市场环境。

然而，数据共享也伴随着数据安全与隐私保护的问题。在享受数据共享带来的经济效益的同时，企业必须加强数据安全管理，确保个人信息不被滥用。政府也需出台相关法律法规，规范数据共享行为，保护消费者权益。

总的来说，数字经济通过赋能数据共享，打破了传统制造业的数据孤岛，实现了资源的优化配置和经济的倍增效应。随着技术的不断进步和政策的逐步完善，数据共享将成为推动企业持续发展的重要力量。

三、数字经济赋能核心技术水平，实现全要素生产率的提高

传统制造业长期以来面临着核心技术水平不高、生产效率低下和资源利用率不足等问题。这些问题不仅制约了制造业的持续发展，也影响了整个经济体系的竞争力。然而，随着数字经济的蓬勃发展，一场由数据驱动的技术革命正在悄然改变这一局面，通过赋能核心技术水平，实现全要素生产率的显著提高。

在传统制造业中，生产流程往往依赖于人力和初级机械化操作，自动化和智能化水平较低。这导致生产效率受限，且产品质量和精确度难以保证。同时，由于缺乏精准的数据分析和市场预测，企业往往面临着产能过剩或供需不匹配的风险。此外，资源利用效率不高也是传统制造业的一大痛点，能源消耗大、废弃物排放多，不符合绿色可持续发展的要求。

数字经济的兴起为传统制造业的转型升级提供了强大的动力。数字经济以数据为核心资源，通过大数据、云计算、人工智能等先进技术的运用，能够实现对生产流程的精准控制和优化。首先，数字经济赋能核心技术，推动了自动化和智能化水平的提升。借助先进的传感器、工业机器人和智能制造系统，企业能够实现生产线的自动化运作，大幅提高生产效率，并降低人为因素导致的质量波动。

其次，数字经济强化了数据在生产管理中的作用。通过实时采集生产现场的数据，企业能够精确掌握生产状况，及时调整生产计划，减少浪费。同时，利用大数据分析技术，企业可以更准确地预测市场趋势和消费者需求，从而制定更加精准的生产和销售策略。

再者，数字经济促进了资源的优化配置。在数字技术的支持下，企业可以实时监控能源消耗和废弃物排放，及时发现并解决资源浪费和环境污染的问题。此

外，通过工业互联网等技术手段，企业可以实现供应链的优化管理，提高原材料的利用率，降低库存成本。

最后，数字经济的赋能还体现在创新驱动上。传统制造业往往缺乏创新动力和能力，而数字经济则为企业提供了更广阔的创新平台。通过数字技术，企业可以加速产品的研发和设计过程，推动新产品的问世。同时，数字技术也为企业提供了更多元化的营销手段，帮助企业拓展市场，增强品牌影响力。

四、数字经济赋能发展模式转变，实现经济可持续发展

传统制造业一直是经济增长的重要基石，过去几十年为全球经济发展贡献了巨大力量。然而，时代的变迁也暴露了其诸多弊端，如资源消耗过度、环境污染加剧以及创新能力匮乏，这些问题都严重影响了经济的持续发展。传统制造业的主要弊端在于对资源的过度依赖以及对环境的破坏。为了经济增长，传统制造业常常以高能耗和高排放为代价，这不仅加剧了资源紧张，也给生态环境带来了沉重负担。同时，生产过程中的大量浪费，如物料和能源的浪费，不仅增加了企业成本，也造成了资源的严重浪费。幸运的是，数字经济的崛起为经济发展模式提供了新的转变机遇，为经济可持续发展注入了新的活力。

数字经济通过数据和技术的力量改变了这一局面。它以数据为核心，结合大数据、云计算和物联网等技术，对传统制造业进行了全面改造。首先，通过智能化的生产管理系统，数字经济提升了资源的利用效率，实现了对资源使用的实时监控和精确控制，从而减少了浪费。其次，数字经济推动了绿色生产方式的发展。利用数字技术，企业可以精确控制生产过程，降低能耗和排放，减轻对环境的污染。同时，通过数据分析和智能决策，数字经济促进了循环经济的实现，推动了废弃物的再利用和资源的循环利用。此外，数字经济也极大地促进了制造业的创新。传统制造业中的创新常受限于技术和资金，而数字经济为制造业的创新提供了更广阔的平台。数字技术的运用使得企业能够进行跨领域、跨行业的合作，推动新技术的研发和应用，从而提升制造业的竞争力。最后，数字经济还推动了制造业的智能化转型。借助人工智能和机器学习等技术，企业可以实现生产过程的自动化和智能化，提高生产效率和质量。同时，智能化生产还能满足消费者的个性化需求，推动制造业向定制化和柔性化方向发展。

第三节 数字经济赋能制造业高质量发展面临的挑战

数字经济能够增强高质量发展的内生动力，催生制造业产业的新业态、新模式，为制造业的发展带来更多机遇。数字经济的发展为推动制造业高质量发展提供了更好的平台，但数字经济在对制造业赋能过程中也存在数字基础设施建设薄弱、专业性人才缺乏、地区间数字赋能差距大、数字经济技术利用率低、数据产权保护制度有待健全等问题。

一、制造业数字基础设施建设薄弱

数字基础设施，作为新型基础设施的核心组成部分，其重要性不言而喻。它为产业数字化转型升级提供了必不可少的基础支撑，是推动现代化产业发展的关键因素。特别是在制造业领域，数字基础设施的完善与否，直接关系到制造业高质量发展的成败。

对于制造业而言，数字基础设施就像是人体的骨骼，为整个行业提供稳固的支撑。只有当这个“骨骼”足够强壮，制造业才能在数字化转型的道路上稳健前行，才能充分挖掘数字资源的价值，从而焕发出新的生机与活力。

然而，当前我国在推动制造业高质量发展的进程中，却面临着数字化基础设施建设薄弱的困境。这一薄弱环节不仅影响了制造业企业对数字资源价值的深入挖掘，更在一定程度上制约了数字技术的充分应用与价值体现。换句话说，没有强大的数字基础设施作为后盾，制造业在数字化转型中就会步履维艰，难以充分发挥数字经济的辐射带动作用。

这种薄弱的基础设施状况，导致了许多制造业企业在尝试数字化转型时，缺乏一个稳定、高效的平台来支撑其数据挖掘和创新应用。这不仅限制了企业对市场变化的快速响应能力，也削弱了其在全球竞争中的优势地位。更为严重的是，数字基础设施的不完善还阻碍了依托数字经济发展的新模式的形成，这无疑是对制造业高质量发展进程的一大制约。

二、制造业数字化专业性人才缺乏

人才是数字经济赋能制造业高质量发展的核心和基础，将人才资源摆在制造业高质量发展的首要位置，把优秀人才吸引进来，制造业才能看到希望，并实现我国制造业由“制造大国”到“制造强国”的转变。一方面，我国制造业人才队伍以低专业性人员为主，高水平专业人才占比较低。我国制造业虽在不断发展，以大数据、区块链、5G 等为代表的新兴信息通信技术也在不断进步，但制造业技术人才培养体系没有跟上，支撑数字经济赋能的专业技术人才缺口大，表现为制造业工人缺乏数字思维，未意识到数字经济赋能推动制造业转型升级的作用，而且制造业工人缺乏数字经济的知识储备，对数字经济如何运用到制造业生产过程了解甚微，抑制了数字红利效应的释放。

另一方面，虽然制造业企业自身的专业人才培养体系落后，但在社会大环境下培养了一定的数字人才。然而，制造业吸引优秀人才正面临“三不”困境，即找不到、招不来、留不住。“找不到”是我国对制造业专业人才培养不足，市场上的供给量远远小于企业的需求量，不能找到所需数量的人才来支撑制造业企业走向更宽阔的舞台；“招不来”则可能是薪酬、福利待遇、工作环境等方面不能满足专业人才的需求，专业性的技术人才不愿加入制造业行业，而去选择各方面都略有优势的行业；“留不住”是更多的技术人才看不到未来发展前景，流向有更大晋升空间的企业，使得制造业行业的专业技术人才外流。可见纵使数字经济加速推进，缺乏专业人才作为赋能的引擎阻碍了对数字经济作用的深入了解，难以将数字经济作为制造业发展新动能运用到实践中，也不能将数字技术与制造业充分融合，抑制了数字经济“1 + 1 > 2”作用的发挥，从而影响数字赋能制造业高质量发展的效果。

三、制造业地区间数字赋能差距大

受我国地区间经济发展水平不均衡的影响，数字经济规模建设的区域性差异显著，进而导致数字经济在推动制造业高质量发展方面，存在明显的地区赋能差距。这一差距不仅体现在数字经济的规模和应用深度上，更反映在各地区制造业转型升级的速度和效果上。

经过多年的持续发展与完善，传统制造业所依赖的基础设施在地区间的差距已逐渐缩小，这在一定程度上促进了制造业在各地区的均衡发展。然而，随着 5G 等新一代通信技术的迅猛进步，数字经济对制造业的赋能作用日益凸显，而地区间的数字赋能差距也随之扩大。

具体而言，东部沿海地区凭借雄厚的经济基础和丰富的技术人才储备，数字基础设施建设得以快速推进，从而能够充分利用数字经济为制造业的高质量发展注入强大动力。相较之下，西部地区在经济发展、技术人才以及数字基础设施建设等方面均存在明显劣势，导致数字经济发展相对滞后，难以有效发挥数字经济对制造业的带动作用。

这种地区间的数字赋能差距不仅加剧了区域经济发展的不平衡性，更可能引发“数字鸿沟”问题，即东部地区在数字经济的推动下制造业快速发展，而西部地区则可能因数字经济的滞后而面临更大的发展挑战。因此，如何缩小地区间数字赋能差距，推动制造业在各地区的均衡与高质量发展，是当前亟待研究和解决的问题。这种区域性的数字赋能差异，在我国制造业版图中呈现出明显的东强西弱态势，对未来制造业的整体协调发展构成了重要挑战。

四、制造业数字经济技术利用率低

在数字经济日益蓬勃的当下，其正在通过大数据的深入应用，实现对资源的更高效整合。这一过程中，数字化生产、经营与管理体系的建立显得尤为重要，它不仅为传统制造业带来了新的生命力，更是推动了产业动能的转换，助力制造业从传统的生产模式向更加智能化、精细化的方向迈进。

新一代信息通信技术，如大数据、区块链、5G 等技术的迅猛发展，为制造业的数字化转型提供了坚实的技术支撑。然而，值得注意的是，目前仍有许多制造业企业对数字技术的巨大优势认识不够充分，技术应用的深度和广度都相对较低，这无疑阻碍了它们充分享受数字经济所带来的红利。

数字经济为制造业赋能并非一蹴而就，它受到企业思想观念、知识储备、政策环境以及基础设施等多重因素的制约。由于技术利用率不高，大量宝贵的数据资源被浪费，无法深入挖掘其潜在价值，这不仅影响了产品的质量和市场竞争力，还直接关系到企业的经济效益。

与此同时，与发达国家相比，我国在数字技术利用率上的差距也导致了数字鸿沟的产生。这一鸿沟不仅体现在技术应用水平上，更反映了在数字经济时代下，我国制造业企业在全球竞争中的劣势地位。因此，提高制造业企业对数字经济的认识和利用能力，增强其运用数字经济推动高质量发展的积极性和主观能动性，是当前亟待解决的问题。

五、制造业数据产权保护制度有待健全

在数字经济迅猛发展的背景下，数据共享日益普遍，使得数据逐渐展现出非排他性和非竞争性的特点，类似于公共物品的属性。这一变化带来了便利，但同时也可能滋生“搭便车”行为，即某些个体或组织不劳而获，利用他人的数据资源。

从国家层面来看，当前面临的挑战首先是立法方面的缺失。目前，我国尚缺乏完善的数据产权相关法律法规及制度，这在一定程度上制约了数据的合理使用和保护。另外，数据的收集、审查和利用流程尚未实现标准化，这增加了数据被不当使用或非法披露的风险。

在企业层面，虽然众多企业已经开始重视并采取措施保护数据安全，但仍不乏一些为追求经济利益而破坏数据安全的行为。这些问题不仅损害了企业的利益，也对整个数据生态环境构成了威胁。

此外，数字经济的发展在一定程度上模糊了传统知识产权的边界，导致数据归属权变得不明确。在缺乏数据产权制度保护的情况下，“搭便车”现象频发，数据价值得不到应有的保护。这种情况使得制造业企业在利用数字经济时持谨慎态度，进而抑制了数据溢价效应和数字经济对制造业的赋能作用，最终可能影响制造业的高质量和创新发展。

第四节　数字经济赋能制造业高质量发展的实现路径

数字经济赋能实现制造业生产要素的有效循环，践行“双循环”的新发展格局，但数字经济在对制造业赋能过程中出现的问题也亟须改进，从夯实制造业数字化基础设施建设、加强制造业数字人才培养、缩小地区间的数字鸿沟、提高数字技术利用效率及健全数据保护的法律制度五个维度来摆脱障碍，以充分发挥数字赋能，真正实现制造业高质量发展。

一、夯实制造业数字化基础设施建设

数字化基础设施作为现代数字经济发展的基石，不仅为数据信息的流畅传输

提供了坚实的支撑，同时也为制造业向更高质量的发展阶段迈进搭建了一个高效的平台。在信息技术日新月异的今天，数字化基础设施建设的重要性愈发凸显，它连接着虚拟与现实，推动着产业结构的升级和转型。

为了进一步促进数字制造业的发展，政府应出台相关政策，从顶层设计上为数字化基础设施的建设指明方向。通过政策的引导和激励，可以有效地鼓励社会资本流向数字基础设施建设领域，从而形成多元化的投资主体和完善的投融资体系。这不仅能够加快基础设施建设的步伐，还能显著提升制造业的整体运行效率。

在推进数字制造业的同时，对传统制造业基础设施的改造升级亦不可忽视。这一过程的实施，需要紧密结合数字经济发展的新趋势，确保传统制造业能够在新的技术环境下焕发新的活力。通过引入先进的数字化技术，可以使传统制造业的生产过程更加智能化、精准化。

加强数字化基础设施建设，不仅有助于优化制造业的产业结构，还能更好地匹配供需关系，推动制造业向高质量发展阶段迈进。为了实现这一目标，政府需要扮演关键角色，提供多元化的融资渠道，并通过政策鼓励更多的社会资金参与到数字化基础设施的建设中来。

此外，强化行业内的数据共享机制，也是推动数字经济发展的关键一环。通过数据的互通互联，可以实现资源的优化配置，充分发挥数字经济对制造业的赋能作用，进而提升整个产业链的竞争力。这不仅有利于制造业的转型升级，也将为整个经济社会的持续发展注入新的动力。

二、加强制造业数字人才培养

在当前全球经济环境下，制造业的高质量发展已成为推动国家经济持续增长的重要引擎。而制造业的这一飞跃，离不开数字技术的深度融入，更确切地说，数字人才的培养显得尤为重要，他们是制造业转型、优化、升级不可或缺的内生动力。

数字经济的迅猛发展为传统制造业带来了新的机遇与挑战。在这一背景下，专业数字人才的培养显得尤为重要。这类人才不仅熟悉传统的制造技术，更精通数字技术与制造业的融合应用。他们的存在可以极大地推动数字经济与制造业的深度融合，从而为制造业注入新的增长动能。

鉴于此，政府层面应深刻认识到数字人才对制造业转型的重要性，据此制定并执行相应的人才发展战略，投入必要的资金，专注于培养高层次的数字人才，为他们提供与世界接轨的培训和教育资源。此外，为了吸引和留住这些宝贵的人才，政府还需营造一个良好的人才发展环境，包括但不限于提供优惠政策、完善的生活配套设施以及广阔的职业发展空间。

同时，企业作为用人主体，也应积极响应政府的号召，从内部加强数字经济知识的培训，提高员工的数字化素养。除了内部培训，企业还应积极从外部引进优秀的数字人才，为企业的数字化转型提供强大的智力支持。

三、缩小地区间的数字鸿沟

数字鸿沟问题主要源于各地区之间经济发展水平的显著差异，这种差距直接影响了制造业在数字化方面的投入与应用。为了深入探讨并寻求解决之道，需要从国家宏观层面到企业微观层面进行多维度的分析与应对。

在国家政策环境方面，政府的角色至关重要。针对欠发达地区，政府应通过政策倾斜，为这些地区提供更为有力的资金支持与政策优惠，以促进其数字经济的快速发展。具体而言，可以设立专项资金，用于支持欠发达地区的数字化项目；同时，通过税收优惠、贷款贴息等手段，降低企业数字化转型的成本。在基础设施建设上，应着重加强欠发达地区的数字化基础建设。这不仅包括提升网络覆盖率，加强数据传输能力，还包括建立和完善数据中心、云计算平台等新型基础设施，从而解决这些地区数字化建设滞后的问题。除了硬件支持，软件方面的援助同样不可或缺。政府可以派遣专业人员前往欠发达地区，为当地制造业提供技术指导和咨询服务。通过组织培训、研讨会等活动，提高当地企业和人员的数字化意识和能力，培养其自主进行数字化转型的能力。

企业间的协同也是缩小数字鸿沟的关键。东部地区的企业应进一步强化数字经济在制造业中的引领作用，通过技术创新和模式创新，全面发展数字经济，并以此辐射和带动周边地区的发展。中部地区的企业要发挥数字经济在推动制造业转型升级中的重要作用，通过引入先进的数字化技术，提升生产流程的数字化、网络化和智能化水平。而西部地区的企业则应紧紧抓住政策机遇，积极引进和运用数字经济，加快自身数字化进程，从而有效缩小与发达地区的数字鸿沟。通过这些综合措施，我们可以期待在不久的将来，数字鸿沟问题能得到实质性的缓解。

四、提高数字技术的利用效率

当前，我国经济正处于产业转型升级的关键时期，其中，制造业的数字化转型成为推动经济高质量发展的核心力量。在这一时代背景下，我们必须认识到制造业对数字技术的迫切需求，以及数字技术对传统制造业的深远影响。

为了实现制造业的转型升级，加快数字化转型步伐是至关重要的。这意味着我们需要积极吸收最新的数字技术成果，并将这些技术深入融合到制造业的生产过程中。特别是要通过“互联网＋”等新兴技术手段，推动制造业从设计到生产、从管理到销售的各个环节实现数字化，从而提高生产效率和产品质量。提高数字技术的利用率，不仅能优化生产流程，还能释放巨大的数字化红利。数字平台的建设和应用，将成为赋能制造业高质量发展的关键。通过大数据分析和云计算等技术，可以实现资源的优化配置，减少浪费，提升市场竞争力。同时，政府在推动制造业数字化转型中扮演着重要角色。通过借鉴发达国家的成功经验，政府可以出台相关政策，鼓励企业提高数字经济的利用效率，从而加快整个制造业的转型升级。为了推动制造业的持续发展，需要加快数字社会的建设，为数字化转型营造良好的环境。这包括加强基础设施建设，提升网络覆盖率和数据传输速度，以及完善相关法律法规，保护数据安全。

五、健全数据保护的法律制度

在数字经济高速发展的时代背景下，数据已然成为推动社会进步和经济增长的核心要素。然而，现阶段我国在企业数据保护方面的法律体系尚显薄弱，存在一定的立法空白和模糊地带，这无疑增加了企业在数字化转型过程中的法律风险。特别是在制造业数字化转型的关键时刻，一个健全、完善的数据保护制度显得尤为重要，它不仅关乎企业自身的信息安全，更是行业健康发展的基石。

鉴于此，国家层面亟须建立一套全方位、多层次的数据安全保护体系。这一体系应当既能够确保数据的合法使用，又能有效防止数据被非法获取或滥用。在实施过程中，可以借鉴国内外在数据保护方面的成功立法经验和实践案例，以此来加强和完善我国的数据保护立法工作。同时，针对数据窃取和盗用等违法行为，必须制定明确的法律处罚措施，以此来震慑潜在的不法分子，维护数据的安全与完整。此外，通过法治化手段保护企业的合法权益，不仅是对企业个体的尊重与保护，更是对整个数字经济生态的维护和优化。为了实现这一目标，需要政府、企业和社会各界的共同努力，共同营造一个安全、有序、高效的数字经济发展环境。只有这样，才能充分发挥数据的价值，推动经济社会的持续健康发展。

第四章　智能制造：技术驱动下的制造业高质量发展之路

第一节　智能制造的内涵及其关键技术

一、智能制造的基本内涵

（一）智能制造的概念

智能制造，作为一个融合信息技术、先进制造技术、人工智能及自动化技术的全新制造模式，正逐渐成为全球制造业转型的关键方向。智能制造的内涵远超过简单的自动化生产，它代表着一种生产模式的深刻转变，其中涉及高度互联的设备、智能化的决策系统以及持续优化的生产流程。

智能制造不仅仅关注生产现场的自动化水平提升，更着眼于整个制造生态系统的智能化，这包括从供应链管理、产品设计、生产计划到销售与服务的全链条智能化。智能制造强调数据的收集与分析，使得生产过程中的每一个决策都基于实时、准确的数据，从而实现资源的最优配置和生产效率的最大化。

此外，智能制造还意味着生产系统能够灵活地应对市场需求的快速变化。通过先进的预测分析和实时反馈机制，智能制造系统能够及时调整生产策略，满足客户的个性化需求，同时保持成本的最优化。

（二）智能制造的主要内容

智能制造的核心在于实现多层次的集成，这些集成不仅限于技术层面，更涉及管理、信息和业务流程的深度融合。具体来说，智能制造通常要实现以下三个方面的集成：

一是纵向集成。这种集成主要发生在工厂和企业内部。它要求从底层的生产设备到上层的企业资源计划系统（ERP）实现数据的无缝对接。这意味着，生产现场的数据能够实时反馈到管理系统中，为生产调度、物料管理以及质量控制提供决策支持。纵向集成的实现，不仅提高了生产效率，还使得企业能够更快速地响应市场变化。

二是横向集成。横向集成关注的是企业间的协作与信息共享。在全球化的供应链体系中，单个企业的生产效率往往受限于其与供应商、分销商以及客户的协同能力。通过横向集成，企业可以实时交换需求、库存和生产计划等信息，从而实现供应链的优化和市场的快速响应。

三是端对端的集成。这种集成方式旨在实现生产组织方式和商业模式的变革。随着消费者需求的日益多样化和个性化，传统的批量生产模式正逐渐向定制化生产转变。端对端的集成要求企业能够直接从消费者那里捕获需求信息，并快速地将其转化为生产指令，实现个性化的产品生产和服务提供。

（三）智能制造的主要特征

智能制造的主要特征体现在其快速感知、自我学习、计算预测、分析决策和优化调整的能力上，这些特征共同构成了智能制造系统的核心竞争力，使其能够适应复杂多变的市场环境。

第一，快速感知能力是智能制造的基础。通过部署各种传感器和物联网技术，智能制造系统能够实时收集生产现场的数据，包括设备状态、产品质量以及环境参数等。这些数据为后续的自我学习、计算预测和分析决策提供了丰富的信息基础。

第二，自我学习能力使得智能制造系统能够不断优化自身的运行逻辑。基于机器学习和人工智能技术，系统能够从历史数据中提取有用信息，自动调整生产参数和控制策略，以实现更高的生产效率和产品质量。

第三，计算预测能力则帮助智能制造系统预见未来的生产趋势和市场需求。通过大数据分析技术，系统可以对设备故障、生产瓶颈以及市场需求进行预测，从而提前作出相应的调整策略。

第四，分析决策能力是智能制造系统的核心。基于实时数据和先进的算法模型，系统能够自动生成生产计划、调度指令以及质量控制标准等决策建议，大大减轻了管理人员的工作负担并提高了决策的准确性和时效性。

第五，优化调整能力使得智能制造系统能够持续进步。在生产过程中，系统会不断监控和分析实际生产数据与目标之间的差异，并根据这些差异自动调整生产策略以达到最优的生产效果。这种优化调整过程是动态的、持续的，确保了智能制造系统始终保持在最佳的运行状态。

（四）智能制造与两化融合、工业互联网的关系

1. 智能制造与两化融合的关系

智能制造与两化融合（信息化与工业化融合）之间存在着紧密的联系。智能制造是两化深度融合的重要体现，也是中国制造 2025 战略的核心内容之一。要理解它们之间的关系，首先要明确两化融合的内涵。

两化融合是指信息化与工业化的高层次、深度结合，是以信息化带动工业化、以工业化促进信息化，实现工业高效、可持续发展的一种新型工业化道路。在这一过程中，信息技术广泛应用于工业生产的各个环节，使得传统的工业生产方式得以转型升级，提高生产效率，降低能耗，实现绿色制造。

智能制造作为两化融合的重要抓手，其本质是通过高度集成的信息技术实现制造过程的智能化。智能制造不仅仅是简单的自动化生产，它涵盖了产品设计、生产、管理、服务等全生命周期的智能化。在智能制造的推动下，企业能够实现更加精准的市场定位、更加高效的生产组织、更加灵活的产品定制以及更加智能的供应链管理。

2. 智能制造与工业互联网的关系

智能制造与工业互联网之间同样存在着密切的联系。工业互联网是实现智能制造的重要基础设施之一，它提供了一种全新的工业生产和组织方式。

工业互联网通过将人、机、物连接起来，形成了一个庞大的网络系统。在这个系统中，各种生产设备、传感器、执行器等都能够实现互联互通，从而实现数据的实时采集、传输和处理。这些数据不仅包括生产现场的设备状态、生产进度等信息，还包括市场需求、客户反馈等外部信息。通过对这些数据的深入分析和挖掘，企业能够更加精准地把握市场动态和客户需求，进而优化生产计划和销售策略。

智能制造在工业互联网的支撑下得以更加高效地实施。通过工业互联网实现的生产设备互联互通，使得智能制造系统能够实时获取生产现场的数据，从而对生产过程进行精准的控制和优化；同时，智能制造还能够借助工业互联网实现远

程监控和调试，大大提高了生产效率和产品质量。

二、智能制造的关键技术

智能制造，作为工业4.0时代的核心，融合了自动化、数字化和网络化技术，为现代制造业带来了革命性的变革。智能制造技术的广泛应用，不仅提高了生产效率，降低了成本，还使得个性化定制和柔性生产成为可能。

（一）传感与测量技术

传感与测量技术是智能制造的感知器官，它们能够实时监测生产过程中的各种参数，如温度、压力、流量等，为生产控制系统提供准确的数据支持。

传感与测量技术的引入，不仅提升了生产过程的透明度，更为生产控制系统提供了不可或缺的数据支持。高精度传感器和测量仪器的广泛应用，使得企业能够以前所未有的精度掌握生产流程的每一个环节。这种技术的融入推动了生产过程的可视化、可控性和智能化，为现代制造业的转型升级提供了强大的技术支撑。

在高度自动化的生产线上，传感与测量技术的作用更为凸显，它们能够实时监控设备的运行状态，及时发现并解决潜在问题，从而避免生产中断，保障生产效率与品质。此外，这些数据还可以用于后续的产品质量追溯与优化，为企业的持续改进与创新提供坚实的数据基础。

（二）模块化、嵌入式控制系统设计技术

模块化、嵌入式控制系统设计技术，作为智能制造领域的核心技术之一，正日益受到业界的广泛关注和深入研究。这一技术的核心理念在于将复杂的控制系统分解为若干个功能独立、结构完整的模块，每个模块都承载着特定的控制任务或数据处理功能。通过这种模块化的设计思路，不仅简化了系统设计的复杂性，还极大地提高了系统的可扩展性和可维护性。当需要增加新的功能或对现有功能进行升级时，只需针对相应的模块进行操作，而无需对整个系统进行大规模的改动，从而大大降低了维护和升级的成本。

与此同时，嵌入式控制系统在智能制造中扮演着实时数据采集、处理与决策的关键角色。它能够深入生产现场，与各种传感器和执行器紧密配合，实时捕捉生产过程中的各种参数变化，如温度、压力、流量等。通过内置的高效算法，嵌入式控制系统能够对这些数据进行快速分析，并根据生产需求智能地做出决策和

调整。这种实时的数据反馈和智能调整机制，确保了生产过程的稳定性和高效性，为智能制造的顺利实施提供了坚实的技术支撑。

（三）控制与优化技术

控制与优化技术，被誉为智能制造的“大脑”，在整个生产过程中发挥着举足轻重的调控作用。它依赖于一系列先进的控制算法和优化模型，这些算法和模型能够实时监控生产流程的各个环节，动态调整生产参数，确保生产过程始终保持在最优状态。

这项技术的核心在于其自动调节功能，它能够根据实时的生产数据，智能地调整各项参数，如温度、压力、速度等，从而保障生产过程的高效性、稳定性和可控性。这种智能调节不仅提高了生产效率，还大大降低了因人为操作失误而导致的生产事故风险。

更值得一提的是，控制与优化技术还能结合历史数据与实时信息，通过复杂的数据分析模型，精准预测生产趋势。这种预测能力对于企业来说具有极高的战略价值，它不仅可以帮助企业提前做好生产计划和资源调配，还能为企业的战略决策提供科学、有力的数据支持。在这个数据驱动的时代，控制与优化技术无疑是企业迈向智能制造新高度的关键助力。

（四）系统协同技术

在智能制造的宏大架构中，系统协同技术扮演着至关重要的角色，它是连接设计、生产、物流等各环节的纽带，确保了整个生产链条的高效运作。这项技术通过实时共享不同环节的信息，打破了传统生产过程中各部门之间的信息壁垒，使得数据能够在各个环节之间无缝流转。

系统协同技术的实施，使得生产流程的每一步都能得到精准的控制与优化。从初步的产品设计到原材料采购，从生产加工到质量检测，再到最终的产品交付，每一环节都紧密相连，形成一个高效运作的整体。这种协同处理模式不仅优化了资源配置，减少了生产过程中的浪费，还大大提高了生产效率。

在当今这个快速变化的市场环境中，企业要想保持竞争优势，就必须能够快速响应市场需求。系统协同技术正是帮助企业实现这一目标的关键所在，通过高效的协同处理，企业能够更加灵活地调整生产策略，满足客户的个性化需求，从而在激烈的市场竞争中脱颖而出。

（五）故障诊断与健康维护技术

在智能制造领域，故障诊断与健康维护技术扮演着举足轻重的角色。这项技术使得企业能够实时监测设备的运行状态，从而及时捕捉到任何异常情况并迅速做出反应。这种即时的故障检测和预警机制，如同为生产设备装上了一双“智慧之眼”，能够洞察其每一个细微的变化。

具体而言，故障诊断技术通过先进的传感器和数据分析算法，对设备的各项性能指标进行持续跟踪和评估。一旦设备出现性能下降或异常振动等迹象，系统便会立即发出警报，通知相关人员进行检查和维修。这种即时的反馈机制，使得潜在的故障隐患能够在萌芽状态就被发现并处理，从而避免了因设备故障导致的生产中断。

与此同时，健康维护技术则侧重于设备的预防性保养和长期健康管理。通过定期的检查、保养和调整，确保设备始终保持在最佳工作状态。这种前瞻性的维护策略，不仅有效延长了设备的使用寿命，更减少了因设备老化或磨损带来的性能下降和故障风险。

综合来看，故障诊断与健康维护技术为智能制造企业提供了一个全面的设备状态监测与维护解决方案，它不仅提高了设备的运行效率和可靠性，还为生产的连续性和稳定性提供了坚实的技术支撑。在竞争激烈的市场环境中，这项技术的运用无疑为企业赢得了宝贵的生产时间和成本优势。

（六）高可靠实时通信网络技术

高可靠实时通信网络技术，在智能制造体系中具有不可或缺的重要地位，它如同智能制造体系的“神经网络”，负责将各个生产环节紧密连接在一起。其核心价值在于确保生产现场产生的庞大数据能够实时、准确无误地传输至控制中心，从而为智能决策提供及时且全面的数据支持。

在现代智能制造环境中，数据的实时性和准确性对于生产过程的优化和控制至关重要。高可靠实时通信网络技术正是为了满足这一需求而诞生，它采用了先进的通信协议和技术手段，确保数据传输的高效性和稳定性。这种高效的通信方式不仅提升了控制中心对生产现场的掌控能力，还使得各个生产环节之间的信息流通更加顺畅，协同工作更加紧密。

此外，高可靠实时通信网络技术的应用还大大提高了生产效率和质量。通过实时的数据反馈，生产过程中的任何变化都能被及时捕捉并作出相应调整，这种灵活性和敏捷性使得智能制造企业能够快速响应市场需求，保持竞争优势。

因此，可以说高可靠实时通信网络技术是智能制造体系中的关键一环。它不仅为智能制造的高效、精准生产提供了坚实的技术支撑，还推动了整个制造行业向更加智能化、高效化的方向发展。

（七）功能安全技术

功能安全技术是智能制造领域中一项至关重要的技术，它致力于确保控制系统的安全性和可靠性，从而有效防止因设备故障或人为操作失误而引发的生产事故。在当今高度自动化的生产环境中，功能安全技术的作用愈发凸显，成为保障企业生产安全、降低生产风险不可或缺的一环。

通过采用先进的安全控制策略和防护措施，功能安全技术能够实时监控控制系统的运行状态，及时发现并处理潜在的安全隐患。这种主动的安全管理机制，不仅有助于减少生产事故的发生，更能确保员工的人身安全和企业的财产安全。

在实际应用中，功能安全技术需与智能制造系统的其他部分紧密结合，共同构建一个完善的安全防护体系。通过整合各种安全传感器、执行器以及安全控制器等设备，功能安全技术能够实现对生产过程的全面监控和实时干预，确保整个生产流程的安全稳定。

（八）特种工艺与精密制造技术

特种工艺与精密制造技术是现代高端制造业不可或缺的一环，它们涵盖了诸如激光加工、超声波加工、电子束加工等尖端技术，以及超精密加工、微细加工等极致精密的制造技术。这些高精尖技术的广泛应用，不仅大幅度提升了产品的加工精度，更在质量稳定性方面展现出卓越的性能，使得产品细节能够达到前所未有的完美境地。

具体而言，激光加工技术以其高精度、高效率和非接触性加工的特点，被广泛应用于金属切割、打孔、焊接等领域，显著提高了加工效率和产品质量；超声波加工技术则利用超声波的振动能量，实现对硬脆材料的精密加工，特别适用于陶瓷、玻璃等难加工材料的处理；电子束加工技术则以其高精度和高能量密度的特点，在微电子制造、航空航天等领域发挥着重要作用。

与此同时，超精密加工和微细加工技术更是将制造精度推向了新的高度，这些技术能够在微米甚至纳米级别上进行精确操作，为微电子、光学、生物医学等领域的创新提供了强有力的技术支持。通过这些精密制造技术，产品的表面粗糙度、形状精度和位置精度都得到了极大的提升，从而满足了高端市场对产品质量和精度的严苛要求。

正因如此，特种工艺与精密制造技术深受高端市场的青睐。在航空航天、汽车制造、医疗器械等领域，这些技术已经成为提升产品竞争力的重要手段。可以说，特种工艺与精密制造技术是推动现代制造业向更高层次发展的重要驱动力，它们不仅代表了制造业的技术进步，更象征着人类对工艺美学和科技创新的不懈追求。

（九）识别技术

在当今高度自动化的生产环境中，识别技术发挥着至关重要的作用。通过借助条形码、二维码、RFID（Radio Frequency Identification，射频识别）等先进的技术手段，我们能够实现对物料、半成品和成品的自动识别与跟踪管理，这一技术的引入不仅显著提高了生产过程的透明度，还为质量控制和生产管理带来了革命性的变革。

首先，识别技术通过为每一个物料、半成品和成品分配一个唯一的标识码，使得生产过程中每一个环节的状态和数据都可以被实时捕捉和记录。这不仅让生产者能够清晰掌握生产流程的每一步，还为后续的质量追溯提供了详尽的数据支持。

其次，识别技术还为企业实现了精准的库存管理和供应链管理优化。传统的库存管理往往依赖于人工盘点和记录，不仅效率低下，而且容易出错；而通过识别技术，企业可以实时掌握物料的库存情况，及时调整采购和生产计划，避免因库存积压而造成的资金占用和浪费。同时，在供应链管理中，识别技术也能够帮助企业实现物料流转的透明化，优化供应链的协同效率。

最后，识别技术还提升了客户满意度。通过实时跟踪产品的生产进度和物流状态，企业可以为客户提供更加精准的交货期预测和售后服务，这不仅增强了客户对企业的信任度，还为企业赢得了更多的市场机会。

（十）先进机器人技术

随着科技的飞速发展，机器人技术已经从早期的传统工业机器人演变为如今更为先进和智能的协作机器人、移动机器人等。这些新型机器人技术的涌现，为智能制造领域注入了强大的创新活力，不仅拓宽了机器人的应用范围，更在生产效率、产品质量和工作环境等方面带来了显著的改善。

协作机器人以其高度的灵活性和安全性，在与人类共同工作的环境中展现出独特的优势。它们能够与人类员工紧密协作，共同完成任务，从而极大地提高了生产效率和操作精度。此外，协作机器人的引入还降低了工人的劳动强度，改善了工作环境，使得生产过程更加人性化。

移动机器人则在现代物流和仓储管理中发挥着越来越重要的作用。它们能够自主导航、搬运和运输物料，实现了生产现场的无人化操作，不仅提高了物流效率，还减少了人力成本。

这些先进机器人技术的广泛应用，为现代制造业带来了革命性的变革。它们的精准操作和高效性能，使得生产过程更加智能化、自动化和柔性化，从而满足了市场不断变化的需求。随着机器人技术的进一步突破和创新，展望未来，智能制造将迎来更加广阔的发展空间，为人类社会的持续发展注入新的活力。

第二节　智能制造技术在制造业中的应用领域

一、工业大数据

（一）数据爆炸的时代到来

2008 年 9 月，国际顶级学术期刊 Nature 发表了文章 *Big Data*：*Science in the Petabyte Era*，此后，人们开始关注大数据。2011 年 6 月，美国著名咨询公司麦肯锡发布的一份关于大数据的研究报告定义了大数据的内涵，即无法用现有的软件工具提取、存储、搜索、共享、分析和处理的，海量的，复杂的数据集合，其特点是：数据量大、输入和处理速度快、数据多样化、价值密度低等，这份报告引起了各行各业对大数据的重视。特别是近年来，针对大数据的处理与分析技术，各行业都进行了深入的研究和创新，从之前的高性能计算、并行计算和网格计算，发展到了现在的分布式云计算，其中以谷歌公司最具有代表性。

工业大数据是一个全新的概念，以字面层次进行理解，就是指在工业领域信息化应用中所产生的大数据。随着信息化与工业化的不断深度融合，信息技术逐渐被应用到了工业企业生产过程中的各个环节。CAD/CAM/CAE/CAI、RFID、ERP、条形码、二维码、传感器、工业企业中的自控系统和工业物联网等相关技术在工业企业中得到广泛应用，特别是移动互联网、物联网等新一代信息技术逐步应用于工业领域，使得工业企业也进入了互联网工业的发展阶段，制造业企业的运营越来越依赖信息技术。制造业整个价值链及制造业产品的整个生命周期都涉及诸多的数据。据国际著名咨询公司麦肯锡统计，制造行业数据存储量远远超过其他行业的数据量总和。

制造业企业需要管理的数据种类繁多，涉及大量结构化数据和非结构化数据。

（1）产品数据：设计、建模、工艺、加工、测试、维护数据、产品结构、零部件配置关系、变更记录等。

（2）运营数据：组织结构、业务管理、生产设备、市场营销、质量控制、生产、采购、库存、目标计划、电子商务等。

（3）价值链数据：客户、供应商、合作伙伴等。

（4）外部数据：经济运行数据、行业数据、市场数据、竞争对手数据等。

随着大规模定制和网络协同的发展，制造业企业还需要实时从网上接收众多消费者的个性化定制数据，并通过网络协同，配置各方资源、组织生产并管理更多各类有关数据。

（二）大数据的价值体现

大数据在提高全球工业效率方面具有巨大的经济价值，并且所采集的数据大都是时间序列数据，实时性要求高，类型也多是非结构化。工业企业所面临的数据采集、管理和分析等问题将比互联网行业更为复杂。海量的工业数据背后隐藏了很多有价值的信息。大数据可能带来的巨大价值正在被传统产业认可，它通过技术创新与发展，以及数据的全面感知、收集、分析和共享，为企业管理者和参与者呈现出看待制造业价值链的全新视角。工业大数据的价值具体体现在以下两个方面：

1. 实现智能生产

在智能制造体系中，通过物联网技术，使工厂/车间的设备传感层与控制层的数据和企业信息系统融合，将生产大数据传送至云计算数据中心进行存储、分析，以便形成决策并反过来指导生产。

具体而言，生产线、生产设备都将配备传感器抓取数据，然后经过无线通信连接互联网传输数据，对生产本身进行实时监控，而生产所产生的数据同样经过快速处理、传递，反馈至生产过程中，将工厂升级成为可以管理和自适应调整的智能网络，使得工业控制和管理最优化，最大限度利用有限资源，从而降低工业和资源的配置成本，使得生产过程能够高效进行。

过去，设备运行过程中，其自然磨损本身会使产品的品质发生一定的变化。而由于信息技术、物联网技术的发展，现在可以通过传感技术，实时感知数据，知道产品出了什么故障，哪里需要配件，使得生产过程中的这些因素能够被精确控制，真正实现生产智能化。因此，在一定程度上，工厂/车间的传感器所产生的大数据直接决定了智能制造所要求的智能化设备的智能水平。

此外，从生产能耗角度看，设备生产过程中利用传感器集中监控所有的生产流程，能够发现能耗的异常或峰值情况，由此能够在生产过程中实时优化能源消耗情况。同时，对所有流程的大数据进行分析，也将会整体上大幅降低生产能耗。

2. 实现大规模定制

实现消费者个性化需求，一方面需要制造企业能够生产符合消费者个性偏好的产品或服务，另一方面需要互联网提供消费者的个性化定制需求。由于消费者人数众多，每个人需求不同，导致需求的具体信息也不同，再加上需求不断变化，就构成了产品需求的大数据。

消费者与制造企业之间的交互和交易行为也将产生大量数据，挖掘和分析这些消费者动态数据，能够帮助消费者参与到产品的需求分析和产品设计等创新活动中，为产品创新作出贡献。制造企业对这些数据进行处理，进而传递给智能设备，进行数据挖掘、设备调整、原材料准备等步骤，才能生产出符合个性化需求的定制产品。

大数据是制造智能化的基础，其在制造业大规模定制中的应用包括数据采集、数据管理、订单管理、智能化制造、定制平台等。其中定制平台是核心，定制数据达到一定的数量级，方能实现大数据应用。通过对大数据的挖掘，可将其应用于流行预测、精准匹配、时尚管理、社交应用、营销推送等领域。同时，大数据能够帮助制造业企业提升营销的针对性，降低物流和库存的成本，减少生产资源投入的风险。

进行大数据分析，将带来仓储、配送、销售效率的大幅提升与成本的大幅下降，并将极大地减少库存，优化供应链。同时，利用销售数据、产品的传感器数据和供应商数据库的数据等方面的大数据，制造企业可以准确预测全球不同市场区域的商品需求，跟踪库存和销售价格，从而节约大量成本。

（三）大数据处理的关键技术

为了获取大数据中的有价值信息，必须选择一种有效的方式来处理它。大数据技术一般包括数据采集、数据预处理、数据存储和数据分析四个部分。

1. 大数据采集技术

数据可以是从传感器、网络社交、论坛等渠道获得的信息，数据类型包括结构化、半结构化以及非结构化数据。大数据采集即通过传感体系、网络通信体系、智能识别体系及软硬件资源接入系统，实现对结构化、半结构化、非结构化的海量数据的智能化识别、跟踪、接入、传输、信号转换、监控、初步处理和管理等。

2. 大数据预处理技术

大量数据接收完毕后，需要对多种结构的数据进行分类，将一些复杂的数据转化为单一的数据类型，并过滤掉错误及无用的信息。这种在主要的数据处理以前对数据进行的一些处理叫作大数据预处理。大数据预处理有多种方法：数据清理、数据集成、数据变换和数据归约。这些大数据处理技术在数据挖掘之前使用，可以提高数据挖掘模式的质量，降低实际挖掘所需要的时间。

3. 大数据存储技术

面对如此巨大的数据量，能否建立相应的数据库并随时管理和调用其中数据，成为大数据存储技术的关键。这需要开发新型数据库技术，如键值数据库、列存数据库、图存数据库及文档数据库等，以解决海量图文数据的存储及应用问题。

4. 大数据分析

大数据分析是指对规模巨大的数据进行分析。其中包括：

（1）可视化分析：不管对于数据分析专家还是普通用户，数据可视化都是数据分析工具最基本的功能。

（2）数据挖掘：从大量的、不完全的、有噪声的、模糊的、随机的实际应用数据中，提取隐含在其中的、人们事先不知道的、但又是潜在有用的信息和知识的过程。

（3）预测性分析：根据可视化分析和数据挖掘的结果作出一些预测性判断。

（4）语义引擎：分析语义中隐含的消息，并主动地提取信息。

（四）大数据与新一代智能工厂

消费需求的个性化，要求传统制造业突破现有的生产方式与制造模式，处理和挖掘消费需求所产生的海量数据与信息。同时，非标准化产品的生产过程中也会产生大量的生产信息与数据，需要及时进行收集、处理和分析，用来指导生产。这两方面的大数据信息流最终会通过互联网在智能设备之间传递，由智能设备来分析、判断、决策、调整、控制并继续开展智能生产，生产出高品质的个性化产品。可以说，大数据是构成新一代智能工厂的重要技术支撑。

智能工厂中的大数据，是“信息”与“物理”世界彼此交互与融合的产物。大数据应用将带来制造企业创新和变革的新时代，在传统的制造业生产管理信息数据的基础上，结合物联网等感知的物理数据，形成智能制造时代的生产数据私有云，创新制造企业的研发、生产、运营、营销和管理方式，带给企业更快的速度、更高的效率和更敏锐的洞察力。

二、工业物联网

（一）工业物联网的基本概念

物联网指的是将传感器、移动终端、可编程控制器等智能化设备经通信网络连接集成，实现互联互通，并根据应用需求进行数据采集和分析，对设备进行管理和控制的系统。

工业物联网是物联网技术在制造企业或智能工厂中的应用，它指通过传感器技术、标识识别技术、图像视频技术、定位技术等感知技术，实时感知企业或工厂中需要监控、连接和互动的装备，并构建企业办公室的信息化系统，打通办公信息化系统与生产现场设备的直接联系。

工业物联网从下至上由三个层次构成，包括感知控制层、网络层和应用层。生产指标由企业信息化系统通过网络层自动下达至机器的执行系统；生产结果由感知控制层自动采集并通过网络层上传至应用层（一般是企业信息化系统），并在生产现场实现智能化的自动监控和报警；还可在云制造平台上对大数据进行分析挖掘，提高生产制造的智能化水平。

建设物联网是当今科学技术发展与应用需求相适应而衍生的系统工程。物联网的应用领域日益广泛，已经在提高生产效率、保障生产安全、节能减排、保护生态和便捷生活等许多方面发挥作用。满足人类多种多样的需求是设计物联网的立足点，为人类提供多元化的服务是建设物联网的根本目的。

（二）工业物联网应用的技术优势

物联网集成了 RFID、传感器、无线网络、中间件、云计算等新技术，其发展会极大地促进各行业的信息化进程，实现物与物、人与物的自动化信息交互与处理。物联网技术在制造业中的应用优势可归纳为以下几点：

第一，产品智能化。产品中加入大量电子技术元素，实现产品功能的智能化。例如，通过在产品中植入 RFID 芯片，可记录产品的静态信息，如出厂日期、编号、产品类型等；通过在产品中植入智能传感器，可记录设备运行数据，如检测设备的运行状态等，并通过网络传送至后台信息系统中。

第二，实时售后服务。通过无线网络，获取全球范围内产品运行的状态信息，经过后台信息化系统的分析、处理、反馈，实施在线售后服务，提高服务水平。

第三，过程监控与管理。工厂可以通过以太网或现场总线，采集生产设备的运行状态数据，实施生产控制和设备维护，包括供需转换、工时统计、部件管理、产品状况质量在线监测和设备状况监测与节能等。

第四，物流管理。在工厂内外的物流设备中植入 RFID，实现对物品位置、数量、交接的管理和控制，提高物流流通效率，对特殊储藏要求的货品实施在线监测与防伪，实现了信息在真实世界和虚拟空间之间的智能化流动。

（三）工业物联网的应用领域

具有环境感知能力的各类终端、基于泛在技术的计算模式、移动通信等不断融入工业生产的各个环节，大幅提高制造效率、改善产品质量、降低产品成本和资源消耗，将传统工业提升到智能工业的新阶段。从当前技术发展和应用前景来看，物联网在工业领域的应用主要集中在以下几个方面：

1. 制造业 SCM

物联网应用于企业原材料采购、库存、销售等领域，通过完善和优化 SCM 体系，提高了供应链效率，降低了成本。空中客车通过在供应链体系中应用传感网络技术，构建了全球制造业中规模最大、效率最高的供应链体系。

2. 生产过程工艺优化

物联网技术的应用提高了生产线过程检测、实时参数采集、生产设备监控、材料消耗监测的能力和水平，生产过程的智能监控、智能控制、智能诊断、智能决策、智能维护水平不断提高。钢铁企业应用各种传感器和通信网络，在生产过程中实现对加工产品的宽度、厚度、温度实时监控，提高产品质量，优化生产流程。

3. 环保监测及能源管理

物联网与环保设备的融合实现了对工业生产过程中产生的各种污染源及污染治理各环节关键指标的实时监控。在重点排污企业排污口安装无线传感设备，不仅可以实时监测企业排污数据，而且可以远程关闭排污口，防止突发性环境污染事故发生。电信运营商已开始推广基于物联网的污染治理实时监测解决方案。

4. 工业安全生产管理

把感应器嵌入和装配到矿山设备、油气管道、矿工设备中，可以感知危险环境中工作人员、设备机器、周边环境等方面的安全状态信息，将现有的网络监管平台提升为系统、开放、多元的综合网络监管平台，实现实时感知、准确辨识、快捷响应及有效控制。

（四）基于物联网的智能制造产业发展趋势

物联网与智能制造技术相结合，对智能制造产业的发展产生了深远的影响。基于物联网的智能制造产业发展趋势有以下几个方面：

1. 制造过程：向全球化的协同创新发展

随着企业逐渐实现跨国的产品开发、营销和服务，对信息系统提出了支持多语种、多工厂、多个企业实体的开发与管理需求，以及全球协作开发的需求。工业发达国家的许多企业将信息化技术综合集成，并广泛应用于研发、管理、财务运作、营销、服务等核心业务，实现了产品研制、采购、销售等在全球范围内的协作，在全球范围进行资源的优化配置。

2. 生产和研发：向精益化的方向发展

通过整合各种产品生产、服务反馈的数据，企业把物理世界与数字世界充分关联起来，为自身提供一种企业级的产品数字化样机开发环境，使产品的质量与可靠性有了系统的保障。同时，高度的信息共享，使企业可以通过优化业务流程和资源配置，强化运行细节管理和过程管理，追求持续改进，推动企业不断适应内外环境变化，提高核心竞争力和创造效益的能力，达到精益管理，从而提高制造业生产力。

3. 制造设计：从高能耗向低能高效转变

将物联网的应用与“绿色、环保、节能、低碳经济”的发展理念紧密结合，充分利用物联网技术，实现更精细、更简单、更高效的管理，帮助企业创造更大的经济效益和社会效益，实现智能制造绿色设计和绿色发展的行业要求。

三、RFID 技术

RFID 技术，是一种利用射频通信实现的非接触式自动识别技术。在 RFID 系统中，识别信息存放在电子数据载体中，电子数据载体称为应答器，应答器中存放的识别信息由阅读器读写。目前，RFID 技术最广泛的应用是各类 RFID 标签和卡的读写和管理。

（一）RFID 技术的基本特征

RFID 作为一种特殊的识别技术，区别于传统的条码、插入式 IC 卡和生物（如指纹）识别技术，具有下述特征：

第一，通过电磁耦合方式实现的非接触自动识别技术。

第二，需要利用无线电频率资源，并且遵守无线电频率使用的众多规范。

第三，存放的识别信息是数字化的，因此通过编码技术可以方便实现多种应用。

第四，可以方便地进行组合建网，以完成多种规模的系统应用。

第五，涉及计算机、无线数字通信、集成电路、电磁场等众多学科。

（二）RFID 技术的基本原理

在 RFID 系统中，射频识别部分主要由阅读器和应答器两部分组成，阅读器与应答器之间的通信采用无线的射频方式进行耦合。在实践中，由于对距离、速率及应用的要求不同，需要的射频性能也不尽相同，所以射频识别涉及的无线电频率范围也很广。

射频识别过程在阅读器和应答器之间以无线射频的方式进行。阅读器和应答器之间的交互主要靠能量、时序和数据三个方面来完成：①阅读器产生射频载波为应答器提供工作所需能量。②阅读器与应答器之间的信息交互通常采用询问—应答的方式进行，所以必须有严格的时序关系，该时序也由阅读器提供。③阅读器与应答器之间可以实现双向数据交换，阅读器给应答器的命令和数据通常采用载波间隙、脉冲位置调制、编码解调等方法实现传送；应答器存储的数据信息采用对载波的负载调制方式向阅读器传送。

（三）智能制造中 RFID 技术的应用

将 RFID 技术与制造技术相结合，可有效提升制造效率、制造品质和企业管理水平。在制造过程中，应用 RFID 技术具有以下优势：

第一，实现各种生产数据采集的自动化和实时化，弥补企业计划层与控制层之间的“信息断层”，及时掌握生产计划和生产线生产状态。

第二，有效跟踪、管理和控制生产所需资源和在制品，实现生产过程的透明化和可视化管理。

第三，加强生产现场物料配送的及时性和准确性，降低装配差错率；加强生产过程质量监控和跟踪能力，提高产品质量和生产线整体生产效率。

借助 RFID 技术在识别、感知、联网、定位等方面的强大功能，将其应用于复杂零件制造过程管理，可有效提升制造效率和品质。RFID 技术在智能制造中的应用主要有以下几个方面：

1. 数字化车间

RFID 技术在数字化车间中的应用主要包括产品管理、设备智能维护、车间混流制造。采用 RFID 技术可实现产品与主机之间的信息交互、产品的可视化跟踪管理、元器件寿命定量监控与预测。此外，可通过集成 RFID 技术的智能传感器在线监测设备关键部位运转情况，并通过网络与后台服务器通信，实现加工设备性能特征的在线监测、运行状态评估与风险预警、设备早期故障诊断与专家支持；可通过工业现场总线网络与 MES 等系统集成，实现工艺路线、加工装备、加工程序等的智能选择，加工/装配状态可视化跟踪及生产过程的实时监控。

2. 智能 PLM

智能化是机电产品未来发展的重要方向和趋势，产品智能化的关键之一在于如何实现其全生命周期信息的快速获取和共享。RFID 技术与传感器技术的有效集成能实时、高效地获取产品在加工、装配、服役等阶段的状态信息，同时通过网络传输使生产商及时掌握所生产的产品全生命周期的工况信息，为制造企业后台服务支撑、远程指令下达及用户的个性化设计改进提供有力的数据支持。目前，这一技术已经在工程机械、智能家电等领域得到了成功应用，展现出良好的应用前景。

3. 制造物流智能化

将 RFID 技术与制造企业自动出入库系统集成，可实现在制品和货品出入库自动化与货品批量识别。另外，RFID 技术和 GPS 技术的集成，可以实现制造企业在制品精确定位，同时通过网络传输，实现物流信息共享与产品全程监控，从而优化企业采购过程。将智能物流系统与企业 ERP（企业管理软件）、MES（生产执行系统）系统无缝对接，可以实现快速响应订单并降低产品库存，提升制造企业在制品物流管理的智能化水平。目前，RFID 技术已经在车间物流管理、SCM 及物流园管理中得到成功应用，可进一步推广应用到制造企业全物流管理系统中。

将 RFID 技术应用于智能制造领域，将促进智能制造技术的发展，拓展智能制造的研究领域，加快智能制造领域的技术创新，逐步减少高品质产品制造对专家的依赖性，彻底改变现有生产方式和制造业竞争格局。

四、云计算技术

（一）云计算概述

2006 年谷歌推出了“Google 101 计划”，并正式提出“云”的概念和理论。云是互联网的一种比喻说法。之所以称为“云”，是因为它在某些方面具有现实中云的特征：云一般都较大；它的规模可以动态伸缩，它的边界是模糊的；云在空中飘忽不定，无法也无需确定它的具体位置，但它确实存在于某处。

目前对云计算的定义五花八门，美国国家标准与技术研究院对云计算的定义为：云计算是一种按使用量付费的模式，这种模式提供可用的、便捷的、按需的网络访问，进入可配置的计算资源共享池（资源包括网络、服务器、存储、应用软件、服务等），这些资源能够被快速提供，只需投入很少的管理工作，或与服务供应商进行很少的交互。通俗地理解，云计算的核心思想是将大量用网络连接的计算资源统一管理和调度云存储，构成一个计算资源池向用户按需服务。

云存储是在云计算概念上延伸和发展出来的一个新的概念，是指通过集群应用、网格技术或分布式文件系统等功能，将网络中大量各种不同类型的存储设备通过应用软件集合起来协同工作，共同对外提供数据存储和业务访问功能的一个系统。

当云计算系统运算和处理的核心是大量数据的存储和管理时，云计算系统中就需要配置大量的存储设备，那么云计算系统就转变成为一个云存储系统，所以云存储是一个以数据存储和管理为核心的云计算系统。云存储不是存储，而是服务，就如同云状的广域网和互联网一样，其对使用者来讲，不是指某一个具体的设备，而是指一个由许许多多个存储设备和服务器所构成的集合体。使用者使用云存储，并不是使用某一个存储设备进行云存储，而是使用整个云存储系统带来的一种数据访问服务。

（二）云计算的特点

从研究现状上看，云计算具有以下特点：

第一，超大规模。“云”具有相当的规模，Google 云计算已经拥有 100 多万台服务器，Amazon 、IBM 、微软等公司的“云”均拥有几十万台服务器。“云”能赋予用户前所未有的计算能力。

第二，虚拟化。云计算支持用户在任意位置、使用各种终端获取服务。所请求的资源来自“云”，而不是固定的有形的实体。

第三，高可靠性。“云”使用了数据多副本容错、计算节点同构可互换等措施来保障服务的高可靠性，使用云计算比使用本地计算机更加可靠。

第四，通用性。云计算不针对特定的应用，在“云”的支撑下可以构造出千变万化的应用，同一片“云”可以同时支撑不同的应用运行。

第五，高可伸缩性。“云”的规模可以动态伸缩，满足应用和用户规模增长的需要。

第六，按需服务和廉价性。“云”是一个庞大的资源池，用户按需购买。“云”的公用性和通用性使资源的利用率大幅提升；“云”设施可以建在电力资源丰富的地区，从而大幅降低能源成本。因此，“云”具有前所未有的性价比。

（三）云计算的架构

云计算分为服务和管理两大部分。在服务方面，主要以向用户提供各种基于云的服务为主，共包含三个层次：

（1）SaaS（Software-as-a-Service，软件即服务）：这层的作用是将应用以主要基于 Web 的方式提供给客户。

（2）PaaS（Platform-as-a-Service，平台即服务）：这层的作用是将一个应用的开发和部署平台作为服务提供给用户。

（3）IaaS（Infrastructure-as-a-Service，基础架构即服务）：这层的作用是将各

种底层的计算（如虚拟机）和存储等资源作为服务提供给用户。

从用户角度而言，这三层服务之间关系是独立的，因为它们提供的服务是完全不同的，而且面对的用户也不尽相同。但从技术角度而言，云服务这三层之间有一定的依赖关系。比如一个 SaaS 层的产品和服务不仅需要用到 SaaS 层本身的技术，而且还依赖 PaaS 层所提供的开发和部署平台，或者直接部署于 IaaS 层所提供的计算资源上，PaaS 层的产品和服务也很有可能构建于 IaaS 层服务之上。

在管理方面，主要以云的管理层为主，其功能是确保整个云计算中心能够安全和稳定地运行，并能被有效地管理。

（四）云计算的应用：云制造

云计算是智能制造的重要领域。制造企业所管理的大量数据与云计算平台相结合，衍生出了另一个概念——云制造。

云制造是先进的信息技术、制造技术及物联网技术等交叉融合的产品，是制造即服务理念的体现。云制造依据包括云计算在内的当代信息技术前沿理念，支持制造业利用当下环境中广泛的网络资源，为产品提供高附加值、低成本和全球化制造的服务。云制造将实现对产品开发、生产、销售、使用等全生命周期的相关资源的整合，提供标准、规范、可共享的制造服务模式。

云制造为制造业信息化提供了一种崭新的理念与模式，其应用是一个长期的阶段性渐进的过程。云制造的未来发展面临着众多关键技术的挑战，除了云计算、物联网、高性能计算、嵌入式系统等技术的综合集成以外，基于知识的制造资源云端化、制造云管理引擎、云制造的应用协同、云制造可视化技术与用户界面等技术均是未来需要攻克的重要技术。

五、工业机器人技术

工业机器人是面向工业领域的多关节机械手或多自由度的现代制造业智能化装备，它集机械、电子、控制、计算机、传感器和人工智能等多学科先进技术于一体，能自动执行工作，靠自身动力和控制能力来实现各种功能。它既可以接受人类的指挥，也可以按照预先编排的程序运行。

（一）工业机器人的概念理解

国际机器人联合会（International Federation of Robotics，IFR）对机器人的定义如下：机器人是一种半自主或全自主工作的机器，它能完成有益于人类的工作，应用于生产过程称为工业机器人，应用于特殊环境称为专用机器人（特种机器人），应用于家庭或直接服务人称为（家政）服务机器人。这种内涵广义的理解是机器人自动化机器，而不应该理解为像人一样的机器。

国际标准化组织（International Organization for Standardization，ISO）将机器人定义为一种自动的、位置可控的、具有编程能力的多功能机械手，这种机械手具有几个轴，能够借助于可编程序操作处理各种材料、零件、工具和专用装置，以执行种种任务。按照 ISO 的定义，工业机器人是面向工业领域的多关节机械手或多自由度的机器人，是自动执行工作的机器装置，是靠自身动力和控制能力来实现各种功能的一种机器；它接受人类的指令后，将按照设定的程序执行运动路径和作业。工业机器人的典型应用包括焊接、喷涂、组装、采集和放置（如包装和码垛等）、产品检测和测试等。

（二）工业机器人的组成部分

一台完整的工业机器人由以下几部分组成：操作机、驱动系统、控制系统及可更换的末端执行器。

1. 操作机

操作机是工业机器人的机械主体，是用来完成各种作业的执行机械。工业机器人的“柔性”除体现在其控制装置可重复编程外，还和机器人操作机的结构形式有很大关系。机器人中普遍采用的关节型结构，具有类似人体腰、肩和腕等仿生结构。

2. 驱动系统

驱动系统是指驱动操作机运动部件动作的装置，也就是机器人的动力装置。机器人使用的动力源有：压缩空气、压力油和电能。因此，相应的动力驱动装置就是气缸、油缸和电动机。

3. 控制系统

控制系统是工业机器人的核心部件，它通过各种控制电路硬件和软件的结合来操控机器人，并协调机器人与生产系统中其他设备的关系。一个完整的机器人控制系统除了作业控制器和运动控制器外，还包括控制驱动系统的伺服控制器及检测机器人自身状态的传感器反馈。现代机器人的电子控制装置由可编程控制器、数控控制器或计算机构成。控制系统是决定机器人功能和水平的关键部分，也是机器人系统中更新和发展最快的部分。

4. 末端执行器

工业机器人的末端执行器是指连接着操作机腕部的直接用于作业的机构，它可能是用于抓取搬运的手部（爪），也可能是用于喷漆的喷枪，或检查用的测量工具等。工业机器人操作臂的手腕，有用于连接各种末端执行器的机械接口，按作业内容的不同所选择的手爪或工具就装在其上，这进一步扩大了机器人作业的柔性。

（三）工业机器人的基本特点

1. 可编程

生产自动化的进一步发展是柔性自动化。工业机器人可随其工作环境变化的需要而再编程，因此，它在小批量、多品种且具有均衡高效率的柔性制造过程中能发挥很好的功用，是柔性制造系统（FMS）中的一个重要组成部分。

2. 拟人化

工业机器人在机械结构上有类似人的腿部、足部、腰部、大臂、小臂、手腕、手爪等部分。此外，智能化工业机器人还有许多类似人的“生物传感器”，如皮肤型接触传感器、力传感器、负载传感器、视觉传感器、声觉传感器、语言功能等。传感器提高了工业机器人对周围环境的自适应能力。

3. 通用性

除了专门设计的专用工业机器人外，一般工业机器人在执行不同的作业任务时具有较好的通用性。比如，更换工业机器人手部末端操作器（手爪、工具等）便可执行不同的作业任务。

（四）工业机器人的关键技术

中国工业机器人尽管在某些关键技术上有所突破，但还缺乏整体核心技术的突破，特别是在制造工艺与整套装备方面，缺乏高精密、高速与高效的减速机、伺服电动机、控制器等关键部件。建议对关键技术开展攻关，掌握以下核心技术：模块化、可重构的工业机器人新型机构设计，基于实时系统和高速通信总线的高性能开放式控制系统，在高速、负载工作环境下的工业机器人优化设计，高精度工业机器人的运动规划和伺服控制，基于三维虚拟仿真和工业机器人生产线集成技术，复杂环境下机器人动力学控制，工业机器人故障远程诊断与修复技术等。

1. 灵巧操作技术

工业机器人机械臂和机械手在制造业应用中模仿人手的灵巧操作，高精度高可靠性感知、规划和控制性方面开展关键技术研发，最终通过独立关节、创新机构及传感器，达到人手级别的触觉感知阵列。动力学性能超过人手的高复杂度机械手能够进行整只手的握取，并能做加工厂工人在加工制造环境中的灵活性操作工作。在工业机器人创新机构和高执行效力驱动器方面，通过改进机械装置和执行机构以提高工业机器人的精度、可重复性、分辨率等各项性能。因而，在与人类共存的环境中，工业机器人驱动器和执行机构的设计、材料的选择，需要考虑工业机器人的驱动安全性。创新机构包括外骨骼、智能假肢，需要高强度的自重/负载比、低排放执行器、人与机械之间自然的交互机构等，应采用新材料提高工业机器人的负载与自重比。

2. 自主导航技术

在由静态障碍物、车辆、行人和动物组成的非结构化环境中实现安全的自主导航，装配生产线上对原材料进行装卸处理的搬运机器人，原材料到成品的高效运输的 AGV 工业机器人，以及类似于入库存储和调配的后勤操作、采矿和建筑装备的工业机器人均为关键技术，需要进一步进行技术攻关。

一个典型的应用为无人驾驶汽车的自主导航。通过研发实现在有清晰照明和路标的任意现代化城镇上行驶，并且在安全性方面可以与有人驾驶车辆相提并论。自主车辆在一些领域甚至能比人类驾驶做得更好，如自主导航在通过矿区或者建筑区、倒车入库、并排停车及紧急情况下的减速和停车等。

3. 环境感知与传感技术

未来的工业机器人将大大提高工厂的感知系统，以检测机器人及周围设备的任务进展情况，能够及时检测部件和产品组件的生产情况、估算出生产人员的情绪和身体状态。实现上述预想，需要攻克高精度的触觉、力觉传感器和图像解析算法，这面临的重大技术挑战包括非侵入式的生物传感器及表达人类行为和情绪的模型。通过高精度传感器构建用于装配任务和跟踪任务进度的物理模型，以减少自动化生产环节中的不确定性。

多品种小批量生产的工业机器人将更加智能、灵活，而且将能够在非结构化环境中运行。这种环境中有人类/生产者参与，从而增加了对非结构化环境感知与自主导航的难度，需要攻克的关键技术包括3D环境感知的自动化，使工业机器人在非结构环境中也可实现产品批量生产。

4. 人机交互技术

未来工业机器人的研发越来越强调新型人机合作的重要性，研究全浸入式图形化环境、三维全息环境建模、真实三维虚拟现实装置，以及力、温度、振动等多物理作用效应人机交互装置。为了达到机器人与人类生活行为环境及人类自身和谐共处的目标，需要解决的关键问题包括机器人本质安全问题，保障机器人与人、环境间的绝对安全共处；任务环境的自主适应问题，自主适应个体差异、任务及生产环境；多样化作业工具的操作问题，灵活使用各种执行器完成复杂操作；人-机高效协同问题，准确理解人的需求并主动协助。

在生产环境中，要注重人类与机器人之间交互的安全性。根据终端用户的需求设计工业机器人系统及相关产品和任务，将保证人机交互的自然状态，不仅是安全的，而且效益更高。人和机器人的交互操作设计包括自然语言、手势、视觉和触觉技术等，也是未来机器人发展需要考虑的问题。工业机器人必须容易示教，而且人类易于学习如何操作。机器人系统应设立学习辅助功能用以实现机器人的使用、维护、学习和错误诊断/故障修复等。

六、虚拟制造技术

（一）虚拟制造技术的概念与特点

虚拟制造技术（Virtual Manufacturing Technology，VMT）是以虚拟现实和仿真技术为基础，对产品的设计、生产过程统一建模，在计算机上实现产品从设计、加工和装配、检验到使用整个生命周期的模拟和仿真，以增强制造过程各级的决策与控制能力的制造技术。

对虚拟制造的研究也是一个不断深入、细化的过程，国际上不同的研究人员从不同角度出发，给出了各具特点的描述，同时也将继续发展。其中有代表性的包括以下几种：

（1）虚拟制造是指通过对制造知识进行系统化组织与分析，对整个制造过程建模，在计算机上进行设计评估和制造活动仿真。通过虚拟制造模型对制造全过程进行描述，在实际的物理制造之前就具有了对产品性能及可制造性的预测能力。

（2）虚拟制造是一个集成的、综合的可运行制造环境，其目的是提高各个层次的决策与控制。

从这些定义可以看出，虚拟制造涉及多个学科领域，是对这些领域知识的综合集成与应用。计算机仿真、建模和优化技术是虚拟制造的核心与关键技术。可以认为，虚拟制造是对制造过程中的各个环节，包括产品的设计、加工、装配，乃至企业的生产组织管理与调度进行统一建模，形成一个可运行的虚拟制造环境，以软件技术为支撑，借助于高性能的硬件，在计算机局域/广域网络上，生成数字化产品，实现产品设计、性能分析、工艺决策、制造装配和质量检验。它是数字化形式的广义制造系统，是对实际制造过程的动态模拟。所谓“虚拟”，是相对于实物产品的实际制造系统而言的，强调的是制造系统运行过程的计算机化。

由于计算机软硬件技术和网络技术的广泛应用，虚拟制造具有以下四个特点：①无须制造实物样机就可以预测产品性能，节约制造成本，缩短产品开发周期；②产品开发中可以及早发现问题，实现及时的反馈和更正；③以软件模拟形式进行产品开发；④企业管理模式基于 Intranet 或 Internet，整个制造活动具有高度的并行性。

（二）虚拟制造的类型

广义的制造过程不仅包括了产品的设计、加工和装配，还包含了对企业生产活动的组织与控制。从这个观点出发，可以把虚拟制造划分为三类：以设计为中心的虚拟制造、以生产为中心的虚拟制造和以控制为中心的虚拟制造。

1. 以设计为中心

以设计为中心的虚拟制造强调以统一制造信息模型为基础，对数字化产品模型进行仿真、分析和优化，进行产品的结构性能、运动学、动力学、热力学方面的分析和可装配性分析，以获得对产品的设计评估与性能预测结果。

2. 以生产为中心

以生产为中心的虚拟制造是在企业资源的约束条件下，对企业的生产过程进行仿真，对不同的加工过程及其组合进行优化。它对产品的“可生产性”进行分析与评价，对制造资源和环境进行优化组合，通过提供精确的生产成本信息对生产计划与调度进行合理化决策。

3. 以控制为中心

以控制为中心的虚拟制造是将仿真技术引入控制模型，提供模拟实际生产过程的虚拟环境，使企业在考虑车间控制行为的基础上对制造过程进行优化控制。

以上三种虚拟制造分别侧重于制造过程的不同方面，但它们都以计算机建模、仿真技术为一个重要的实现手段。通过对制造过程进行统一建模，用仿真支持设计过程、模拟制造过程，从而进行成本估算和生产调度。

(三) 虚拟制造的关键技术

VMT 的涉及面很广，如可制造性自动分析、分布式制造技术、决策支持工具、接口技术、智能设计技术、建模技术、仿真技术及虚拟现实技术等。其中，后四项是虚拟制造的核心技术。

1. 智能设计技术

智能设计技术是对传统计算机设计技术（Computer Aided Design，CAD）的研究和加强，既具有传统 CAD 系统的数值计算和图形处理能力，又能满足设计过程自动化的要求，对设计的全过程提供智能化的计算机支持，因此又被称为智能 CAD 系统，简称 ICAD 。

智能设计技术具有如下特点：

（1）以设计方法学为指导。设计方法学对设计本质、过程设计思维特征及其方法学的深入研究，是智能设计模拟人工设计的基本依据。

（2）以人工智能技术为实现手段。借助专家系统技术的强大知识处理功能，结合人工神经网络和机器学习技术，较好支持设计过程自动化。

（3）将传统 CAD 技术作为数值计算和图形处理工具，提供对设计方案优化和图形显示输出的支持。

（4）面向集成智能化。不仅支持设计的全过程，而且能为集成其他系统提供统一的数据模型及数据交换接口。

（5）提供强大的人机交互功能。使设计师对智能设计过程的干预，即人和人工智能的融合成为可能。

随着对市场及用户数据的采集、分析和挖掘，以及参与式设计支撑技术的发展，传统的设计流程已从设计师为主导的为用户设计，向着基于用户需求的智能化设计转变。

2. 建模技术

虚拟制造系统（Virtual Manufacturing System，VMS）是现实制造系统（Real Manufacturing System，RMS）在虚拟环境下的映射，是 RMS 的模型化、形式化和计算机化的抽象描述和表示。VMS 的建模包括生产模型、产品模型和工艺模型三种类型。

生产模型：可归纳为静态描述和动态描述两个方面。静态描述是指对系统生产和生产特性的描述；动态描述是指在已知系统状态和需求特性的基础上，预测产品生产的全过程。

产品模型：产品模型是制造过程中各类实体对象模型的集合。目前，产品模型描述的信息包括产品结构、产品形状特征等静态信息。而对 VMS 来说，要集成产品制造过程中的全部活动，就必须有完备的产品模型，所以虚拟制造下的产品模型不再是单一的静态特征模型，而是能通过映射、抽象等方法，提取产品制造中的各活动所需信息的模型，包括三维动态模型、干涉检查、应力分析等。

工艺模型：将工艺参数与影响制造功能的产品设计属性联系起来，以反映生产模型与产品模型之间的交互作用。工艺模型必须具备以下功能：计算机工艺仿真、制造数据表、制造规划、统计模型及物理和数学模型。

3. 仿真技术

仿真，就是应用计算机将复杂的现实系统抽象并简化为系统模型，然后在分析的基础上运行此模型，从而获知原系统一系列的统计性能。仿真是以系统模型为对象的研究方法，不会干扰实际生产系统。而且，利用计算机的快速运算能力，仿真可以用很短时间模拟实际生产中需要很长时间的生产周期，因此可以缩短决策时间，避免资金、人力和时间的浪费，并可重复仿真，优化实施方案。

计算机仿真技术作为一门新兴技术，其方法学建立在计算机能力的基础之上。随着计算机技术的发展，仿真技术也得到迅速发展，其应用领域及作用也越来越大。尤其在航空、航天、国防及其他大规模复杂系统的研制开发过程中，计算机仿真一直是不可缺少的工具，它在减少损失、节约经费、缩短开发周期、提高产品质量等方面发挥了巨大的作用。

在从产品的设计到制造以至测试维护的整个生命周期中，计算机仿真技术应用贯穿始终。概念设计阶段，计算机仿真技术进行产品动力学分析（如应力分析、强度分析）、产品运动学仿真（如机构之间的连接与碰撞）；详细设计阶段，计算机仿真技术进行刀位轨迹仿真、加工过程的仿真（检查 NC 代码）、装配仿真；加工制造阶段，计算机仿真技术进行制造车间设计（布局、设备选择）、生产计划及作业调度、制定各级控制器设计、故障处理；测试阶段，用测试仿真器；培训/维护阶段，用训练仿真器；销售阶段，用供应链仿真器等。总的来说，先进制造技术的发展，为计算机仿真的应用提供了新的舞台，也提出了更高的要求。

4. 虚拟现实技术

虚拟现实技术（Virtual Reality，VR）是采用以计算机技术为核心的现代先进技术，生成逼真的视觉、听觉、触觉一体化的虚拟环境，用户可以通过必要的输入/输出设备与虚拟环境中的物体进行交互，相互影响，进而获得身临其境的感受与体验。这种由计算机生成的虚拟环境可以是某一特定客观世界的再现，也可以是纯粹虚构的世界。

虚拟现实技术作为一种高新技术，集计算机仿真技术、计算机辅助设计与图形学、多媒体技术、人工智能、网络技术、传感技术、实时计算技术及心理行为学研究等多种先进技术为一体，为人们探索宏观世界、微观世界及由于种种原因不能直接观察的事物变化规律提供了极大的便利。在虚拟现实环境中，参与者借助数据手套、三维鼠标、方位跟踪器、操纵杆、头盔式显示器、耳机及数据服等虚拟现实交互设备，同虚拟环境中的对象相互作用，虚拟现实中的物体能进行实时反馈，产生身临其境的交互式视景仿真和信息交流体验。

第三节　智能制造推进制造业高质量发展的作用及挑战

一、智能制造在推进制造业高质量发展中的作用

智能制造是当今制造业的重要发展趋势，在推进制造业高质量发展过程中发挥着举足轻重的作用。通过深度融合信息技术和制造技术，智能制造不仅提升了生产效率，还显著提高了产品质量、生产灵活性和供应链效率。

（一）提高生产效率与降低成本

智能制造通过自动化、数据化和智能化的生产方式，显著提高了制造业的生产效率。一方面，通过引入高度自动化的生产线和工业机器人，智能制造减少了人工操作的复杂性和不确定性，从而加快了生产速度，降低了生产成本。例如，在汽车制造业中，通过采用智能机器人进行焊接、装配等工序，不仅提高了生产效率，还减少了人为因素导致的质量波动。

另一方面，智能制造通过实时数据采集和分析，优化了生产流程，减少了生产过程中的浪费。企业可以根据实时数据调整生产计划，避免过度生产或生产不足，从而实现成本的最小化。这种精准的生产管理方式，使得企业能够更高效地利用资源，提升整体竞争力。

（二）提高产品质量与一致性

1. 质量控制系统在智能制造中的应用

智能制造通过集成先进的质量控制系统，实现了对产品质量的精准把控。这些系统能够实时监测生产过程中的各项参数，如温度、压力、速度等，确保产品符合预设的质量标准。一旦发现异常情况，质量控制系统能够迅速作出反应，及时调整生产参数或停止生产，从而避免次品或缺陷产品的产生。

2. 数据驱动的产品改进与优化

智能制造还利用大数据和人工智能技术，对生产过程中产生的数据进行深入分析，以发现产品质量改进的潜力。通过对历史数据的挖掘和对比，企业可以找出影响产品质量的关键因素，进而优化生产工艺和材料选择，提升产品的整体性

能和可靠性。这种数据驱动的产品改进方法，不仅提高了产品质量，还增强了企业在市场上的竞争力。

（三）定制化生产与灵活性增强

1. 个性化需求与智能制造的契合

随着消费者需求的日益多样化，定制化生产已成为制造业的一个重要趋势。智能制造通过柔性生产线和高度可配置的生产系统，实现了对个性化需求的快速响应。企业可以根据客户的具体要求，灵活调整生产流程和产品设计，以满足不同消费者的独特需求。这种定制化生产模式不仅提升了客户满意度，还为企业创造了更高的附加值。

2. 柔性生产线的设计与实现

智能制造中的柔性生产线是实现定制化生产的关键。这些生产线具备高度的灵活性和可配置性，能够快速适应不同产品的生产需求。通过采用模块化设计、快速换模技术以及先进的控制系统，柔性生产线能够在短时间内完成从一种产品到另一种产品的切换，从而大大提高生产效率和灵活性。

（四）供应链优化与物流效率提升

1. 智能物流系统的构建

智能制造通过引入智能物流系统，实现了对供应链的高效管理。这些系统利用物联网技术、大数据分析等手段，实时监控货物的运输状态、库存情况以及市场需求等信息。通过优化运输路线、减少库存积压和提高配送效率等措施，显著降低了物流成本，提高了客户满意度。

2. 供应链管理中的数据分析与应用

在智能制造环境下，数据分析在供应链管理中发挥着越来越重要的作用。通过对历史销售数据、市场需求预测以及供应商绩效等信息的深入分析，企业可以更加精准地制定采购计划、生产计划和销售策略。这种数据驱动的供应链管理方法不仅提高了企业的响应速度和灵活性，还为企业创造了更大的商业价值；同时，通过对供应链数据的实时监控和分析，企业可以及时发现并解决潜在的问题和风险，确保供应链的稳定性和可靠性。

二、智能制造推进制造业高质量发展面临的挑战

智能制造作为工业 4.0 时代的核心技术，尽管为制造业带来了前所未有的机

遇，但同时也伴随着一系列挑战。这些挑战涉及技术、安全、人才、法规以及投资等多个方面。

（一）技术融合与创新难题

1. 跨学科技术整合的复杂性

智能制造涉及机械工程、自动化控制、信息技术、数据分析等多个学科领域。这些领域之间的技术融合需要高度协同，但在实际操作中，由于各学科的研究方法、理论体系和技术标准存在差异，导致技术整合变得极为复杂。例如，在开发一个智能生产线时，需要同时考虑机械设计的合理性、控制系统的稳定性、数据采集与分析的准确性等多方面因素，这无疑增加了技术实现的难度。

2. 新技术与传统制造体系的兼容性问题

许多企业在长期的发展过程中已经建立了相对稳定的制造体系，引入智能制造技术往往需要对这些体系进行大规模的改造。然而，新技术与传统体系的兼容性问题常常成为阻碍智能制造推进的难点。比如，老旧设备与智能系统的接口匹配、数据格式的统一，以及传统工艺流程与自动化控制的融合等，都是亟待解决的问题。

3. 创新生态系统的构建难度

智能制造不仅仅是单一技术的革新，更是一个包含技术、管理、市场等多方面的创新生态系统。这个系统的构建需要企业、研究机构、政府部门等多方共同参与，形成紧密的合作网络。然而，在实际操作中由于各方利益诉求不同、沟通机制不畅等原因，创新生态系统的构建往往面临重重困难。

（二）安全与隐私问题

1. 智能制造系统中的数据安全风险

智能制造高度依赖数据，从设计、生产到销售的每一个环节都涉及大量数据的传输与处理。这些数据一旦泄露或被篡改，将对企业的正常运营造成严重影响。因此，如何确保智能制造系统中的数据安全成了一个亟待解决的问题。

2. 网络安全威胁与防范措施的不足

随着智能制造系统的网络化程度不断提高，网络安全威胁也日益凸显。黑客攻击、病毒入侵等风险不仅可能导致生产中断，还可能造成企业核心技术的泄露。然而，目前许多企业在网络安全防范措施上仍存在明显不足，难以有效应对这些威胁。

3. 用户隐私保护与数据合规性挑战

智能制造系统在收集和使用用户数据时，必须遵守相关的隐私保护和数据合规性规定。然而，在实际操作中由于法规的不完善或执行不力，以及企业对数据合规性的重视程度不够等原因，用户隐私保护常常面临挑战。

（三）人才短缺与技能匹配问题

1. 智能制造领域专业人才匮乏

智能制造是一个高技术含量的领域，需要大量具备专业知识与技能的人才支撑。然而，目前市场上智能制造专业人才供不应求，这严重制约了智能制造的快速发展。

2. 现有制造业人才技能更新需求

随着智能制造技术的不断进步，现有制造业人才需要不断更新自己的知识技能以适应新的生产模式。然而，许多企业缺乏有效的人才培训和技能提升机制，导致人才技能更新缓慢。

3. 教育培训体系与市场需求脱节

目前的教育培训体系在智能制造领域的人才培养上还存在一定的问题。一方面，部分教育机构的教学内容和方式与实际市场需求脱节；另一方面，一些培训机构虽然提供了智能制造相关课程，但教学质量参差不齐，难以满足企业对高质量人才的需求。

（四）法规政策与标准化滞后

第一，智能制造相关法律法规不完善。智能制造的发展涉及众多新的法律问题，如数据安全、知识产权保护等。然而，目前相关的法律法规尚不完善，难以为智能制造提供充分的法律保障。

第二，行业标准和国际标准的缺失或不一致。智能制造领域缺乏统一、完善的行业标准和国际标准，这不仅影响了智能制造产品的互操作性和兼容性，也制约了智能制造技术的全球推广和应用。

第三，政策法规更新速度与技术创新不匹配。智能制造技术的快速发展要求相关政策法规能够及时更新以适应新的形势。然而，由于立法程序的复杂性和政策法规制定的滞后性等原因，其更新速度往往难以与技术创新保持同步。

（五）初始投资与成本问题

第一，智能制造技术引入的高昂成本。智能制造技术的引入需要大量的资金投入，包括购买先进设备、搭建智能系统、培训专业人才等。这些高昂的成本对于许多企业来说是一个不小的负担。

第二，中小型企业面临的资金压力。相较于大型企业，中小型企业往往面临更大的资金压力。它们在引入智能制造技术时不仅需要考虑技术本身的成本，还需要应对可能带来的运营风险和市场不确定性。

第三，投资回报期长与风险不确定性。智能制造技术的投资回报期通常较长，且存在一定的风险不确定性。这使得许多企业在考虑引入智能制造技术时持谨慎态度，担心投资无法获得预期的回报。

第四节　智能制造推进制造业高质量发展的策略及路径

一、智能制造推进制造业高质量发展的策略

在智能制造的浪潮中，为推动制造业的高质量发展，需要采取一系列具有针对性的应对策略。以下将从加强跨学科研究与技术创新、提升系统安全与隐私保护能力、加强人才培养与技能提升、推动法规政策完善与标准化建设，以及优化投资环境与降低成本压力五个方面进行详细阐述。

（一）加强跨学科研究与技术创新

1. 建立产学研用一体化的创新体系

为促进智能制造领域的技术创新，必须构建一个集产业、学术、研发和应用于一体的创新体系。这一体系应当鼓励企业、高校和研究机构之间的紧密合作，以便将学术研究成果迅速转化为实际生产力。例如，可以设立联合研发中心，促进各方资源共享和优势互补，从而加快智能制造技术的研发和应用进程。

2. 鼓励多学科交叉融合的研究项目

智能制造涉及多个学科领域，因此，应大力倡导并资助那些能够促进机械工

程、自动化控制、信息技术、数据分析等多学科交叉融合的研究项目。通过这类项目，可以探索出更多创新的智能制造解决方案，推动制造业的持续升级。

3. 加大对智能制造基础研究的投入

基础研究是技术创新的源泉。政府和企业应增加对智能制造基础研究的资金投入，支持科研人员深入探索智能制造的核心科学问题和技术难题。这不仅有助于提升国家在全球智能制造领域的竞争力，还能为制造业的长期高质量发展奠定坚实基础。

（二）提升系统安全与隐私保护能力

1. 加强智能制造系统的安全防护措施

随着智能制造系统的日益复杂化，必须采取更为严密的安全防护措施。这包括建立全面的网络安全防御体系，定期进行安全漏洞检测和修复，以及实施严格的数据加密和访问控制机制，确保智能制造系统的网络安全、数据安全和信息安全。

2. 建立数据安全管理与隐私保护机制

在智能制造环境中，数据的收集、存储和使用必须遵循严格的管理规定。企业应建立一套完善的数据安全管理制度，明确数据的所有权、使用权和经营权，同时采用先进的技术手段来保护用户隐私，防止数据泄露和滥用。

3. 推广网络安全教育与培训

提高全员网络安全意识和技能是保障智能制造系统安全的关键。企业应定期组织网络安全教育和培训活动，让员工了解最新的网络安全威胁和防范措施，从而在日常工作中更好地保护企业信息资产。

（三）加强人才培养与技能提升

1. 完善智能制造领域的教育培训体系

为满足智能制造发展对人才的需求，必须完善相关教育培训体系。这包括在高等教育阶段增设智能制造相关专业课程，加强实践教学和创新能力培养；在职业教育阶段则注重技能提升和职业资格认证，确保人才培养与市场需求紧密相连。

2. 开展职业技能竞赛与人才交流活动

通过举办职业技能竞赛和人才交流活动，可以激发人才创新创造的活力，促进优秀人才的脱颖而出。这类活动还能为企业提供更多的人才选拔渠道，推动智能制造领域的人才资源优化配置。

3. 鼓励企业与高校合作培养专业人才

企业应积极与高校建立合作关系，共同培养智能制造领域的专业人才。通过校企合作项目、实习实训基地建设等方式，可以让学生在校期间就能接触到实际的生产环境和问题挑战，从而更快地成长为符合企业需求的高素质人才。

（四）推动法规政策完善与标准化建设

1. 制定和完善智能制造相关法律法规

随着智能制造技术的快速发展，传统的法律体系可能已无法完全适应这一新兴领域的需求。因此，政府应加快步伐，深入调研，与业界紧密合作，制定和完善一系列与智能制造相关的法律法规。这些法规不仅要明确各方参与者的责任和义务，更要规范市场秩序，防止不正当竞争和侵权行为，从而为智能制造的稳健成长提供坚实的法律后盾。

2. 推动行业标准和国际标准的制定与实施

智能制造涉及众多复杂的技术和流程，如果没有统一的标准来指导，将导致市场混乱，影响产品的互操作性和用户体验。因此，政府和企业必须携手合作，积极参与到行业标准和国际标准的制定中去。这样不仅可以确保标准更加符合国内市场的实际需求，还能增强其国际通用性，为我国智能制造产品走向世界铺平道路。

3. 加强政策引导与财政支持，促进技术创新与应用

智能制造作为高科技产业，其研发和推广需要大量资金。政府应通过多元化的政策工具，如财政补贴、税收优惠等，来减轻企业的经济压力，鼓励其投身于智能制造技术的研发和应用；同时，设立专项基金来资助那些具有广阔市场前景的智能制造项目，将有力推动科技成果的快速转化和应用，从而为整个社会的科技进步和产业升级注入强劲动力。

（五）优化投资环境与降低成本压力

1. 提供财政补贴与税收优惠等政策支持

财政补贴可以直接减轻企业在技术引入初期的经济负担，帮助企业更快地适应新技术并实现转型升级；而税收优惠则可以在长期内降低企业的经营成本，提

高企业的盈利能力，从而进一步激励企业进行技术创新和设备更新。这些政策支持的力度和范围应根据行业特点、企业规模和地区差异进行合理设计，以确保政策的有效性和公平性。通过这些措施，政府可以有效激励企业进行技术创新，推动制造业向更高质量的方向发展。

2. 引导金融机构加大对智能制造领域的信贷支持

政府应积极引导金融机构加大对智能制造领域的信贷支持力度，为企业提供更加便捷、低成本的融资渠道，这不仅可以降低企业的融资成本，还可以为智能制造技术的推广和应用提供强有力的资金支持。同时，政府还可以鼓励金融机构创新金融产品和服务，以满足企业在智能制造过程中的多样化金融需求。

3. 鼓励企业间合作与资源共享，降低投资成本

智能制造技术的引入需要大量的研发资金和设备投入，如果每个企业都独立进行研发和推广，将会造成资源的极大浪费。因此，政府可以推动建立行业共享平台或联合体，促进企业间的技术交流和资源共享。通过共同研发和推广智能制造技术解决方案，企业可以实现资源的高效利用和成本优化，从而降低单个企业的投资成本。同时，这种合作模式还可以促进企业间的协同创新，推动整个行业的技术进步和产业升级。

二、智能制造推进制造业高质量发展的路径分析

智能制造作为工业 4.0 的核心内容，是推动制造业高质量发展的关键力量。为了有效推进智能制造，需要明确的实施路径。

（一）顶层设计与规划先行

智能制造的推进需要国家层面的顶层设计与全面规划，以确保发展方向的明确性和实施步骤的有序性。

1. 制定国家层面的智能制造发展规划

国家应出台详细的智能制造发展规划，明确智能制造在国民经济和社会发展中的战略地位。规划需结合国内外智能制造的发展现状与趋势，提出符合国情的发展目标和重点任务。例如，规划可以包括智能制造技术创新、产业升级、人才培养等方面的内容，为各级政府和企业提供明确的指导。

2. 明确各阶段发展目标与实施路径

智能制造的发展是一个长期过程，需要分阶段设定具体目标。短期目标可以聚焦于关键技术突破和示范项目建设；中期目标可以着眼于智能制造产业的规模化发展和应用推广；长期目标则致力于构建完善的智能制造生态体系，实现制造业的全面智能化。每个阶段都应制定详细的实施路径，包括技术研发、标准制定、市场推广等方面的具体措施。

3. 建立跨部门协调机制，形成政策合力

智能制造涉及多个部门和行业的协作，因此需要建立高效的跨部门协调机制，通过设立专门的协调机构或平台，促进各部门之间的信息共享、资源整合和政策协同。同时，应制定一系列配套政策措施，如财政支持、税收优惠、金融扶持等，以形成政策合力，推动智能制造的快速发展。

（二）产学研用协同创新

智能制造的创新发展需要产学研用各方的紧密合作与协同创新。

1. 构建以企业为主体、市场为导向的创新体系

在这一体系中，企业应担当起智能制造技术创新的主体责任。通过加大研发投入，建立专业的研发团队，企业可以积极参与并引领智能制造技术的研发潮流。这种以企业为主体的创新模式能够确保技术研发更加贴近市场需求和生产实际，从而提高研发成果的实用性和市场竞争力。

同时，市场需求应始终作为技术创新的指南针。在智能制造技术的研发过程中，企业必须密切关注市场动态，深入了解用户需求，以确保研发成果不仅技术上可行，而且在市场上具有广阔的应用前景。通过以市场为导向的创新策略，企业可以更加精准地把握市场脉搏，开发出更符合用户需求的产品和服务。

2. 加强高校、科研机构与企业的合作与交流

高校和科研机构在智能制造技术研发方面拥有丰富的人才资源和科研实力，而企业对市场需求和生产流程有着深刻的理解。因此，通过加强这三者之间的合作与交流，可以实现资源共享、优势互补，共同推动智能制造技术的突破与发展。

具体而言，可以通过多种方式促进产学研用的深度融合。例如，高校、科研机构和企业可以共同承担研发项目，携手攻克技术难题；建立联合实验室或工程中心，为技术研发提供强大的平台支持；定期举办技术交流和成果展示活动，加

强信息沟通与资源共享。这些举措有助于打破行业壁垒，推动智能制造技术的跨界融合与创新发展。

3. 促进科技成果转化与产业化进程

科技成果的转化不仅需要完善的技术评估和推广机制，还需要有效的投融资支持。政府应发挥引导作用，制定相关政策措施，为科技成果转化提供有力的制度保障和资金支持；同时，企业也应积极投入资源，推动智能制造技术的产业化进程。

为了实现这一目标，可以建立完善的科技成果转化服务平台，提供技术评估、市场推广、投融资对接等一站式服务；还可以通过举办科技成果展览会、创新创业大赛等活动，激发社会创新活力，吸引更多的人才和资本投入智能制造领域。这些举措将有助于加快科技成果转化步伐，推动智能制造技术的广泛应用和产业升级。

（三）国际合作与交流拓展

智能制造是全球性的发展趋势，加强国际合作与交流对于提升我国智能制造水平具有重要意义。

1. 积极参与国际智能制造标准制定与合作项目

智能制造涉及众多复杂的技术和流程，制定统一的标准对于确保技术的互操作性和市场的规范化至关重要。因此，我国应积极参与国际智能制造相关标准的制定工作，与国际标准化组织、其他国家或地区紧密合作，共同推动智能制造技术的标准化进程。通过参与国际标准的制定，我们不仅可以了解全球智能制造技术的最新动态，还可以将国内的技术和需求融入国际标准中，从而推动我国智能制造技术的国际化发展。

除了标准制定，我国还应积极寻求与国际组织、其他国家或地区在智能制造领域的合作项目。这些合作项目可以为我们提供宝贵的学习机会，帮助我们了解并吸收国际先进的智能制造技术和管理经验。同时，通过合作项目，我们还可以与国际同行共同研发新技术、新产品，推动智能制造技术的创新与应用。这种合作模式不仅有助于提升我国智能制造的整体水平，还能够增强我国在国际智能制造领域的影响力和话语权。

2. 引进国外先进技术与管理经验，提升本土创新能力

国外在智能制造领域已经积累了丰富的技术和经验，通过引进这些先进的技

术和管理模式，我们可以迅速提升自身的智能制造能力。然而，引进并不是简单的模仿和复制，更重要的是在消化和吸收的基础上进行再创新。我们应注重对引进技术的深入研究和理解，结合国内的实际需求和条件，进行本土化的改造和优化，从而提升我国智能制造的自主创新能力。

3. 推动智能制造产品与服务的国际贸易与合作

随着智能制造技术的不断发展，智能制造产品与服务将成为国际贸易的重要领域。我国应积极推动智能制造产品与服务的国际贸易与合作，拓展海外市场，提升国际竞争力。同时，应加强与国外企业的技术交流与合作，共同推动智能制造技术的全球发展。

（四）监管与评估机制完善

为确保智能制造的健康发展，需要建立完善的监管与评估机制。

1. 建立智能制造项目的监管与评估体系

政府应建立针对智能制造项目的监管与评估体系，对项目的实施过程进行全程跟踪和监控。通过定期检查和评估，确保项目按照规划要求进行，及时发现并解决问题。同时，项目绩效评估机制的建立也至关重要，这一机制旨在对项目的实施效果进行客观、全面的评价，从而为后续的项目决策提供依据。通过绩效评估，可以清晰地了解到哪些环节取得了显著成效，哪些部分仍需改进，进而为资源的合理分配和策略的调整提供有力支持。

2. 定期对智能制造发展成效进行评估与反馈

政府应定期对智能制造的发展成效进行评估，包括技术创新、产业升级、市场拓展等方面的成果。通过评估结果，及时总结经验教训，发现存在的问题和不足，为后续发展提供改进方向。同时，为确保评估的公正性和透明度，评估结果应向社会公众公布，接受各方的监督和质询，这不仅有助于增强政府的公信力，还能激发社会各界对智能制造发展的关注和参与热情，从而形成推动智能制造发展的强大合力。

3. 及时调整政策方向与支持力度，确保目标实现

根据智能制造发展的实际情况和评估结果，政府必须展现出足够的灵活性和决断力，及时调整政策方向和支持力度。对于那些发展成效显著、市场前景广阔的项目和领域，政府应加大资源投入和政策扶持，以推动其快速、健康发展；而

对于那些发展滞后或存在明显问题的项目和领域，则应深入剖析原因，采取切实有效的措施进行改进和提升。

这种动态调整和优化政策支持体系的做法，不仅能够确保智能制造发展目标的顺利实现，还能够最大限度地减少资源浪费和效率低下的问题。通过不断完善监管与评估机制，我们可以为智能制造的健康发展提供坚实的制度保障，从而推动国家经济的持续繁荣和产业结构的不断优化升级。

第五节　面向智能制造的工业互联网应用与发展

当前，工业互联网蓬勃发展，社会经济水平不断提升，以网络为依托、数据为核心要素、平台为输出中枢，通过各行业的不断协作，形成平台化设计、智能化制造、网络化协同、个性化定制、服务化延伸、数字化管理六大新模式，有效促进了实体经济的绿色发展。面向智能制造的工业互联网构建起覆盖全产业链、全价值链的全新制造和服务体系，为工业数字化、网络化、智能化发展提供了有效途径。

一、工业互联网及其发展意义

工业互联网是应对我国面临的新兴工业环境和基础设施建设的一种崭新范式。该范式主要以信息技术为基础，利用人、机器、互联网等多方面资源，实现工业各个阶段的全方位连接，形成一个完整的产业链模式。其主要目的在于实现工业信息的实时采集、传输和精确分析反馈，以实现资源的高效配置。这一过程旨在推动制造业的转型和升级，使其适应新的市场环境和技术条件。

工业互联网作为一项新兴行业，其核心要素包括网络基础设施、数据管理系统以及安全保障机制。这三大要素的协同作用构成了工业互联网的基础框架。在实践中，着重优化闭环过程显得尤为关键，其中包括对机器设备运行状态的实时监测与调节、生产运营决策的精准化和自动化，以及企业内部协同与用户交互的高效性。工业互联网的兴起不仅是技术进步的体现，更是国家工业发展水平的重要评判标准之一。智能制造作为其中的重要组成部分，涵盖了智能机器人、人脸识别等多项前沿技术。这些技术的广泛应用不仅使得生产过程更加智能化和自动化，同时也极大地提高了生产效率和产品质量。智能制造领域的迅速发展为工业互联网的蓬勃发展提供了强大的技术支撑。工业互联网与智能制造进一步地，结合不仅可以实现生产过程的全面数字化，更可以带来产业结构的深刻变革。通过将工业互联网的网络、数据和安全要素与智能制造的各项技术手段相结合，可以实现对生产过程的精准监控和调控，从而提升生产效率、降低生产成本，并最终推动产业向智能化、高效化的方向迈进。

工业互联网对我国经济发展的意义主要体现在以下方面：工业互联网的兴起为应对不断上升的生产成本和产业外移风险提供了有效途径，从而降低了国家支柱产业的生产成本，为资源配置的合理分配提供了有力支撑。其发展推动了工业化与互联网的深度融合，促进了工业制造生产体系的智能化升级，进一步完善了产业链发展格局，为产业链高端化和国际化奠定了基础。在激烈的企业竞争环境下，创新产品开发成为实现快速发展的必由之路，工业互联网的创新设计与生产能够显著提升产品生产效率，从而增加企业的利润。因此，重视工业互联网的设计开发与创新，对企业的长远发展具有关键意义。此外，工业互联网的推动也为我国制造业的数字化转型升级提供了重要支持，实现了制造业的高质量发展，进而提升了国际竞争力。因此，工业互联网具有重要的战略意义，对于我国经济的持续健康发展起着不可忽视的作用。

二、智能制造在工业互联网中的应用现状

智能制造与工业互联网，乃未来新型工业制造体系之根基。此体系涵盖高端智能装备、工业自动化、工业软件与应用、工业互联网平台等关键领域。然而，诸多企业缺乏自主创新意识，盲目追随市场潮流，依赖外国技术与设备，乃至模仿外国产品，以图追求短期利润，尽管此举或可规避侵权风险，却有损企业声誉。另有一部分企业，缺乏创新驱动，仅关注产品实用性，忽略文化独特性，致使其产品缺乏个性与魅力；设计人员亦受传统设计范式所限，倾向仿制而非创新；未能悉心探索国内传统文化与产品的契合之道，充分发挥国内文化特色，从而无法塑造独具魅力的品牌形象。

此外，在我国智能制造发展的进程中，工业互联网创新扮演着至关重要的角色，然而，高端技术人才的匮乏对其造成了阻碍。在国内生产环境的限制下，技术人员在创新设计方面受到一定程度的制约，部分开发人员缺乏独立创新意识，可能限制了智能制造的发展潜力。智能制造中的工业互联网应用涉及复杂的分层

管理，由于各部门分工的不协调导致管理混乱和成本差异，不仅影响了生产进度，也对企业利润产生了负面影响。与此同时，我国设计开发人员缺乏自主创新意识，他们往往过于专注于单一产品的设计，而忽视了与环境的协调性，可能影响到整个智能制造行业的发展方向。因此，为了促进我国智能制造的健康发展，有必要加强对高端技术人才的培养和引进，同时提升设计开发人员的创新意识，以确保技术创新与生产管理的有效融合，从而推动智能制造行业迈向更加繁荣的未来。

三、工业互联网在智能制造中的创新策略

（一）完善工业互联网的管理机制

在解决工业互联网行业困境中，健全的管理机制显得至关重要，企业应当严格遵循法律法规，以确保合规经营的稳健性。为此，制定科学合理的管理制度尤为必要，以明确各部门的职责，并保证管理活动的有序进行；同时，加强对关键管理部分的监督和管理力度，持续完善管理体系，包括积极倾听员工的合理建议，有助于提高管理效能。此外，借助人工智能技术的运用，可以有效降低人类思维的局限性，有助于创造性地设计产品，从而推动工业互联网的发展；积极开发新工艺，可摆脱传统设计思路的束缚，为工业互联网创新事业注入新的活力和动力。

（二）明确责任

在工业互联网制造领域，安全问题占据着至关重要的地位。为确保安全，相关部门及从业人员应遵守法律法规，建立有效的奖惩机制，将安全工作置于至高无上的地位。企业在此扮演着主要角色，需与相关部门密切协作，以实现依法监督和及时监管，保障生产过程中的生命安全。每个生产阶段都应有专业技术人员引导工人进行生产，并对质量不达标和违章作业进行及时处理。在责任方面，应明确生产项目的主要负责人，并建立相应的生产安全责任制，签订生产安全责任书。同时，应实施智能制造工作安全问责制和责任追究制度，确保责任明晰、权责对等。企业应定期派员检查各单位是否建立健全了生产安全责任制，并对员工进行定期的安全知识培训，以提升员工的安全意识和应对能力。

（三）深化技术学习

工业互联网信息传递依赖于电子信息传输系统，然而这一系统往往存在着稳

定性不足的问题，从而导致数据传输错误。为解决此类问题，智能制造被引入制造业，其能够准确评估系统的安全性和稳定性，进而保障数据传输的准确性。此举不仅有助于确保信息的精确传递，更能促进工作人员高效处理信息，并推动机械设计与制造器件生产。因此，智能制造的引入为企业自动化发展奠定了坚实的基础，提升了生产效率和质量控制水平。

在工业互联网领域，随着智能制造技术的引入，设计过程日益智能化、自动化，传统设计理念的不适应性已逐渐显现，客户需求正成为设计过程中至关重要的考量因素。智能制造的广泛应用可有效降低人为错误的发生频率，同时显著提升了加工效率，这在汽车、飞机等制造领域尤为显著。通过智能制造技术的应用，传统设计所带来的种种限制得以克服，从而实现了对创新性产品设计的推动。这种创新性设计不仅推动了产品性能和功能的提升，更为我国创新事业的发展作出了积极贡献。

（四）深入研发网络安全技术

智能制造在机械制造领域的应用为生产效率提升带来了显著影响。通过计算机系统的精准控制，实现了车间机器制造过程的高度精确化。此举能够有效设置器件生产的精准参数，从而消除人为因素对生产过程的干扰，进而确保生产质量的稳定性与一致性。与此同时，智能制造还能实现车间操作的无人化管理。通过摄像头等监控设备，实时监测生产情况，有效避免了倒班制度可能带来的人员疲劳问题，从而减少了生产事故的风险。

在智能制造的框架下，机器人技术被广泛应用于生产中。借助计算机系统的控制，机器人能够同时执行多项任务，包括多线和单线任务，从而提高了生产线的灵活性和效率。这种整合机械设计制造与自动化技术的方式，将传统制造业推向了智能化发展轨道，为未来的工业生产提供了可持续且高效的解决方案。

综合而言，智能制造在工业互联网中的应用主要包括机械设计、机械制造、信息处理等方面，在工业互联网行业中，智能制造会使生产朝着智能化、信息化的方向发展，给工业互联网行业带来巨大便利，并带来极大的社会效益，推动经济快速发展。总之，在工业互联网行业应用智能制造时，要充分结合具体情况和实际工作进度，合理使用新兴技术，为工作人员提供科学的参考依据。

第五章 转型升级：新发展格局助推制造业转型

第一节 新发展格局与制造业转型升级概述

新发展格局是我国在新发展阶段对既有发展战略的提升和深化。改革开放以来，我国经济的快速发展、综合国力的大幅提升为构建新发展格局奠定了坚实的供给基础、需求基础、制度基础、实践基础、理论基础，提供了战略窗口期。新发展格局着眼点在于充分发挥我国全球最完整且规模最大的工业体系、强大的生产能力，以及完善的配套能力等发展优势。更为重要的是，新发展格局将充分利用我国超大规模的内需市场，为经济发展提供有力支撑，同时也将充分挖掘巨大的投资需求潜力，以促进经济的持续增长。这一战略调整还顺应了我国发展阶段、环境和条件的变化，旨在提出更为适应新形势的发展模式，它代表着对既有发展战略的提升和深化，以更好地适应国内外的变化和需求。

一、新发展格局的基本内涵

（一）新发展格局的四个层面

经济循环或者经济格局可以从以下四个层面来看：

第一个层面：实现总供求的平衡。总供给大体来说包括国内总生产和进口，而总需求则包括国内总需求和出口。

第二个层面：国内生产或者国内供给与国内需求的均衡，如果二者不平衡，就会形成进出口之差。

第三个层面：从 GDP 核算的三种方法来看，分别是生产法、分配法与支出法。从经济循环的角度来说，GDP 核算经历三个环节：生产是起点，分配是过程，收入转化为支出是终点。生产、分配、支出三者相互关联，循环往复，形成螺旋扩大的经济循环。

在生产端，我国每天都要生产成千上万种产品，可分为三类：①一般消费品和服务性消费品；②用于生产和扩大再生产的产品，如钢铁、水泥等；③公共产品，如教育、医疗、社会安全等。

在分配端，生产决定分配，由三个部门共同享有创造的新价值：①劳动所有者的劳动报酬；②企业得到的利润和折旧；③生产税净额，各种税费减去企业补贴后形成政府的收入。

在支出端，分配决定支出，劳动者的报酬决定了居民可支配收入的高低，从而影响了消费水平。然而，可支配收入并非全部用于消费，一部分可能用于储蓄或养老、购房等；利润可能有一部分转化为消费，但全部用于扩大再生产时，用于购买新的生产资料；政府购买公共产品，如雇佣教师、医生，提供公共服务。这些构成了支出端的各个方面。

第四个层面：任何一个国家或经济体都是开放的循环。在开放状态下，生产过程可能需要大量进口生产资料，比如我国要大量进口原油、铁矿石、大豆等，同时也有一部分用于消费。进口和出口这两者也要均衡，当然也不可能年年都恰好保持进口与出口的均衡状态。

（二）新发展格局的关键词

构建新发展格局是一个战略目标或发展路径或政策导向，不是简单的理论模型。正确地理解新发展格局，要把握好以下六个关键词：

第一，格局。建立一种适应新发展阶段、实现新发展目标、贯彻新发展理念、无需过多政策刺激而能够与潜在经济增长速度相匹配的新发展格局，若我国成功实现潜在增长，则表现为一种良性增长。

第二，循环。循环包括生产、分配、支出三者的循环，以及生产与生产、生产与分配、分配与支出、支出与生产的循环。生产中的三类产品，分配中的三个部门，支出中的三个领域各自之间也要保持畅通的循环。例如，生产的消费品数量应等于居民得到的劳动报酬，也等于消费支出（假定没有储蓄）。如果生产消费品数量多，而劳动报酬少，对消费品的支出就少，会导致消费品过剩。相反，如果消费品少而劳动报酬多，消费就得不到满足。对于我国现有的一些产品和服务，虽然人们存在消费欲望与需求，但由于生产与需求不匹配，难以满足消费需求，从而影响了经济增速。

第三，开放。构建国内国际双循环相互促进的新发展格局，必须进一步扩大开放。我国仍需继续发挥“世界工厂”的角色。我国作为一个制造大国，产业门类齐全，因此需要大量丰富多样的基础原材料和能源。通过开放共享才能获取我国所需的相应资源。

第四，整体。构建新发展格局是对整个国民经济而言的，经过对整体生产、分配、支出之间的循环的研究而得出，而非针对某个地区、某个行业或某个企业。每个行业、每个地区、每个企业都是现有发展格局中的组成部分。各地区应更好地参与构建新发展格局，认真履行自身应承担的责任。

第五，构建。构建不等于形成。形成指的是一种自然而然、无需过多外界干预就会出现的结果，例如水往低处流，自然形成河流、沼泽、湖泊，这是一个自然的过程。而构建则意味着政府需要采取积极行动，通过努力去实现某种目标，而不是被动地听任市场自发形成。构建的关键在于改革，政府需要深化对现有格局的体制机制改革，在改革的推动下形成一种动力。只有消除目前循环中的阻碍和瓶颈，经济才能更好地循环并不断壮大。

第六，系统。坚持系统观念是“十四五”规划中提出的一个重要原则和思考方法。经济社会体系是一个普遍联系、多维多元的复杂系统，实现发展质量、结构、规模、速度、效益、安全相统一，必须坚持系统观念，在统筹上下功夫，在重点上求突破，以点的突破带动全局工作。

二、新发展格局的构建意义、背景及依据

（一）新发展格局构建的时代背景

2020 年 5 月 14 日，习近平总书记在中共中央政治局常委会会议上指出深化供给侧结构性改革，充分发挥我国超大规模市场优势和内需潜力，构建国内国际双循环相互促进的新发展格局。自此以后，“新发展格局”逐渐成为经济社会领域的热门话题。从时间维度看，它既具有历史接续性，又具备未来指导性；而从空间维度看，在这个时间节点提出新发展格局，是因为国内外发展环境发生了深刻变化。

党的十九届五中全会后，我国步入全新的发展阶段。此前，我国在全面建成小康社会、实现第一个百年奋斗目标方面取得了显著成就。随着时代的演进，我国乘势而上开启了全面建设社会主义现代化国家的新征程，迈向第二个百年奋斗

目标，标志着新发展阶段的到来。

新发展阶段的到来是基于当前的现实条件以及国内外经济环境的深刻变化，我国在这一背景下构建了新发展格局，以适应社会主义发展在不同历史阶段的转变。社会主义的发展是一个长期的历史过程，需要根据不同历史阶段的特点来划分。生产力和生产关系、经济基础和上层建筑之间相互作用，不同的生产力发展水平决定了社会发展阶段的划分。这一新发展阶段的确立有着坚实的历史依据，它是中国共产党不同历史阶段努力的成果的集合，是中华民族从站起来、富起来到强起来的历史性飞跃的体现。中国共产党在不同历史时期的奋斗，引领国家建设和发展取得了历史性的转变，通过这些努力，我国迎来了一个崭新的历史时期。

改革开放的伟大革命为中国特色社会主义的发展创造了条件，也使国家实现了历史性的跨越。这一时期为中华民族伟大复兴铺平了道路，开启了国家发展的新篇章。在新发展阶段，我国将全面建设社会主义现代化国家作为目标，继续前进。这意味着在全面推进现代化建设的过程中，我国将更加注重发展的全面性和协调性，促进经济、政治、文化、社会、生态等各个领域的协同发展。

立足新发展阶段，构建新发展格局，不仅是我国社会主义发展进程中的一个重要举措，也是推进中国特色社会主义伟大事业的必然要求。在这一新的历史时期，我国将继续秉持创新、协调、绿色、开放、共享的新发展理念，推动国家的发展和进步。通过不懈努力，不断前行，为实现第二个百年奋斗目标和中华民族伟大复兴而奋斗。

经过 40 多年的改革开放，我国在经济、科技、国力以及人民生活水平方面取得了显著提升，成为全球第二大经济体、第一大工业国、第一大货物贸易国以及第一大外汇储备国。这些成就不仅是我国自身发展的结果，也为国际社会带来了积极影响。

当前，国际环境正在经历百年未有之大变局，全球秩序和格局的调整成为主要趋势，国际力量对比正在发生深刻的变化。在这个背景下，和平与发展仍然是时代的主题，人类命运共同体的理念深深地烙印在人们的心中。然而，国际环境的复杂性和多变性也在不断增加，不稳定性和不确定性也随之上升。尽管经济全球化遭遇逆流，但新科技革命和产业变革却在迅速发展，带来了新的增长动力和机遇，这同时给原有的经济结构、收入分配以及社会治理带来了深刻的挑战。在这个背景下，我国需要应对各种复杂的问题，保持战略定力，灵活应变，积极应对危机，抓住机遇，迎接挑战，以推动构建新发展格局。

在新发展阶段，我国需要从中华民族伟大复兴的战略全局出发，加强运筹和谋划，辩证看待新发展阶段的新机遇新挑战，既增强机遇意识，又增强风险意识，更加重视统筹国内国际两个大局，积极推动构建新型国际关系和人类命运共同体，加快深层次改革，扩大高水平对外开放，推动高质量发展，使一切有利于社会生产力发展的创造力量充分涌流。

（二）新发展格局的构建意义

构建新发展格局是适应我国新发展阶段要求、更好贯彻新发展理念的战略抉择和主动布局，对于实现高质量发展和全面建设社会主义现代化国家具有重大而深远的意义。

1. 有利于掌握发展的战略主动权

作为一个拥有庞大人口和超大市场规模的社会主义国家，我国正面临着独特的压力和挑战，在迈向实现中国式现代化的这一发展过程中，我国需要积极谋划和前瞻布局，努力掌握战略主动。为了克服不利因素的影响，我国正在努力建立国内大循环，减少对国际市场的过度依赖，确保经济的持续发展。

我国正加速构建新发展格局，以迎接各种困难和挑战，提升国家的生存力、竞争力、发展力以及持续力。通过构建这一新发展格局，我国能够更好地应对外部环境的不确定性，保持经济的稳定增长。

在新的历史形势下，我国将继续掌握战略主动，推动中国式现代化的进程。这一进程不仅关乎我国自身的发展，还关系到中华民族伟大复兴。我国将继续努力，通过创新、改革开放，实现经济的高质量发展；推动科技创新，提升国际竞争力，并在世界舞台上展现更大的影响力，为实现中华民族伟大复兴目标而不懈努力。

2. 有利于统筹发展和安全

在安全与发展的关系中，安全被视为实现发展的前提，而发展则为国家安全提供了坚实的保障。当今世界正处于百年未有之大变局，我国的外部环境也变得更加复杂。与此同时，当前及未来都将是我国各类矛盾和风险易发的时期，各种预见和不可预见的风险不断增加。

为了更好地应对这些挑战，必须在统筹发展和安全的基础上作出明智的决策。这意味着需要加强对机遇和风险的敏感意识，树立底线思维，同时也要加强风险预判和应对能力。我国曾历经多次外部风险冲击，然而成功将危机转化为机遇的关键在于把立足点放在国内，善于处理国内事务，不断强化发展基础。

要在这个变革的时代保持稳定，防范与化解风险成为重中之重，这需要提升我国自身发展的质量，增强国际竞争力，全面提升国家综合实力，从而有效维护国家安全。在构建新发展格局的过程中，提升国民经济的抗风险能力至关重要，这将有助于更好地统筹国家的发展与安全。

3. 有利于推动高质量发展

近年来，我国经济正在经历一个重要的转变，经济发展已从过去的高速增长阶段转向高质量发展阶段，这是受我国发展阶段、环境和条件变化的客观趋势所影响的结果。与此同时，我国社会主要矛盾已转化为人民日益增长的美好生活需要和不平衡不充分的发展之间的矛盾，而各类发展中的问题主要聚焦在发展质量方面。在这一背景下，发展质量的提升变得异常重要，需要将发展质量问题摆在更加突出的位置，这也意味着要构建新发展格局，其中一个核心目标是扩大内需，使得生产、分配、流通和消费更多地依赖国内市场，从而实现国民经济的良性循环。为了实现这一目标，要坚持供给侧结构性改革，提升供给体系对国内需求的适应性，优化产业链和供应链，使国内市场成为主要的需求来源，以实现动态平衡。

促进发展方式的转变也是构建新发展格局的重要内容。通过改善需求和供给结构，推动发展方式的转型，可提升供给体系的质量和效益，实现质量、效率和动力的变革，从而实现高质量的发展，使人民从中受益。这种高质量的发展，将有助于满足人民对美好生活的向往，使发展的成果更加普惠。

4. 有利于塑造国际合作和竞争新优势

加快构建以国内大循环为主体、国内国际双循环相互促进的新发展格局，意味着深入参与国际循环至关重要，要提升国际合作和竞争优势。要实现这一目标，强化国内经济循环被认为是关键一步，这不仅有助于提升经济的韧性和发展水平，还能吸引更多的全球资源要素。同时，新发展格局的构建也要求扩大对外开放，通过充分利用国际和国内市场与资源，为我国打造一个更加优质的营商环境。值得强调的是，新发展格局并不意味着减弱对外开放，恰恰相反，它代表着更高水平的对外开放。未来，我国在外贸、投资等领域将持续扩大规模，以提升其在国际舞台上的地位和影响力。

构建新发展格局不仅仅是一种经济安排，更是应对机遇与挑战的战略选择，是我国实现经济现代化的必经之路。为了实现这一目标，贯彻党中央的战略部署至关重要。

（三）新发展格局构建的客观依据

构建新发展格局的关键词是“经济循环”。经济活动本质上是一个基于经济分工和价值增值的信息、资金和商品（含服务）在居民、企业和政府等不同的主体之间流动循环的过程。经济循环流动是经济学最早的范畴之一，也是经济活动最本质的特征。经济过程是生产、分配、流通、消费四个环节的循环过程，经济循环畅通才能使得再生产和经济运行正常进行。在现代市场经济条件下，经济循环畅通需要满足一系列条件，遵循基本的经济发展和经济运行规律。

1. 经济循环畅通需要社会生产和再生产的各环节建立联系

生产是社会经济活动的核心，一定的生产决定了分配、流通、消费及它们之间的相互关系。为了保持社会再生产的连续性，这四个环节必须形成有机整体，使再生产过程中形成良性循环的资源配置结构、富有活力的运行体制与机制。为了实现更大规模、更高水平的国民经济发展，我们需要不断推动社会扩大再生产，优化升级生产、分配、流通和消费体系，使它们相互促进、协同发展。这意味着一方面，要实现高水平的经济循环，必须紧紧把握住生产这个环节，致力于提高科技水平，不断发展先进生产力，实现由外延型扩大再生产向内涵型扩大再生产的转变，确保核心生产技术、工艺、流程在我们自己手中；另一方面，构建新发展格局需要更协同和动态的思维，这不仅仅涉及供给侧、需求侧等单方面政策，也是关乎生产、分配、流通、消费某个环节的战略或政策，更是围绕经济循环的系统动态的政策组合。

2. 经济循环畅通在于确保社会总产品能够顺利实现

社会总产品由各种使用价值构成，需要通过交换实现价值和物质补偿，使得社会总资本运动不断进行。从微观来看，单个资本的循环要顺利进行，其生产的产品必须在市场成功售卖，才能获取再生产所需的生产资料和资金。单个资本的运动不是孤立的，而是相互关联、互为条件。各种资本循环在空间上并存、时间上继起，一旦某个或多个单个资本的循环中断，其联动效应也会在不同程度上影响社会总资本的运动。因此，社会总资本的运动受到社会总产品的价值组成部分之间的比例制约，不同社会生产部门、不同产业之间的资本所生产的产品不仅要在总量上达到供求平衡，结构上也要达到供求匹配。这需要不断提高供给质量和供给水平，以匹配升级的国内需求体系，满足人民对更美好生活的需求。同时，要坚持扩大内需，挖掘潜在内需，提高社会消费能力，提升经济发展的自主性、可持续性和韧性，确保社会总产品能有序实现。

经济循环可以根据经济活动的国家边界，区分为基于国内分工的国内经济循环和基于全球分工的国际经济循环。在当今经济全球化和全球价值链分工的时代背景下，很少有国家只有国内经济循环，绝大多数参与了程度不同的国际循环，各国经济已经形成相互进行广泛的商品贸易、跨国投资、产业分工、技术转移、人员交往等关系。参与国际循环程度的不同意味着经济开放度的差异，无论参与国际循环的程度如何，其根本目的是促进国内经济发展。

一个国家可以被视为一个开放的经济系统，其参与国际经济循环的程度可以根据系统环境和自身条件的变化进行选择。通过国内经济循环和国际经济循环的协同互补，可以有效发挥一个经济体的比较优势，同时避免国际环境的负面影响，这构成了经济发展的战略导向。尽管近期国际上出现了逆全球化倾向，但经济全球化的大趋势不太可能发生颠覆性的变化，一个国家的经济活动很难完全置身于经济全球化之外。

3. 经济循环畅通以全球价值链体系的良性运转为前提

在全球生产分工的背景下，经济循环畅通是全球价值链体系良性运转的重要前提。人类的相互交往和相互依赖呈不断扩大的趋势，经济全球化是生产社会化程度不断提高的必然结果，也是人类历史发展的必然趋势。产业链和供应链的跨国合作成为现代经济组织方式的普遍形态，企业和产业的发展充分参与全球产业链和供应链的循环过程，这使得国家嵌入全球价值链体系，其在全球价值链中获得的收益取决于其所处的分工位置，也依赖于这一体系的良性运转。我们应准确把握和评估我国产业链、供应链和关键技术的现状，分析创新链、供应链、产业链和价值链的分布，改变长期以来出口导向战略导致我国长期处于价值链中低端分工地位的情况。

从现代化理论的角度看，构建新发展格局是我国社会主义现代化进程进入新发展阶段的必然要求，是与现代化新阶段相适应的经济现代化路径。在新发展阶段，我国积累了相当雄厚的物质基础，综合国力已位居世界前列，形成了超大规模的大国经济基础。无论从生产供给的角度，还是从拥有庞大人口市场的潜力看，都具备了国内经济大循环的基本条件。面对全球经济的挑战和趋势，我国势必需要更加迅速地构建新发展格局。其核心理念是推动更高水平的开放，将国内经济的大循环作为主体，同时通过国内和国际双循环的相互促进来实现发展。

新发展格局的最本质特征是实现高水平的自立自强，其中关键在于自主创新。通过充分发挥我国作为大国的经济优势，围绕自主创新这一引擎，推动经济的现代化进程，不仅有助于解决技术受限的问题，也有助于提升我国在全球产业链中的地位。

三、构建新发展格局对制造业转型升级的影响

制造业转型升级是转变经济发展方式的关键所在，旨在推进传统工业化向新型工业化的转变，实现这一目标需要优化技术、组织、布局和行业结构，进而促进整体工业结构的优化和提升。在制造业转型升级的研究中，学者们主要关注价值链升级和产业结构升级两个方面。其中，价值链升级着重于通过创新提高生产效率，对于我国制造业而言，加快产业转型升级并重构全球价值链，提升自身在国际分工中的地位至关重要。我国在新发展阶段强调实体经济的发展，并提出了推动制造业转型升级的新要求。

在新发展格局下，推动制造业转型升级的基本取向包括加快发展高技术制造业和战略性新兴产业，同时推进传统制造业的数字化、网络化、智能化和绿色化发展。这些举措将有助于提升我国制造业的竞争力，使其在全球市场中占据更有利的地位。构建新发展格局是我国主动作为的战略抉择，对制造业转型升级具有长期导向和短期促进的作用，这一格局的实施将为制造业提供更加有利的发展环境，并为转型升级提供政策支持和市场机遇。

（一）需求方面的影响

消费是推动经济增长的主要驱动力，随着经济的持续发展，居民消费结构的升级已成为关键，它对经济增长和产业结构调整具有重大影响。在构建新发展格

局的过程中，扩大内需被视为长期战略，以提升消费在全局中的地位。

一方面，消费者日益注重质量和实用性的消费偏好，通过推动技术的改良和创新，促进制造业的转型升级。消费者对产品品质和实际效用的关注，将激励企业进行技术创新，从而提高产品的竞争力和附加值，推动制造业向高端、智能化方向发展。

另一方面，激活市场消费与市场投资之间的相互联系。随着消费者自主消费意识的增强，消费增长潜能和消费升级动力也将得到提升，消费者的需求扩张和消费结构变化为制造业转型升级提供了新的市场动力；同时，我国庞大的内需市场为制造业转型升级提供了持续增强的需求拉动作用。加快培育和发展完整的内需体系，可以释放巨大的市场动力和活力，为经济增长注入强劲动力。

在经济发展过程中，繁荣国内经济、畅通国内大循环对于我国经济的增长至关重要，国内市场的繁荣将为我国经济发展增添动力；同时，深化改革和扩大开放也将推动国内循环与国际循环相互促进，实现更高水平的经济发展。通过培育完善的内需体系，我国经济可以更好地适应国内外市场需求的变化，增强国家经济的韧性和竞争力。

（二）技术方面的影响

我国的研究与试验发展经费投入中，应用研究经费增长迅速，试验发展经费占比最高。这表明我国正在增加科技创新的投入，并努力将其转化为实际应用和产业发展的成果，特别是高技术制造业和装备制造业的经费一直保持持续增长的趋势，这体现了我国在推动产业升级和转型方面的坚定决心。

研发经费的持续投入促进了我国知识产权保护制度的不断完善，各类市场主体积极参与创新活动，全社会的创新氛围日益浓厚。我国正致力于建立一个更加创新友好的环境，以鼓励企业和个人在知识产权保护下进行技术研发和创新活动。这种努力不仅为我国自身的科技进步提供了强大动力，同时也为全球科技创新作出了重要贡献。

在构建新发展格局的背景下，技术研发和创新将面临新的局面，创新的来源、模式和目标将进行调整和转变。我国已经意识到传统的技术模仿和跟随发展模式的局限性，构建新发展格局要求加快提高自主创新能力，重点行业和部门的自主创新将成为新的技术来源。这将进一步推动我国经济的创新驱动发展，培育新的增长动力。

技术创新和技术进步方式的转变需要国内经济大循环各关键环节的畅通，特别是技术要素和技术市场的循环发挥重要作用。在新发展格局下推动制造业转型升级需要转变创新观念和创新模式，走出适应自身特点、有利于自主创新和高质量发展的道路。因此，我国需要建立一个更加开放和协作的创新生态系统，促进科技成果的转化和商业化，推动技术的广泛应用和产业的升级。

自主创新将成为推动我国制造业转型升级的重要动力。在以国内大循环为主体的新发展格局中，我国制造业转型升级进程不断加快，并具有我国特色，通过加强技术创新和自主研发能力，减少对外部技术的依赖，提高产品和服务的附加值，实现更加可持续和高效的发展。我国制造业将以自主创新为核心，推动绿色、智能和高端制造业的发展，为全球经济注入新的动力。

（三）空间区域的影响

在构建新发展格局的过程中，需要注重生产、分配、流通和消费等环节的优化，以实现全面发展，尤其是高质量发展。国际循环的快速扩展曾推动沿海地区的经济增长，但现在需要将重点转移到国内大循环上，以适应国内外环境的变化。新发展格局强调全方位开放，推动全国开放发展，尤其是内循环为主体的区域发展。沿海地区的制造业也需要转向以内循环为主，加快产业结构调整和转型升级，以适应外部环境的变化。同时，需要促进区域经济协调发展，推动高质量发展和产业升级。在“十四五”时期，发展全国大市场体系、畅通经济循环、推进供给侧结构性改革将成为促进区域经济协调发展和制造业转型升级的主要动力。新发展格局的实施需要充分发挥国内市场的优势和潜力，加快培育内需，提高消费能力和消费质量。同时，要加强与国际市场的互动和合作，积极参与全球价值链，增强我国在全球经济中的影响力和竞争力。

第二节　新发展格局下制造业转型升级的机制与方向

一、新发展格局下制造业转型升级的内在机制

（一）突破中低端制造，疏通国内大循环

在新发展格局下，制造业转型升级迎来了内在机制的深刻变革，其中，突破中低端制造，疏通国内大循环成为制造业发展的关键路径之一。随着我国经济的持续增长，传统的中低端制造业在全球竞争中逐渐失去优势，在新发展格局中，制造业需要转型升级，以适应高质量发展的要求。首先，制造业要从量的竞争中走向质的竞争，通过提升产品和服务的质量，实现产业升级。这需要企业加强技术创新，提高研发能力，培养高素质的技术人才，以更高水平的制造能力赢得市场。

其次，疏通国内大循环成为推动制造业发展的另一重要动力。国内大循环强调通过扩大内需，构建完整的产业链，形成内外贸互促、国内国际双循环的发展格局。制造业要积极参与国内大循环，通过提高产品质量和服务水平，满足国内市场需求，实现产业链的深度融合，这不仅可以降低对外部市场的依赖，还能够在国内市场中获得更大的份额，实现可持续发展。同时，要实现制造业的转型升级，企业需要加强与科研机构、高校等的合作，推动科技创新在制造业中的广泛应用。政府在政策上也要给予更多的支持，通过优惠政策、减税降费等方式激发企业的创新活力；要加强人才培养，培养更多掌握先进制造技术的高素质人才，为制造业的升级提供人才支持。

最后，制造业转型升级还需要注重可持续发展。在推动经济增长的同时，要充分考虑资源利用效率、环境保护等因素，推动绿色制造的发展。发展绿色制造可以降低制造业对资源的依赖，减少环境污染，实现经济与环保的双赢。政府可以通过制定环保政策、提供环保技术支持等方式引导制造业向绿色发展方向转变。

（二）开放经济，使内需市场与技术创新驱动

第一，内需市场是制造业转型升级的重要推动力。随着国内消费市场的不断

扩大和消费结构的不断升级，制造业企业需要不断调整产品结构，提高产品质量，满足消费者的需求。同时，内需市场的竞争也促使企业不断进行技术创新和产品升级，提高自身的竞争力，进而推动整个产业结构的优化和升级。

第二，技术创新驱动也是制造业转型升级的关键因素。技术创新是推动经济发展的重要动力，也是制造业转型升级的核心驱动力。在开放经济条件下，技术创新不仅需要依靠企业的自身力量，还需要充分利用国际资源，引进国外先进技术，促进技术转移和转化。通过技术创新，可以提高制造业企业的生产效率和产品质量，推动制造业向高端化、智能化、绿色化方向发展。

第三，在开放经济条件下，制造业转型升级还需要注重产业政策的引导作用。政府可以通过制定相关政策来引导企业进行技术创新和产品升级，推动产业结构调整和优化。例如，政府可以加大对科技创新的支持力度，提高科研人员的研发水平，推动科技成果的转化和应用；同时，政府还可以加强对环保、能源等领域的监管力度，推动制造业向绿色化方向发展。

二、双循环下我国制造业转型升级影响因素机理

在不同时代背景下，制造业的转型升级受到了各种因素的不同影响。当前，随着双循环战略的重点转变，这些因素也发生了改变。在国际循环中，占据全球产业链的主要地位至关重要。这一位置直接影响着制造业的高质量发展，因为它决定了国际生产资料流通到国内市场的顺畅程度，制造业必须积极谋求在全球产业链中的更高位置，以确保资源和技术的流通畅通无阻。而在国内循环中，提升创新力和竞争力是关键因素，这是优化我国制造业结构的不可或缺的路径，需要强化创新能力和竞争力。

（一）全球产业链的驱动作用

在新发展格局下，我国制造业转型升级的影响是深远的，这种影响不仅局限于国内市场，而且涉及全球产业链的驱动作用。在此背景下，制造业的转型升级不仅有助于提升国内产业结构和经济效益，同时也对全球产业链的稳定和升级产生了积极的影响。

第一，制造业的转型升级有助于提高我国在全球产业链中的地位。长期以来，我国制造业凭借低成本和规模优势在国际市场上占据了一席之地，然而这种模式面临着劳动力成本上升、环境压力增大等多方面挑战。通过技术创新和产品

升级，我国制造业可以提升自身的附加值和竞争力，从而在全球产业链中占据更有优势的地位。

第二，制造业的转型升级有助于推动全球产业链的稳定和升级。在全球疫情蔓延的背景下，各国经济都受到了不同程度的冲击，我国制造业的转型升级可以为全球产业链的稳定提供有力的支撑。通过技术创新和产品升级，我国制造业可以优化生产过程和提高产品质量，为全球产业链的升级作出贡献。

此外，全球产业链的驱动作用还为我国制造业提供了更广阔的发展空间。在全球市场上，各国经济之间的联系越来越紧密，经济全球化已经成为不可逆转的趋势。通过融入全球产业链，我国制造业可以更好地把握国际市场需求和发展趋势，从而拓展自身的市场份额和提升品牌影响力。

（二）自主创新能力的推动作用

自主创新能力的提升，将成为推动制造业发展的关键因素之一。制造业一直以来都是我国经济的支柱产业，其转型升级对于经济增长的质量和可持续性具有重要影响。

1. 自主创新技术对制造业转型升级的影响机理

自主创新技术在制造业转型升级中发挥着重要作用，对整个产业链的发展产生深远的影响。自主创新技术是指企业通过自身的研发能力，独立开发和应用新的技术，不依赖于外部技术引进。这种技术的推动，对制造业的转型升级起到了关键性的作用。

（1）自主创新技术为制造业提供了更高的竞争力。在全球经济一体化的今天，制造业面临着激烈的国际竞争，那些具备自主创新技术的企业能够在市场上更具竞争力，是因为他们能够不断推陈出新，提高产品的技术含量和附加值。通过不断创新，企业可以更好地适应市场需求的变化，保持在市场上的领先地位。

（2）自主创新技术推动了制造业的升级和结构调整。在全球科技飞速发展的背景下，传统制造业面临着产品同质化、低附加值等问题，通过自主创新技术的引入，企业可以在产品设计、生产工艺、管理模式等方面实现全面升级，提高产品的技术含量和品牌溢价。这不仅使企业在市场上更具竞争力，同时也推动了整个产业链的升级和优化。

（3）自主创新技术有助于提高制造业的研发能力。作为制造业的重要组成部分，研发能力直接关系到企业的技术水平和创新能力。通过自主创新技术的引入，企业可以加强自身的研发机构建设，吸引更多的高层次人才，提高研发水平。这不仅能使企业在技术上更具竞争力，同时也为整个制造业提供了更为丰富的技术支持。

（4）自主创新技术也推动了制造业的智能化发展。随着信息技术的不断进步，智能制造已经成为制造业升级的重要方向。通过在制造过程中引入先进的信息技术，实现生产过程的自动化和智能化，制造业企业不仅提高了生产效率，降低了生产成本，还获得了可持续发展的能力。

（5）自主创新技术促使制造业加强与其他行业的合作。在全球经济一体化的大背景下，产业链的整合和合作愈发成为一种趋势。具备自主创新技术的制造企业更容易与其他领域的企业展开合作，实现资源共享、优势互补，这种合作不仅有助于推动制造业的技术升级，还为企业创造了更多的商业机会。

2. 研究人员自主投入对制造业转型升级的影响机理

研究人员自主创新投入对制造业转型升级具有深远而积极的影响。在当今全球科技迅速发展的背景下，研究人员的自主创新投入成为推动制造业变革的引擎之一，这种投入不仅能够促使企业提升技术水平，还能够推动整个产业链的发展，为制造业实现转型升级创造有利条件。

（1）研究人员的自主创新投入加强了制造业的科技创新能力。科技创新是推动产业发展的核心动力，而研究人员的自主创新投入直接决定了一个国家或企业在技术领域的竞争实力。通过增加研发经费、拓展研发团队，企业可以更好地吸引高层次的研究人才，提高科技创新的水平，这不仅有助于企业在市场竞争中占据有利位置，也为制造业带来了更为先进的生产技术和管理理念。

（2）研究人员的自主创新投入推动了制造业的产品升级和结构优化。在日新月异的科技潮流中，产品更新迭代的速度越来越快，市场对产品性能和质量的要求也越来越高。通过研究人员的自主创新投入，制造业得以实现产品的技术含量提升，产品更贴近市场需求，这种不断的产品升级不仅增强了企业的市场竞争力，还为整个产业链的优化提供了强有力的支持。

（3）研究人员的自主创新投入有助于提高制造业的自主知识产权水平。在全球竞争激烈的环境下，拥有自主知识产权的技术和产品才具有更大的市场话语权。通过研究人员的自主创新投入，企业能够不断积累技术专利和核心技术，从而降低对外部技术的依赖，提高自主创新的能力。这种自主知识产权的积累不仅有利于企业在市场上稳健发展，还推动了整个制造业的创新升级。

（4）研究人员的自主创新投入还促进了我国制造业的国际竞争力提升。具备强大研发能力的企业更容易在国际市场上站稳脚跟，通过技术优势实现全球布局；通过与国际先进水平对标，不断提升自身的研究水平和技术含量，促使制造业能够在全球产业链中占据更为重要的地位，实现由“中国制造”向“中国创造”转变。

（三）要素流通的拉动作用

要素流通是指生产要素在国内外市场上的自由流动，包括劳动力、资本、技术和自然资源等。在双循环背景下，要素流通对于提升我国制造业的竞争力和促进产业结构升级具有重要意义。

第一，要素流通可以优化资源配置，提高制造业的生产效率。在制造业转型升级的过程中，要素流通通过将各种生产要素进行高效整合，实现资源的优化配置。一方面，国内劳动力、资本和技术等生产要素的自由流动，可以促使企业根据市场需求和比较优势调整生产结构，提高生产效率和产品质量；另一方面，通过参与国际分工和国际贸易，我国制造业可引进国外先进的技术、设备和资源，弥补自身资源的不足，提升产业技术水平和生产效率。

第二，要素流通可以促进技术创新，推动制造业向高端化、智能化方向发展。在新发展格局下，我国制造业可以通过加强与国际企业的合作和技术交流，引进国外先进技术和管理经验，促进自身的技术创新和产业升级；同时，要素流通也使得国内外技术人才和科研成果在我国制造业中得以更好地应用和转化，为我国制造业的技术创新和产业升级提供有力支撑。

第三，要素流通还可以扩大市场范围，为制造业提供更广阔的发展空间。在双循环背景下，国内外市场的相互融合使得我国制造业可以更好地把握国际市场需求和发展趋势，拓展自身的市场份额和提升品牌影响力。通过参与国际市场竞争，我国制造业可以学习国外先进的管理经验和营销策略，提高自身的国际竞争力；同时，也使得我国制造业可以更好地融入全球经济体系，利用国际市场和资源来推动自身的转型升级。

三、新发展格局下制造业转型升级的方向

我国制造业只有找准当前存在的薄弱环节，抢抓新一轮科技革命和产业变革

机遇，全力推进我国制造强国建设，与政府协同攻关，攻克高端技术难点，才能真正提高整体实力，更好地辐射全球的产业链和供应链。要用强大的国内市场优势支撑双循环发展，不断推动制造业转型升级稳步前进。

（一）依靠自主创新推动制造业由中低端向中高端转型

1. 增强基础研究自主创新能力

制造业转型升级是实现高质量发展的主要路径，一方面以重视技术创新为引导拉动制造业从中低端走向中高端；另一方面以技术改造为依托加快传统制造业转型升级，通过改造提升传统制造业，促进现有制造业由大变强，不断淘汰落后产能，优先发展基础装备制造业。近年来，我国制造业在国家政策支持下，不断引进新技术、吸收新技能，部分制造业发展势头不错，如电机、人工智能、量子通信等已逐步向中高端转型；但制造业中也有许多与世界先进水平有较大差距的产业，如集成电路及专用设备、智能制造核心信息设备、操作系统与工业软件、农业装备、基础制造装备、机器人、高性能基础医疗器械等。下一阶段我国应该重视向中高端转型发展的基础研究领域，应结合行业实际，制定长远战略规划，提高研发水平，增强基础自主发展能力，引导向产业链高端延伸，推进制造工业产业升级调整；从工业制造转向工业创造，要重视制造产业基础能力和制造技术创新水平，重点培育未来先导产业，用先导产业来推动传统优势产业转型升级，以解决当前某些制造业产能过剩问题，更好地为制造业转型升级发展创造条件。

2. 雁行模式梯队逐步升级

雁行模式强调内部分工合理和专业化对接，通过对不同发展阶段的制造业企业进行产业链分工，按照梯队特征逐步升级。由于我国地大物博，各省经济发展的区域优势和比较优势不相同，因此，制造业要因地制宜，取长补短，加快自主创新步伐，保留部分中低端制造业，维持国民经济的正常运行，借助不同城市发展定位和分工发展中高端制造业。通过城市中高端制造业的发展辐射带动三四线城市的制造业发展，形成一个个围绕地区高质量发展的“小循环体系”，最终联动在一起形成大的“内循环体系”；通过内循环体系发展，扶持有潜力的自主创新企业快速成长，倒逼落后产能的制造企业转型升级，深耕细作国内市场，形成中高端制造业发展的浪潮，提高自主研发占比，补齐产业链缺口，完善制造业产业结构。

3. 政府搭建自主创新转化平台

政府高度重视产学研金结合及科技成果转化工作，着力搭建制造业由中低端向中高端转型对接平台，重点促进企业需求、市场需要与高校院所科研成果的对接转化。孵化对接，重点促进自主创新研发的技术尽快成长和成熟，尽快完成试验，实现工程化；产业对接，重点扶持孵化的成熟技术尽快用于生产，实现产业化；服务对接，重点为企业和高校之间提供公共服务、搭建桥梁。推进核心技术创新升级，集中力量攻克一批“卡脖子”技术问题，如核心基础零部件（元器件）、关键基础材料、先进基础工艺和基础工业软件供给能力等，提高创新产品附加值；全力开展揽才引智，在人才引进领域勇于改革创新、先行先试，实施人才柔性管理服务机制，重点在人才创业、生活以及家属就业、入学、医疗等诸多方面提供人文关怀，做到以优惠政策吸引人，以优质服务留住人；政府围绕“中国制造 2025”提出的十大重点产业领域，重点打造“中国制造 2025”示范样板，因地制宜，培育一批有核心创新竞争力和专注细分领域的单项冠军企业，提高我国制造业转型升级的深度和广度。

（二）数字技术赋能带动制造业由大而全向强而精转型

1. 推动数字技术与现代制造深度融合

数字技术为现代制造提供了改革的内在驱动力，在数字经济时代，能更好地促进具有优势技术领域的制造产品向强而精转型。强而精不是意味着放弃大而全，而是在新发展格局下，充分发挥全工业体系和全产业链优势，依托政策的支持，提升产业链的现代化水平。现今，科技创新领域的竞争日益激烈，加快创新驱动发展战略、增强科技制造竞争力已经刻不容缓，数字技术与现代制造深度融合将使制造业深度发展的范围更广阔，并由此衍生出更多的新业态、新模式和新产业，扩大国内市场规模，形成虹吸效应；让更多自主创新驱动的人才流动，形成人才集聚制造业，提升制造区域创新能力，如新型基础设施建设，主要有七大领域，包括城际高速铁路和城市轨道交通、5G 基站建设、新能源汽车充电桩、特高压、人工智能、工业互联网和大数据中心。涉及诸多制造产业链，以技术创新为驱动，未来数字转型、智能升级和融合创新等服务为一体的基础设施体系建设，不仅其本身能带来数万亿元的投资需求，而且能通过数字经济产业化、传统产业数字升级化、新研发产品规模化等产生不可估量的乘数效应。

2. 借助数字技术实现供需动态平衡

面对复杂的国内国际制造品需求，借助工业互联网、电商平台、网上云计算等数字技术，全面开展线上线下深度融合，才能准确掌握市场的消费需求。特别是强而精的制造产品，需要小批量和个性化定制，更需要借助互联网和人工智能等技术，建立数据共享机制。通过人工智能强大的数据采集和分析能力，精准定制，以降低制造企业库存风险和生产的不确定性，优化资源合理配置；通过数字化能更好地反馈市场的供需动态平衡，让企业更好地了解客户需求，根据制造产品采购、制造设计、生产维护、产品质量等各个环节的数据，以模块化形式运作，能为生产增加智能化、精准化，实现制造业向强而精转型。

3. 提高数字技术产业在全球的竞争力

随着数字经济快速发展，未来越来越多的企业和产业会走向数字化。我国人口众多，消费能力强，用数字化带动产品向新领域延伸，有利于产业的转型升级，为成为全球富有竞争力的产业做好铺垫。因此，要进一步扩大数字物流、数字自主研发、数字高端装备等服务制造产业，吸引全球产业链上优质企业落户我国，形成空间上优质企业聚集、功能上利于企业相互交流、产业链布局上衔接合理，供应链集约高效的新兴产业链集群。同时，当国外消费需求不足时，要重点打造国内大循环市场，保证产业链集群的健康成长；当国外消费需求复苏时，要进一步加强对外合作开发，提高产业供应链国际化水平，进入全球产业链大循环。

（三）消费需求升级拉动由更多依托外需向更多依托内需转型

1. 以高质量品牌满足内需消费需求

我国经济已转向高质量发展阶段，居民消费需求日益进入高品质消费阶段，过去消费多注重物美价廉，现在消费更注重多元化品质消费需求。我国高质量制造品牌的崛起是责任所在，品牌质量决定了企业的生存空间和内在支撑，围绕制造产业技术、工艺、部件、材料等，要加强应用研究，创新设计，促进科技成果高质量转化；加大对产品知识产权保护立法和监督管理，保护我国高质量品牌创新者的利益，更好地激励高品质创新品牌的发展，将更多的消费需求留在国内市场。

2. 重视市场需求差异促进内需增长

市场需求差异性是指由于消费者的多样性，导致对消费品的偏好具有多层次性和动态性。制造产业要根据不同的消费者需求，生产满足不同层次消费需求的产品，根据市场需求差异、市场需求规模和市场需求增长来创新自身技术，从而推动制造产业升级。同时，依托庞大内需市场，在生产过程中降低制造业对出口的依赖度，这对于优化我国制造业出口需求结构，提升我国制造的产品竞争力有极大作用。

3. 以市场主流需求引导内需增长

市场主流需求指受市场上领导主导的需求。领导主导需求能更好地对市场产品需求产生前期敏锐性，能辨别出具有较大消费市场的产品。在制造业创新和成长过程中，通过市场主流需求引导，可以实现市场需求偏好的改变，研发满足市场需求的新产品、新技术，有效实现内需消费升级；以良性的市场竞争生态，可构建法治化和市场化的营商环境，构建制造业转型升级长期稳定发展格局。

综上所述，构建新发展格局强调内循环，并不是意味着不需要外循环。我国作为最大的全球制造业出口大国，以内循环为主体的制造业转型升级离不开外循环的支持，制造业转型升级不仅要积极参与国际市场竞争，学习国际先进领先技术，而且要在以内循环发展为主的过程中重视提高生产技术效率。因此，只有内外循环两个市场更好联动，才能形成制造业可持续发展的良好局面。

第三节　新发展格局下制造业转型升级的不同行业发展情况

一、新发展格局下物流业与制造业的深度融合发展

我国经济正引领着先进制造业和现代服务业的融合发展，这种两业的融合推动了制造业的转型升级，振兴了物流业，实现了双方的互利共生。政府与社会高度关注这种融合发展，作为经济的主要支柱，我国的制造业不仅涵盖了企业的物流业务，还在整个经济体系中占据着重要地位。但物流业面临着经济环境不断变化所带来的挑战，需要找到应对之道。

我国的制造业一直保持着强劲的发展势头，在全球范围内都处于领先地位。这种稳健的制造业发展不仅对经济增长产生积极影响，还为其他相关产业的发展提供了有力支持。近年来，物流业和制造业的融合发展日益加速，作为生产性服务业的物流在促进经济增长方面发挥着关键作用。政府和社会也深刻认识到物流业在经济发展中的关键地位，不断出台促进物流业发展的政策。

（一）物流业与制造业融合的模式

物流业与制造业的产业融合是指物流业与制造业之间相互渗透、交叉的过程，而在此过程中，只有部分活动发生交叉、重合或内部化，整个产业并未完全失去原有属性。因此，可以说物流业与制造业的产业融合目前处于部分融合阶段。为了更好地研究物流业与制造业的融合模式，我们按照产业渗透融合、产业延伸融合和产业重组融合的分类标准来进行分析。

1. 产业渗透融合

产业渗透融合是将高新技术产业与传统产业相融合的策略，其核心目标在于实现传统产业的技术升级，从而提升其效率和竞争力，特别是在制造业领域，高新技术产业与传统产业的交汇处呈现出显著的渗透现象。通过产业渗透，高新技术产业可以与传统物流服务业等领域相结合，从而产生互补效应，如将航空、卫星和轨道等高新技术应用于传统物流业，可以实现现代物流过程的信息化和自动化，从而改善运营效率。

产业渗透带来了多重好处。通过高新技术的应用，自动化环节如订单跟踪、库存查询、运行绩效监测、生产计划以及配送路径选择得以实现，有效提高了传统物流业的效率和服务质量。例如，利用传感器和数据分析等手段，实现作业环节的智能化操作，从而减少了人为干预，提升了流程效率。

航空、卫星和轨道等高新技术在物流领域的应用是产业渗透的典型示范案例。这些技术的运用使得货物的实时追踪、运输路线的优化以及运输安全的提升成为可能，为传统物流业带来了革命性的改变。通过产业渗透，传统物流业可以借助高新技术的力量，实现更高水平的发展。例如，传统产业与高新技术产业的结合，可以带来技术的交流和融合，从而提高传统物流服务的竞争力。

总之，产业渗透在制造业中的高新技术产业和传统产业的边界处起着重要作用。通过将高新技术应用到传统产业中，可以实现传统产业的高技术化发展，提高效率和竞争力；在传统物流业中，利用高新技术可以实现现代化的物流管理提升服务质量和效率。

2. 产业延伸融合

产业延伸融合是制造企业利用技术创新和政府管制放松，通过延伸和互补，将价值活动延伸至产业价值链的上游或下游，以拓展自身能力的战略性举措。这种趋势在生产性服务业中尤为显著，例如物流业和技术咨询，这些服务确保了制造业的正常运转。

在实践中，产业延伸融合体现为物流业的核心活动，如仓储和运输，从物流价值链中分离出来，与相关服务企业的价值链进行重新整合。这种整合在制造业中基于其自身优势和市场需求来决定核心价值链的组成部分，通过重新组织和整合来推动融合的进程，如制造企业可以将原本局限于内部的物流操作扩展为面向第三方的物流服务，为自身和外部企业提供物流解决方案。这种策略不仅能够使收入来源多元化，还能够增强竞争力并提升市场地位。

3. 产业重组融合

产业重组融合模式指的是在相互关联的产业之间，例如制造业中的机器制造、自动化技术、通信技术等子产业，以及物流业中的运输业、仓储业等子产业，进行融合和整合。这种模式的出现主要是为了实现产业链上的协同效应和资源优化利用，通过整合不同子产业的资源、技术和能力，可以提高生产效率、降低成本，并为企业创造更多的商业机会和竞争优势。

在制造业中，机器制造、自动化技术和通信技术的融合可以实现智能制造的目标。通过应用先进的自动化技术和通信技术，可以实现生产线的自动化控制和信息化管理，进而提高生产效率和产品质量。在物流业中，运输业和仓储业的融合可以实现物流供应链的优化。通过整合运输和仓储环节，可以实现货物的高效运输和仓储管理，从而减少物流成本，提高服务质量。

产业重组融合模式的发展离不开技术的进步和市场的需求。随着科技的不断发展与创新，各个产业之间的边界逐渐模糊，产业之间的交叉融合变得更加容易和自然；同时，市场对于集成化、智能化和高效化的需求也推动了产业重组融合模式的发展。

总之，产业重组融合模式的出现和发展在促进产业升级和经济发展方面起到了积极的作用。通过实现不同产业之间的融合和协同，可以为企业创造更多的增长机会和竞争优势，同时也有助于推动整个经济体系的创新和发展。

（二）物流业与制造业深度融合发展的对策建议

1. 合理利用制造业集聚区物流，优化区域布局

第一，需要对工业生产地和物流企业的建设地址进行全面的规划，以确保制造业与物流业之间的距离合理，从而方便他们之间的协同作业。这种协同作业的重要性不容忽视，它可以极大地提高生产效率，降低成本，并确保产品质量。通过合理的空间布局，我们可以有效地缩短运输距离，提高物流速度，从而确保制造企业的原材料供应和产品的分发更加高效和可靠。

第二，应该对现有的功能性园区进行改造，以充分发挥其潜力和功能。功能性园区通常拥有完善的设施和专业的服务，是制造业和物流业的重要载体。通过改造，我们可以优化这些园区的内部结构和功能，提高其运营效率和服务质量，从而提升物流服务水平，这不仅可以满足制造企业的物流需求，还可以吸引更多的制造企业和物流企业入驻，进一步推动制造业和物流业的融合发展。

此外，为了促进制造业与物流业之间的深度合作，我们还可以采取风险抵押金制度。这种制度可以激励双方建立更为紧密的合作关系，提高合作的灵活性和效率。通过风险抵押金制度，我们可以为制造业和物流业提供一种保障，降低合作风险，进而促进双方在物流业务托管机制上的合作。这种合作模式将推动双方共赢和融合发展，为整个经济体系的创新和发展注入新的动力。

2. 培育发展物流供应链综合服务商

建立全链条协同供应链体系对于提高物流效率和整体服务水平至关重要。这种体系涵盖了从研发设计、生产制造到售后服务的整个过程。通过协同合作，可以优化资源配置，减少浪费，并为客户提供更高效、更优质的服务。

为了充分发挥这种协同效应，还需要引导制造业龙头企业向供应链集成服务商转型。作为供应链中的核心企业，这些龙头企业具有强大的资源整合能力和市场影响力，可以更好地协调和管理供应链中的各个环节。通过转型，这些企业将能够更好地发挥自身作用，提高整个供应链的协同效应。

此外，应该试点扶持一批链主型企业，并加强它们的上下游整合能力。这些企业作为供应链中的关键节点，对于推动整个供应链的协同发展至关重要。通过提供政策支持和培训指导，可以帮助这些企业提高自身的竞争力，进而促进整个供应链的协同发展。

为了更好地支持这种协同发展，我们还应该建设智慧供应链集成服务平台。这种平台可以借助先进的技术手段，实现信息的共享和协同决策，进而提高整个供应链的透明度和协同效率。通过数字化水平的提升，我们可以更好地掌握市场需求和运营情况，进而作出更为精准的决策和优化措施。

3. 完善政策要素保障

首先，将物流服务制造业项目纳入专项资金扶持范围，为相关项目提供财政支持。这种支持可以包括对项目的启动资金、研发资金、市场推广资金等方面的资助，帮助相关企业解决资金瓶颈问题，促进项目的顺利实施。

其次，设立促进物流业与制造业深度融合专项资金，用于支持融合发展的关键项目和创新举措。这种专项资金可以用于支持物流企业和制造企业联合开展技术创新、产品研发、市场推广等方面的合作，推动双方共同提升竞争力。

再次，支持制造企业联合物流企业开展技术创新，推动合作双方共同提升竞争力。这种合作可以促进双方在技术、人才、资源等方面的共享，提高物流业和制造业的协同效应；同时，加强物流业和制造业标准规范的协调衔接，提高行业的规范化水平。

最后，建立绿色物流发展指数和综合评价体系，推动绿色高质量发展，促进可持续发展。这种评价体系可以包括对企业的能源消耗、污染物排放、资源利用等方面的监测和评估，促进企业实现可持续发展目标。

4. 注重制造业供应链体系全球化、专业化水平的提升

第一，加快建设全球智能物流运营的重大枢纽，利用自贸试验区等优势，推动物流资源统筹和新技术应用。通过构建高效、智能的物流网络，提高供应链的运作效率和可靠性，为制造业的全球化发展提供有力支撑。

第二，在重点城市打造供应链创新中心，促进物流业与制造业融合发展，帮助本地制造业进军国际市场。这些创新中心将专注于提升供应链管理水平，推动数字化、智能化和可持续发展的创新。通过加强物流业和制造业之间的合作，优化供应链流程，提高产品质量和交付速度，从而增强我国制造业的国际竞争力。

第三，致力于培育具有国际竞争力的全球供应链服务商。通过鼓励物流业与制造业开展合作，共享资源和优势，推动供应链服务的专业化和国际化。这种合作模式将促进物流服务的提质增效，为制造业提供更加灵活、可靠的供应链解决方案。

第四，探索应急保障体系以保障制造业的持续发展。在面临突发事件或不可预测的风险时，保障供应链的稳定运行至关重要。我国将进一步加强与物流业的合作，建立应急保障机制，确保制造业能够及时调整和恢复生产，降低生产中断的风险。

二、新发展格局下体育用品制造业的高质量发展

自改革开放以来，我国凭借巨大的人口优势和资源优势，积极融入由发达国家主导的全球价值链，有力推动了体育用品制造业的快速发展。然而，整体来看，我国体育用品制造业仍然面临产业结构单一、产品附加值较低以及缺乏核心竞争优势等问题。因此，在新发展格局下，探索高质量发展路径将成为我国体育用品制造业未来的重要理论指引，为其可持续发展提供有力支撑。

（一）体育用品制造业转型升级的时代特征

体育用品制造业转型升级包含两层含义：一是通过设备更新、技术创新等提升体育制造业效率和物资利用；二是推动体育制造业向价值链两端拓展。在新发展格局下，体育用品制造业转型升级的特点主要有以下三点：

1. 以国内大循环为主推动产业转型

随着时间的推移，我国体育用品制造业发现外贸出口的推动作用逐渐减弱，这意味着主要竞争领域正在从国际市场转移到国内市场。因此，我们必须将国内体育消费需求作为出发点，进行供给侧结构性改革，持续提升产品的技术含量、流通效率和品牌价值，从而推动产业发展动力的转变；此外，我们还应增强风险抵御能力和供应链的稳定性，以确保产业的可持续发展。

为了实现这些目标，我们可以采取以下措施。首先，增加对产品科技含量的研发投入。通过引进先进技术和创新设计，提高产品品质和功能，以满足消费者对高质量体育用品的需求。其次，加强供应链的管理和优化。建立高效的物流系统，提高产品的交付速度和准确性，以确保顾客的满意度和忠诚度。此外，也可通过与合作伙伴的合作，建立稳定的供应网络，以减少供应链中的不确定性和风险。

同时，我们还需要注重品牌建设和市场营销。通过加强品牌形象的塑造和推广，提高消费者对本土品牌的认可度和忠诚度；此外，针对国内市场的特点和需求，制定差异化的市场营销策略，以满足不同消费群体的需求。

总之，国内体育消费需求已成为我国体育用品制造业发展的新的主战场。通过供给侧结构性改革，不断提升产品科技含量、流通效率和品牌价值，以及加强风险抵抗能力和供应链的稳定性，我们可以促进产业发展动力的转换，并实现可持续发展的目标。

2. 提升全球价值链地位以推动产业升级

新发展格局将推动更高层次、更广范围的对外开放。当前，我国体育用品制造业已深度融入国际产业体系，出口遍布全球，为适应新发展格局，我们需要促进外贸模式的转变，从狭义外向型转向全面开放型。这意味着要实现国际体育用品制造领域要素、商品与服务的自由流动，推动行业由规模扩张转向质量与价值提升。

在新发展格局下，体育用品制造业作为重要的产业之一，应充分利用国内市场需求的潜力，同时积极融入国际市场，实现双向的资源流动和优势互补。通过加强国内市场的开放和培育，我国可以提高自身的消费能力和市场规模，从而吸引更多国际体育用品品牌的企业投资和参与。

随着全球经济的不断发展和国际合作的加强，体育用品制造业的国际贸易也变得日益重要，我们应积极推动贸易模式的升级，从狭义的出口型贸易转变为更加全面开放的贸易形式。为此，我们需要推动体育用品制造业中的要素自由流动，包括技术、资本和人才的跨国流动，促进国际的合作与交流；同时，我们还应推动体育用品的商品和服务在国际市场上的自由流通，降低贸易壁垒和非关税壁垒，提高贸易便利化水平，促进国际贸易合作。

新发展格局还要求体育用品制造业从规模扩张向质量与价值提升转变。过去我们注重追求数量的增长，但现在我们应更加注重质量的提升和价值的创造。为此，我们需要加强技术创新和研发能力，提高产品的技术含量和附加值，培育自主品牌和高端产品；同时，我们还应加强品牌建设和市场营销，提升产品的品牌知名度和竞争力。通过这些举措，我们可以实现体育用品制造业的转型升级，从而在国际市场上获得更高的地位和竞争优势。

总之，新发展格局为体育用品制造业提出了更高的要求，提供了更大的机遇。通过推动全面开放的对外贸易模式，促进国际体育用品制造领域的要素、商品和服务的自由流动，以及实现产业从规模扩张向质量与价值提升的转变，我们可以进一步发展壮大体育用品制造业并提高我国在国际市场上的竞争力和影响力。

3. 国内国际循环间具有相互促进的动态关系

国内体育用品制造业的转型升级成为推动国际价值链向更高水平迈进的重要力量。随着体育消费需求的多元化，供应端也发生了革命性的变革，从而推动了整个产业的升级。这一转型不仅促进了国内市场的优化，更是在国际贸易中扮演着积极的角色，提升了国际循环的质量和效益。

随着体育消费需求的多样化，传统的体育用品制造业面临着挑战和机遇。为了满足消费者个性化、多样化的需求，企业必须进行技术创新、产品升级以及供应链的优化。这种变革不仅是为了在国内市场中保持领先地位，更是为了在国际市场上有更大的竞争力。因此，国内体育用品制造业的转型升级必然带动着国际贸易的增长，推动国际价值链的提升。

随着国际贸易的增长，国际循环的质量也在逐步提升。改善的国际循环不仅仅意味着商品流通的增加，更意味着技术、资金、人才等要素的跨国流动，促进了全球资源的优化配置。这不仅有助于国内制造业的技术升级，还能够提高居民的收入水平，进而推动国内的大循环。

在国际市场上，我国品牌逐渐走向世界舞台，国际化发展成为必然趋势。通过借鉴国际品牌市场的经验和教训，国内体育用品制造业能够更好地理解市场需求，提升产品质量，塑造品牌形象，从而更好地融入全球价值链，实现可持续发展。

（二）体育用品制造业高质量发展的对策建议

1. 提高产业创新研发能力，加强品牌聚焦与塑造

随着人们对美好生活的愿景不断扩大，体育用品的消费模式和规模也在不断升级，为了满足不断增长的体育用品需求和追求高质量发展的要求，体育用品制造业必须加强产业创新研发能力，强化品牌建设。熊彼特的创新理论指出，创新是产业实现效益增长和塑造品牌核心竞争力的关键要素，没有创新就难以实现产业发展。因此，我国体育用品制造业要想迈向高质量发展，需要从以下几个方面着手：

（1）提升产业科技创新能力。为了增加研发领域的经费投入，可以采用多种融资方式和合作形式。具体而言，可以深入开展产学研活动，企业可以与高校

建立合作关系，共同创建材料、机械、设计等实验室，以充分发挥高校的智库和为社会提供服务的功能。这种合作可以通过联合研究项目、共享实验设备和资源等方式来实现。

另外，有关部门应该允许具备相关资质的体育用品企业申请自然科学基金、科技部和国家发展改革委等各类纵向课题，以获取科研资金支持，为企业提供更多的机会，以推动技术创新和研发活动。这种资金支持可以用于开展新产品研发、技术改进和市场调研等项目，从而提高企业的研发能力和竞争力。

通过上述措施，可以有效促进研发领域的经费投入和合作机制的建立，这将有助于加强企业与高校之间的合作关系，促进知识交流和技术创新。同时，给予体育用品制造企业科研资金的支持，将鼓励其加大对科学研究的投入，提高产品的科技含量和品质水平，对企业的发展和行业的创新起到积极的推动作用。

（2）加大创新型人才培养。为了促进体育用品制造业的创新发展，需要跨学科的思维和综合能力。因此，鼓励高校开设材料学、设计学和市场营销等交叉学科是非常重要的举措。

首先，材料学交叉学科的开设能够促进学生对不同材料在体育用品制造中的应用和性能要求的深入理解。通过学习不同材料的特性、制造工艺和创新应用，学生可以开发新材料、改进现有产品并解决相关问题，为体育用品制造业带来更多可能性。

其次，设计学交叉学科的设置有助于培养具备创新思维和设计能力的人才。通过学习设计原理、人体工程学、用户体验等知识并将其应用于体育用品的设计过程中，学生能够更好地理解运动员和用户的需求，并将这些需求转化为创新的产品设计。

此外，市场营销交叉学科的开设可以培养具备市场洞察力和营销策略的专业人才。通过学习市场调研、品牌管理、市场推广等知识，学生可以了解体育用品市场的趋势、竞争环境和消费者需求，从而为企业提供有针对性的市场营销方案，促进体育用品的创新和市场竞争力的提升。

（3）推动智能化升级。在当今时代，技术的迅速发展推动着各行业走向智能化升级，体育用品领域也不例外，借助通信和网络技术的不断创新，智能技术成为推动体育用品智能化升级的强大引擎。企业将传统体育用品与智能技术结合，创造出了一系列智能体育器材和健身设备，如运动手环、智能运动鞋、智能跳绳等。这些智能产品不仅能实时收集用户的运动数据，还能深度分析这些数据，为用户提供个性化的运动指导和数据监测反馈，实现智能化运动体验的全面提升。

智能化升级不仅改变技术层面，还深刻影响消费者的需求和期望。企业通过开发智能化、个性化的体育器材，紧跟并引领消费趋势的变革。智能化产品能根据个体的身体特征和运动目标进行定制化设计，满足消费者追求独特体验和个性化需求的渴望。这种定制化的趋势不仅能满足消费者的个性需求，还加强了用户与品牌之间的情感纽带，为企业赢得忠诚的消费者基础。

在这一智能化升级的浪潮中，品牌建设成为企业不可忽视的核心策略。智能化的产品和服务不仅是技术的展示，更是品牌价值的传递，企业将智能化升级作为品牌建设的核心驱动力，不仅可以提升品牌形象，还能提高产品质量和消费者的认可度。这种品牌建设不仅能在市场上带来销售额的增长，还扩大了企业的市场份额，实现整个行业的快速发展。

智能化升级带来的发展机遇不仅限于企业内部，也对整个体育用品行业产生了深远影响。这种升级不仅能为企业创造新的发展空间，推动整个行业向智能化、创新化的方向发展，还能提升企业的竞争力和影响力，使其有能力在高端品牌建设的道路上实现弯道超车。

（4）推动体育用品制造业服务化。体育用品制造企业需要从传统的只重视体育用品生产、制造的“产品主导逻辑”，逐步向产业链上下游一体化布局的“服务主导逻辑”转变。过去，体育用品制造企业主要关注产品的生产和制造过程，以满足消费者的需求。然而，随着市场竞争的加剧和消费者需求的多样化，仅仅依赖产品本身已经不能满足企业的长期发展和差异化竞争的要求。因此，体育用品制造企业需要转变思维，以提供全方位的服务来推动业务的发展。

首先，体育用品制造企业可以向上游延伸产业链，参与原材料的采购和供应链管理。通过与供应商的紧密合作，企业可以更好地控制原材料的质量和成本，提高产品的竞争力和供应链的效率。此外，积极参与原材料的研发和创新，推动供应链的协同创新，有助于企业实现差异化竞争和降低成本。

其次，体育用品制造企业可以向下游延伸产业链，提供与产品相关的增值服务，包括产品的售后服务、技术支持、培训和咨询等。通过建立完善的售后服务体系，企业可以增强与消费者的联系，提供个性化的解决方案，增加产品的附加值。同时，通过技术支持和培训等服务，帮助消费者更好地使用和享受产品，提升用户体验和忠诚度。

最后，体育用品制造企业还可以积极参与体育产业生态系统的建设，与运动俱乐部、体育场馆、健身中心等进行合作，提供综合性的体育解决方案。这包括场地规划和设计、设备供应、赛事组织和活动策划等。通过整合资源和提供一站式的服务，企业可以为合作伙伴和消费者提供更全面的体育体验，打造更具竞争力的品牌形象。

总之，通过延伸产业链、提供增值服务和参与产业生态系统的建设，企业可以实现多方位的发展和差异化竞争，推动企业在体育用品行业的长期发展和成功。

2. 完善产业政策，强化体育产业政策推动力

在国家层面，就业和收入政策扮演着至关重要的角色。首先，政府致力于扩大就业规模和提高就业质量，以提高居民的收入水平；其次，通过挖掘国内的消费需求，特别是中低端消费人群，有助于提升他们的收入水平。为了优化收入分配结构，政府也在完善税收政策，以确保收入更加公平合理。中等收入人群的扩大不仅有助于增强内需，还能够促进需求结构的升级，朝着高端化、多样化和个性化的方向发展。因此，在此过程中，政府还需要推动体育用品领域的内需消费增长，为产业注入活力。

在体育用品供给端，政策鼓励制造业的创新，支持高新技术企业的认证，加大人才培养资金和政策的支持，将为产业的技术升级提供有力保障。同时，政府实施税收减免优惠，以鼓励更多的创新活动；地方政府通过减免企业税收和房屋租金，为创新企业提供了更加优惠的经营环境。为了吸引更多资本的涌入，政府也将推进对外开放，以提升整个产业的技术水平和竞争力。

政府在产业发展和监管方面也采取了积极的政策措施。通过简政放权，推动产业的自主发展。同时，政府与体育用品产业协会合作，共同制定发展战略，确保产业的长期健康发展；政府还积极合作国外行业协会，建立国际标准体系，以提升我国体育用品产业的国际竞争力。在监管方面，政府强化法律法规的约束，以减少产品质量问题；对于违法企业，政府也会加大处罚力度，以维护整个产业的健康发展环境，确保产业持续繁荣。

3. 正确把握双循环要义，以全局视角推动内外循环良性互动

强调“双循环”新发展格局，核心在于以国内大循环为主体，充分挖掘内需潜力，提升产品品质，促使国内市场与国际市场更紧密衔接，有效整合双重资源，实现更高质量、更可持续的经济增长。为此，需要重新塑造内、外循环的互通平台，构建循环机制，依托内需市场提升产业价值链地位，通过高质量出口增进生产效益，不断激发内需，形成良性循环，推动经济持续提升。

（1）鼓励体育用品制造企业“走出去”，由承接外包与利用外资向绿地投资与跨境并购转变。鼓励体育用品制造企业拓展国际市场，实现承接外包和利用外资的模式转向绿地投资和跨境并购，以推动行业发展和开拓国际市场。通过收购高端体育品牌，企业可以更稳妥地尝试国际化，降低风险，加速国际市场进军，并提升先进技术的商品转化效率。这种“借船出海”的策略相较于自主孵化更具优势，风险更小，前景更有望。

随着全球经济一体化的深入推进，体育用品制造企业传统的外包模式和利用外资已经无法满足行业的需求，应积极拓展海外市场，寻找新的发展路径，提升竞争力和市场份额。因此，绿地投资和跨境并购成为一个有吸引力的选择。通过绿地投资，体育用品制造企业可以在国外建立生产基地和分支机构，以适应当地市场需求并降低生产成本。这种投资方式有助于企业更好地理解并融入目标市场，提高产品定制化和本土化水平；同时，绿地投资也能够为企业带来税收和就业机会，促进当地经济发展。

通过跨境并购高端体育品牌，企业可以快速获得知名品牌、先进技术和市场份额，从而提升国际竞争力。相比自主孵化品牌，并购具有更低的风险，企业能够迅速进入国际市场，享受已有品牌的声誉和市场渠道，降低市场进入门槛和推广成本。同时，借助高端体育品牌的并购，企业能够迅速拓展国际市场，提高产品销售和技术转化效率。先进技术的商品转化效率提高意味着企业可以更快地将研发成果转化为实际商品，并满足不同市场的需求。这将有助于企业提升产品的附加值和竞争力，推动品牌的国际化进程。

总之，鼓励体育用品制造企业采取绿地投资和跨境并购的方式拓展国际市场是一种有效的发展策略。这种策略可以降低企业的风险并加速国际市场的开拓，同时提高先进技术的商品转化效率。通过积极采取这些举措，企业可以更好地适应全球经济一体化的趋势，并实现可持续发展和国际竞争力的提升。

（2）着眼国际要求，逐步形成符合国内外市场的行业规范。政府应积极助力体育用品制造企业壮大，鼓励它们组建细分行业协会与技术联盟；同时，可借鉴发达国家如美国、日本的标准，自行制定适应国内外需求的体育用品标准，并纳入法规，覆盖全国范围。

为推动体育用品产业的发展，政府应提供支持和资源，协助企业建立行业协会和技术联盟，这些组织将成为企业之间交流合作的平台，促进技术创新和行业共同发展。通过协会和联盟，企业可以共同制定标准和规范，推动整个体育用品行业向更高的质量和可持续发展目标迈进。

在制定体育用品标准时，政府应当参考国际先进水平，并结合国内市场需求进行适度调整，这将有助于提高国内体育用品的质量和竞争力，满足国内消费者的需求，并使我国的体育用品在国际市场上获得更广阔的机会；政府还应当确保制定的标准得到有效实施，通过监督和执法，确保企业遵守标准并提供合格的产品。

政府通过支持体育用品制造企业成立细分行业协会和产业技术联盟，制定并实施适应国内市场和国际市场需求的标准，将为体育用品制造业的发展提供有力的支持，促进行业的繁荣和可持续发展。

第四节　新发展格局下制造业转型升级发展面临的挑战

一、制造业处在中低端水平，自主技术创新任重道远

在新发展格局下，中国制造业虽然取得了显著进步，但整体上仍处于全球价值链的中低端水平，这一现象主要体现在核心技术掌握程度、产品附加值以及产业链控制力等多个方面。当前，国内制造业在很多关键技术和设备上还依赖进口，尤其是高端装备和核心技术方面，自主创新能力有待提高，这不仅限制了制造业向更高端市场的跃升，也影响了产业的持续竞争力。

自主技术创新是制造业转型升级的核心动力。然而，目前中国制造业在研发投入、创新体系建设、科技成果转化等方面还存在明显短板。尽管政策层面已经提出了创新驱动发展战略，但在实际操作中，企业往往面临资金、人才和市场等

多方面的制约，导致创新活动难以持续和深入。

此外，创新文化的缺失也是制约自主技术创新的重要因素。在中国传统文化中，尊重权威、注重传统的观念较为深厚，这在一定程度上抑制了人们的创新意识和创新精神。因此，要推动制造业从中低端向中高端迈进，必须在全社会范围内培育创新文化，鼓励创新思维，激发创新活力。

二、产品有效供给全而不优，产业升级面临瓶颈制约

制造业的转型升级不仅要求产品数量的增长，更要求产品质量的提升。然而，当前中国制造业面临产品有效供给全而不优的问题。一方面，市场上充斥着大量同质化、低附加值的产品，难以满足消费者日益多样化的需求；另一方面，高品质、高附加值的产品供给不足，制约了产业升级的步伐。

产业升级面临的瓶颈主要包括技术瓶颈和市场瓶颈。技术瓶颈主要体现在核心技术掌握不足、创新能力不强等方面，导致高端产品的研发和生产受限；市场瓶颈则主要体现在市场需求与供给之间的不匹配，以及国内外市场竞争加剧等方面。这些瓶颈制约了制造业的转型升级和持续发展。

为突破这些瓶颈，需要政府、企业和研究机构等多方共同努力。政府应加大对科技创新的支持力度，引导企业加大研发投入，提高自主创新能力，同时，还应加强市场监管，规范市场秩序，促进公平竞争；企业应注重产品品质的提升，加强品牌建设，提高市场竞争力；研究机构则应加强与企业的合作，推动科技成果的转化和应用。

三、制造业受外部影响较大，创新品牌建设有待提升

在全球经济一体化的背景下，中国制造业的发展不可避免地受到外部环境的影响。近年来，随着国际贸易保护主义的抬头和地缘政治风险的加剧，中国制造业面临的外部环境日益复杂多变，原材料价格波动、汇率变动、贸易摩擦等不确定因素给制造业的稳定发展带来了挑战。

制造业的创新品牌建设也亟待加强。品牌是企业竞争力的重要组成部分，尤其是在国际市场上。然而，目前中国制造业在品牌建设方面还存在明显不足。一方面，很多企业缺乏长远眼光和品牌战略意识，只注重短期利益而忽视了品牌的长期价值；另一方面，一些企业在品牌建设上投入不足，缺乏专业的品牌管理团

队和有效的市场推广策略。

为提升创新品牌建设，企业应树立长远的品牌观念，制定明确的品牌战略，并加大对品牌建设的投入；政府也应加强对品牌建设的引导和支持，为企业提供良好的创新环境和政策支持。同时，还应加强国际合作与交流，借鉴国际先进经验和技术成果，推动中国制造业品牌的国际化发展。

综上所述，新发展格局下制造业转型升级面临着多方面的挑战，要克服这些挑战并推动制造业的持续健康发展，需要政府、企业和研究机构等多方的共同努力和协同创新。通过加强自主技术创新、优化产品供给结构、提升品牌建设等措施的实施，中国制造业有望实现从中低端向中高端的转型升级，为构建新发展格局提供有力支撑。

第五节 新发展格局下制造业转型升级的政策优化

一、新发展格局下的“链长制”——地方产业政策的新形态

在构建新发展格局中，产业链发挥着举足轻重的角色，作为国民经济循环的桥梁和纽带，其作用至关重要。为建立一个互动有机、协同高效的产业创新体系，我们可从河长制和林长制的经验中汲取智慧，将“链长制”这一概念引入经济发展领域。此制度以重点产业为关注焦点，强化组织领导，统筹创新资源，并增强要素支撑。链长制的实施可有效建立创新主体与关键环节之间的有机互动，从而推动协同创新，这种方法不仅有助于构建新发展格局，更为国民经济的循环发展提供了强有力的支持和推动。

（一）“链长制”政策背景

“链长制”这一概念在2017年至2018年于湖南省孕育，并在长沙和湘潭得到实践应用，旨在促进产业和区域经济发展。2018年6月，湖南省印发了《省委、省政府领导同志联系工业新兴优势产业链分工方案》，标志着省领导开始参与“链长”相关工作，以提升产业链竞争力，为高质量发展提供政策保障。这一制度经历了从“中部城市首创—沿海省份推广—国家层面认可—全国竞相运用”的发展过程。

“链长制”以“链长+链主”的工作推进体系为基础，“链长”的主要联系就是聚焦于产业链，以强链、补链、延链和建链为目标，通过有效市场与有为政府相结合，加强产业链供应链的韧性和加速产业转型。虽然“链长制”政策推行的时间不长，某些地区尚未显现出预期效果，但在许多地方已经取得了积极的成效，成为地方政府推动产业链优化升级的有效手段。

在产业链管理中，“链长制”与“链主治理”相结合至关重要，特别是在涉及国家安全和关键节点的产业领域，这种结合显得尤为紧迫。通过实施“链长制”，以“链主”为核心，可以推动产业链的延伸和创新，为解决产业链断供问题提供了一种有效途径。这种结合也反映了竞争政策和产业政策之间的协调。竞争政策规定市场主体在新产业链重塑中的活动空间，而产业政策则明确政府在产业链重塑中的作用和有为行动。这种协调有助于确保政府的介入既不扼杀市场竞争，又能够引导产业链向着更具战略性和可持续性的方向发展。

在构建新发展格局的背景下，应当适度减少产业政策的种类和数量，以便更加强调竞争政策的适用面和覆盖面。这将有助于加速形成统一开放、竞争有序的全国大市场，同时在国内大市场的基础上建设现代产业体系。

（二）以“链长制”为抓手构建新发展格局的做法

我们应该紧紧把握全球产业链供应链的战略机遇，通过采取有针对性的改革制度、引导战略、增强能力建设等措施，旨在增强产业链的稳定性、安全性和竞争力，从而推动建立“双循环”新发展格局。

1. 以“两手”结合为基本点

在明晰政府行政界限的基础上，有必要制定详尽的权责清单，以明确各级政府部门的职责与权限；此外，还需确定每个“链长”及职能部门的权责，以促进在“链长制”下的协调与合作；为确保高效履职，还需建立动态调控机制，定期修订权责清单，解决职责边界模糊和推诿问题。在此框架下，增设“追责清单”是必要的措施，同时建立政府越界问题的举报途径，以实施责任监督和追究，维护公共利益；借助“链长制”的优势，政府应整合资源和要素，消除流动体制障碍，降低制度性交易成本，以促进产业链创新和多链融合。

为推动“链长制”改革顺利落地，同时为经济发展和市场竞争创造有利条件，政府应打破政策壁垒，为“链主”提供公正透明的竞争环境，促进整体环境的提升，为各参与方创造公平机会。通过这些努力，政府将能够增强部门间的协同效能和责任担当，为经济发展和市场竞争创造更有利的环境。

2. 实施“清单化”管理

（1）精心编制产业地图。该地图的制作旨在全面展现特定区域的产业现状、空间布局及资源分布情况，从而为未来的产业规划提供明确且具有指导性的框架。通过详细梳理产业的现状与布局，编制者将为决策者提供全面的产业数据支持，使他们对当前产业的态势和趋势有更精准的把握。

在产业地图的制作过程中，我们将重点关注区域内产业的现状和空间分布，这不仅有助于决策者深入了解各产业的发展状态，还为他们提供了一个全面的视角，以做出更具有远见的决策。通过整理现有的产业布局和资源分布，编制者将为未来的规划提供实质性的建议，明确重点工业区的布局和主导产业的发展方向。

此外，为了进一步提升区域产业的竞争力，产业地图还将包括特色园区的布局。这些特色园区将支持产业的招引和培育，并为产业发展提供更具针对性的支持，从而增强整体的产业竞争力。

（2）精细编制清单图谱。该图谱的编制将重点关注产业链的梳理，明确重点产业链上的关键要素，包括涉及的企业、项目、技术、优势以及可能存在的瓶颈。这些信息将为决策者提供全面的产业链信息支持，使他们能够更好地了解产业链的全貌。

维护产业链、稳定产业链和延伸产业链也是至关重要的。通过加强产业链的稳定性、延伸性以及补充性，可以推动产业集群的发展，从而实现更为良好的经济效益。同时，在绘制产业地图时，综合产业链的整合也是一个重要的方面。通过将一、二、三产业进行整合，并精细划分产业链，可以增强整体的竞争力和支撑力，进一步提升区域的经济竞争力。

（3）精准绘制产业链“招商图谱”。通过分析产业链和企业情况，我们可以引导招商引资活动，确保招商项目与产业链的有效衔接；建立重点目标企业招引库，并采取多种方式吸引投资，有助于提高招商的精准性和效果。

3. 以对外开放合作为助力点

在当前的形势之下，“链长制”的实施对于我国产业链的畅通运转以及国际的协同合作具有深远而重要的意义。在新发展格局下，我们应更加积极地融入全球产业链体系，以增强自身产业链的发展优势，建立与发达国家的紧密合作。

通过建立合作平台和支撑系统，共同培育产业链中的龙头企业，推动产业链的整体发展，不仅能创造更大的发展空间，还能提供必要的技术平台。在实施“链长制”过程中，加快上下游、产供销以及企业间的协同发展尤为关键。应通过巩固、增强和创新产业链，充分利用国内外市场资源，推动产业链的升级和优化，这不仅能改善营商环境，还能吸引更多的外资投入，进一步促进经济的快速增长。

推动区域之间的互动以及全球范围内的合作也是至关重要的一部分。通过实现高质量的对外直接投资，我们不仅可以加强国际合作关系，还能将优势资源更好地投放在全球范围内，实现互利共赢的局面。

4. 以“链长”自身建设为突破点

（1）加强产业链专业知识学习，准确把握产业技术“前沿点”。为了实现产业的可持续发展，必须加强对产业链专业知识的学习，并密切关注产业技术的前沿发展；应鼓励企业深入学习产业链领域的专业知识，并提供必要的产业技术支持。各方应积极支持企业、高校和科研机构参与基础性、前瞻性以及引领性的科研项目，以引领科技的发展方向，推动产业链的完善与发展。

积极支持科研项目的同时，也应将重点放在引导创新和升级上，参与这些科研项目不仅可以为当前产业的发展提供有力支持，还可以为未来产业的发展提供必要的补充。为了更好地推动未来产业的发展，应不断加强知识的学习，为整个产业的发展奠定坚实的基础。同时，在这个过程中，产业链的升级是至关重要的一环，只有通过不断的技术升级和创新，产业链才能够实现可持续的发展。因此，应不遗余力地推动产业链的升级，确保其能够适应不断变化的市场环境，并在竞争中脱颖而出。

（2）提高区域一体化与全球化思维，有效攻克产业链“难点”。应深入了解并掌握本区域产业链的基本结构和发展脉络，“底图”代表了产业链的基本构成和关系，将各个环节有机地连接在一起；“蓝图”则描述了产业链的未来发展方向和目标；“架构图”展示了产业链的体系结构和组织架构；“路线图”则指引了实现产业链发展过程中的具体步骤和时间节点。

在了解和掌握本区域产业链的基础上，还需要关注国家产业链的整体情况，即“总图”。这张总图提供了更广阔的视野，让我们能够认识到产业链在国家层面的位置和重要性，而想要在产业链中取得突破和优势，我们需要将关键性技术和共性技术作为突破口。关键性技术是指那些具有决定性影响和核心竞争力的技术，而共性技术则是指在多个产业环节中都可以共同应用的技术。通过集中优势资源，我们可以优先布局那些在国外可能成为瓶颈的产业和技术领域，以确保我们在这些关键领域保持竞争力。

此外，实现产业区域的优势互补也是非常重要的。不同地区在产业链中可能具有不同的优势和特色，通过合理的规划和布局，我们可以让各个地区的产业互相补充和协同发展，避免同质化竞争。

总而言之，通过了解和掌握本区域产业链的底图、蓝图、架构图和路线图，以及国家产业链的总图，并以关键性技术和共性技术为突破口，集中优势资源优先布局国外"卡脖子"的产业和技术，实现产业区域优势互补，我们就可以实现产业链的良性发展和持续竞争优势。

（3）我们将持续优化机制，以消除产业链中的"堵点"。为了高效实施"链长制"，我们明确了以下三大机制中的关键点，以确保产业链的有序发展和协同合作：第一，产业链责任分工机制。在这个机制下，我们清晰地规定了不同链长角色在稳链、补链、延链和强链等方面的职责。这不仅确保了每个链长在产业链发展的各个阶段都能发挥最大的作用，还使他们能够更好地支持、倡导和维护产业链的健康成长。为了实现多样性，我们应为每条链都制定个性化的行动方案，实现"一链一策"的目标。

第二，产业链协同合作机制。产业链协同合作机制在实施"链长制"中起着关键作用。在纵向协同方面，每条产业链都将由地方行政长官作为主链长，副链长和执行团队提供支持，这种安排有助于确保不同层级之间的高效协调和紧密联动；在横向协同方面，多个部门的参与将有助于打破仅由工信部门主导产业发展的现状，从而实现更加全面的合作和发展。

第三，产业链工作评价机制。产业链工作评价机制为"链长制"的运行提供了科学的指导。根据地方特色，我们多维度地评价"链长制"的推进情况。这些评价维度包括产值、税收、项目、平台、创新和应用等方面，确保对产业链的发展状况进行全面的分析。这样的评价不仅有助于检验机制的有效性，还为进一步推进工作提供了有力的决策依据。

通过明确责任、强化协同和科学评价，这三套机制的有效运行将促进"链长制"的顺利实施，推动产业链的有序发展和协同合作，将为产业链的繁荣发展提供稳固的支持体系。

（4）坚定树立人才是第一资源的理念，切实夯实产业链“人才基点”。我们将推行名为“人才强链计划”的战略，以促进经济持续增长。该计划的核心目标在于构建紧密结合产业链发展的人才链，以提升整体经济实力。为达成目标，我们采纳开放政策，引入更多优秀人才，同时加强产学研合作，培养高素质专业人才；我们还将平台建设作为重点，充分整合各类资源和机制，为人才发展提供支持。我们的终极目标在于促进产业链与人才链的紧密融合，实现相互促进、互利共赢的局面。这一战略旨在为经济注入持久活力，推动各领域的创新和发展。

5. 以“数字化”再造工程为支撑点

当前，积极发展产业链新模式、培育产业链新业态、推动信息共享已成为重要任务。为实现这一目标，建立系统化多层次的产业链“云上”体系显得尤为必要。通过利用“云上”产业链，加强信息监测，识别和解决供求关系问题，有助于我们提前洞察和介入市场异动，并预警产业链重大风险。

为了进一步推动产业链的发展，有必要建立上下游一体化、数字化、智能化的信息系统，以促进多链融合。这种一体化的系统能够协调各个环节的工作，提高生产效率和产品质量。同时，也应促进企业间的融通发展，推动产业链转型升级和高质量发展。通过加强合作和交流，企业可以共享资源，提升竞争力，实现互利共赢。

构建以国内大循环为主体、国内国际双循环相互促进的新发展格局是实现可持续发展的关键。这样的双循环模式有助于更好地促进经济的增长和稳定，推动产业链的健康发展，应注重在国内市场的发展，同时也要积极参与国际合作和竞争。

6. 推动要素集聚和创新能力提升

链长制是加强产业链主体责任的新型制度。链长和链主在该制度中发挥着核心作用，他们通过集聚资源、推动要素集聚及提升创新能力，为产业链的发展注入新的活力。为确保产业链发展所需的要素资源供给，政府运用战略规划、财政政策、税收政策和行政手段等多种方式进行综合调控。这些措施旨在确保产业链的良性运转，并为链长和链主推动产业链发展提供良好的环境。

链长制的实施也促进了招商引资的链式思维落地，致力于完善产业链上下游的配套，实现规模经济和范围经济的效应。政府通过设立母基金等方式，鼓励科技成果转化和资源集聚，推动产业链的创新发展。

为进一步加快产业链的发展，政府还加快了户籍和社会公共服务体系的改革，以及人才评价方法的改革。这些举措旨在培育和引进适应产业链发展需求的创新人才和技术研发团队，从而提升产业链的核心竞争力。

二、新发展格局下促进制造业结构升级的财政支出政策优化

财政支出在政府调控中扮演着重要的角色，特别是在制造业方面，其关键作用在于促进了该领域的结构升级。财政支出以资源导向的方式影响着制造业的结构调整，这在很大程度上决定了结构优化的程度、效率和范围。通过资金投入和政策引导，财政支出能够推动技术创新、产业升级和企业转型，从而推进制造业向更高附加值、更环保、更可持续的方向发展。因此，财政支出的策略和规划对于实现制造业的结构优化和经济的可持续增长至关重要。

为构建新发展格局，我国必须鼓励制造业结构升级，推动劳动密集型制造业向资本、技术密集型制造业转变。

（一）调整财政支出规模，发挥政府引导作用

保持适度合理的整体财政支出规模是确保经济稳定和可持续发展的重要措施。调整财政支出结构，平衡基础建设和基本公共服务支出，以促进经济结构优化和社会发展，是必要的举措；提高财政支出效率是实现制造业升级的关键，为其提供完善的基础设施和优质公共服务。动态调整财政支出规模和结构在引导和配置制造业生产和产业结构升级方面扮演着重要角色。

充分利用各类财政支出引导制造业生产要素的跨地区、跨行业流动是必要的，这种流动有助于促进资源的有效配置和创新要素的流动，从而进一步推动制造业的发展。此外，地方政府可通过调整财政支出结构，倾斜于基本公共服务，提高服务质量，为制造业提供更良好的发展环境。

同时，为避免过度依赖财政支出扩张，制造业升级需要综合运用金融政策、税收政策、法律法规和市场监管等手段。合理的金融政策可促进制造业技术创新和转型升级；灵活的税收政策则提供激励和支持，鼓励企业投资和创新；健全的法律法规和市场监管机制有助于维护公平竞争环境、保护知识产权，推动制造业的健康发展。

（二）优化财政支出结构，加大科教支出

财政支出结构的调整对制造业结构升级至关重要，关键在于充分发挥财政支出的导向和配置效应，以促进制造业生产要素的流动。我们的目标是推动更多优质要素，例如资本、技术和劳动力等，向资本密集型和技术密集型的制造业集聚，从而提升整个行业水平。为实现这一目标，政府应偏向于支持教育、科学技术和行政管理等项目，并扩大对这些项目的保障范围。如此一来，我们能够为制造业提供更完善的人才培养、科技创新和行政服务等方面的支持。同时，需注重提高供给质量，提供更优质的公共服务，以吸引高素质和富有创新能力的劳动力。

1. 教育支出

教育支出对劳动力素质的提高间接影响着制造业结构的优化，并与制造业的发展呈现正相关。教育支出作为人力资本积累的重要组成部分，通过提升劳动力素质，对制造业结构优化产生显著影响。特定产业对教育的持续投入能够提升该产业部门的人力资本积累水平，进而推动该部门的效率提升。教育投入具有规模经济效应，我国教育支出的增加对促进制造业结构优化具有显著的影响。然而，随着教育水平的提高，劳动力的边际报酬也随之增加，导致工资成本上升，从而减缓了人力资本积累速度，对制造业的发展产生了一定的制约。

2. 科技支出

科技支出对于社会技术水平的推进具有重要作用，它对产业技术水平以及技术创新的程度、广度和效率都将产生显著影响。科技支出同时也是促使制造业产业布局向技术密集型产业转变的重要因素之一。为了提高制造业的整体技术水平，科技支出可以通过直接向企业注入资金、补贴等形式推动技术创新；此外，科技支出还能直接参与制造业领域中具有关键性、重大性和突破性的科研活动。通过这些手段，科技支出有助于弥补市场失灵问题，推动制造业技术创新与应用。因此，科技支出在提升社会技术水平、促进产业技术创新和推动制造业转型方面扮演着重要的角色。

（三）合理缩减投资性支出与行政管理支出水平

1. 合理缩减投资性支出水平

投资性支出对制造业的优化和升级带来不利影响，通过合理减少投资性支出水平可以间接促进制造业结构的优化与升级。我国目前的投资性支出占比高达

30%，显示出极大的潜在压缩可能性。在确保必要的投资性支出的前提下，要适度压缩投资性支出水平，通过释放教育和科技等支出领域的资源，以支持制造业结构的优化升级。

2. 合理缩减行政管理支出水平

作为纯消耗性支出的行政管理开支，不仅不能创造新的物质财富，而且过多的行政管理支出可能会挤占其他可用于提升制造业结构水平的财政项目。在财政支出总额保持不变的情况下，通过减少行政管理支出，可以为其他领域提供更多的发展空间。这样的措施间接推动了制造业的升级，因为这些资金可被转移用于提高制造业的竞争力和发展水平的领域。这种转移有助于推动该行业的创新和技术进步，提高产品质量和效率，进而增强其竞争力和市场份额。同时，减少行政管理支出还能降低企业负担和运营成本，鼓励企业的投资和创业，从而进一步推动制造业的发展和增长。因此，通过财政支出结构的优化和行政管理支出的合理缩减，可以为经济创造更有利的环境，进而促进制造业的升级和发展。

（四）各区域因地制宜，畅通国内大循环

政府在推动制造业结构升级方面应针对不同地区差异采取措施，以满足各地区发展阶段的特定需求。对于位于先进阶段的东部地区来说，合理控制财政预算支出显得至关重要。政府应该重点关注教育和科学技术支出，以进一步提升该地区的产业竞争力，通过加大投入和优化支出结构，在教育和科技领域培育更多高素质人才，推动技术创新，提升产业核心竞争力。东部地区已经拥有较为成熟的产业体系，因此，政府的支持与投入更应注重技术升级和创新，以维持其竞争优势。

相较之下，中部地区正处于向技术密集型制造业转型的阶段，需对财政支出结构进行调整，提高行政管理支出的效率，促进制造业的升级发展。政府可以通过提升行政效率、优化管理方式来支持中部地区制造业的转型；同时，鼓励技术引进和人才培养也是关键举措，以推动中部地区产业结构的升级。西部地区则应该专注于发展资本和技术密集型制造业。政府需要加大基础设施建设力度，并提供更多政策支持，以吸引投资促进产业发展。这一举措将有助于优化西部地区的产业结构，促进当地经济的增长和多样化发展。

除了产业结构升级外，政府也需关注基本公共服务的改善，确保迁入劳动者及其家属的生活质量。此外，吸引高技能劳动力也是至关重要的，政府可通过提

供更优厚的待遇和福利条件来吸引他们。西部地区也可充分利用其自然资源优势，推动资源密集型制造业的发展，这些举措有助于提高地区的整体生活水平和人才吸引力。

第六章

绿色革命：以可持续发展引领制造业高质量前行

第一节　制造业绿色发展的演化及困境

一、我国制造业绿色发展的演化历程

中华人民共和国成立初期，工业发展以扩大生产和复苏经济为主要目标，长期处于资源消耗型阶段。但随着时代的变迁，工业发展格局经历了由“重工业为主，轻工业为辅”向“重工业和轻工业齐头并进”的转变。这一转变取得了一定的成就，但仍然面临着“三高”问题，即资源消耗高、能耗高、排放高的难题。在“九五”计划的指导下，政府提出了转变工业增长方式、技术改造传统产业、节能降耗的要求，以引领资源节约型和环境友好型经济模式的转型。这标志着我国制造业从资源消耗型阶段向资源节约型阶段的迈进，这一转变受到了环保意识和绿色生活需求的推动。党和国家相继出台了一系列政策，旨在通过技术创新和环境规制，提高制造业的资源利用率，降低污染排放，从而推动绿色转型发展。这些政策措施为制造业的绿色转型提供了重要支持和指导。同时，党的十八大提出了生态文明建设，倡导创新、协调、绿色、开放、共享新发展理念，为制造业绿色转型提供了指导方向。这一举措标志着我国制造业向绿色转型发展迈进，为未来的环境可持续发展奠定了坚实基础。

下面以政策发展脉络为时间轴，将我国制造业绿色发展的演化历程划分为三个阶段：一是资源消耗型发展阶段（1949—1995 年）；二是资源节约型发展阶段（1996—2011 年）；三是绿色转型发展阶段（2012 年至今）。

（一）资源消耗型发展阶段

中华人民共和国成立后，为迅速恢复和发展经济，制造业成为重点发展领

域。然而，在这一阶段，制造业的发展主要依赖于资源的大量消耗，特别是重工业的发展，导致了资源的高消耗和环境的破坏。政府在这一时期主要关注经济的快速增长，环境保护尚未成为政策的重点。

具体政策方面，虽然国家出台了一些环境保护的相关法律和政策，如 1979 年的《中华人民共和国环境保护法（试行)》，但整体上环境保护在政策制定中的权重相对较低。直到 1989 年，我国才正式颁布了《中华人民共和国环境保护法》，标志着环境保护在法律层面的地位开始提升。

（二）资源节约型发展阶段

随着经济的快速发展，资源消耗型发展模式的弊端逐渐显现，资源短缺、环境污染等问题日益突出。因此，国家开始调整政策方向，推动制造业向资源节约型转变。

1996 年，国家制定了《中华人民共和国国民经济和社会发展“九五”计划和 2010 年远景目标纲要》，明确提出要实施可持续发展战略，加强环境保护和资源的合理利用。此后，政府陆续出台了一系列政策措施，如《节能中长期专项规划》《节能减排综合性工作方案》等，以推动制造业的节能减排和资源节约。

在这一阶段，国家开始注重循环经济的发展，推动废弃物的回收和再利用。2005 年，国务院发布了《关于加快发展循环经济的若干意见》，标志着发展循环经济正式上升为国家战略高度。这些政策的实施，有效地促进了制造业向资源节约型转变。

（三）绿色转型发展阶段

进入 21 世纪第二个十年，面对全球气候变化和资源环境压力的日益加大，我国进一步加大了对绿色发展的重视。2012 年，党的十八大将生态文明建设纳入中国特色社会主义事业“五位一体”总体布局，明确提出要大力推进生态文明建设。

在制造业领域，政府出台了一系列政策措施以推动绿色转型发展。例如，《中国制造 2025》明确提出要全面推行绿色制造，构建高效、清洁、低碳、循环的绿色制造体系。此外，《工业绿色发展规划（2016—2020 年)》也进一步明确了工业绿色发展的目标和路径。

在这一阶段，政府还加大了对绿色技术研发和推广的支持力度。通过财政补贴、税收优惠等政策措施，鼓励企业采用先进的绿色生产技术和管理模式；同时，政府还加强了与国际社会的合作与交流，引进国外先进的绿色制造技术和经验。

总的来说，我国制造业的绿色发展演化历程经历了从资源消耗型到资源节约型再到绿色转型发展阶段的转变。这一过程中，政府政策的引导和推动作用至关重要。未来随着全球环保意识的不断提高和技术的不断进步，我国制造业的绿色发展将迎来更加广阔的空间和机遇。

二、我国制造业绿色发展的困境

虽然国家投入大量资源支持制造业的绿色转型升级，但我国制造业的发展仍面临国内外双重压力。

（一）国外制造业强势发展的压力

1. 发达国家高端制造业的快速发展

制造业一直被视为国家经济发展的支柱，特别是在发达国家，其地位更是备受重视。这些国家通过积极培育核心技术、建立制造强国地位，并大规模投入资金以支持企业的科研创新活动，展现了对制造业的持续关注与支持；同时，它们持续调整政策法规、行业规范和标准，灵活调整发展策略，以促进核心技术的研发，从而塑造出了独特的制造业优势。这种趋势对我国发展智能制造和先进制造构成了巨大挑战，不仅增加了科技赶超的难度，阻碍了我国在产品价值链中的地位提升以及在国际市场上的份额增长，而且也提高了我国出口产品面临的可替代性风险。

2. 新兴经济体制造业的追赶

新兴经济体如印度和巴西的制造业迅速崛起，对我国制造业在国际市场竞争上带来了日益加剧的压力。这些国家正在积极调整其发展战略，力图在全球制造业转型的浪潮中寻找机遇，推动本国制造业的蓬勃发展。以印度为例，该国以软件制造产业为突破口，全力倡导“印度制造”，并采取了一系列与发达国家接轨的技术和政策举措，旨在努力打造与我国制造业相媲美的全球制造中心。相较之下，巴西则依托其雄厚的工业实力，重点发展钢铁、石化和汽车等产业，旨在通过实施宽松的财政政策和放开外资限制等措施，加速市场的开放，并致力于扩大出口规模，成为制造业出口的重要国家。

3. 国际贸易格局变迁的压力

随着我国人口红利的消失以及劳动力成本的逐步上升，一些外资企业开始将劳动密集型产业转移至东南亚等地区，这些地区具有利润更为丰厚的潜力，从而限制了我国在装配制造、产品制造等领域的发展空间。同时，发达国家的资本转移也对我国的加工、组装等制造业产生了影响，加剧了企业生产所面临的资金压力，提高了产品出口的难度，进一步阻碍了我国制造业产能的消化。此外，一系列贸易竞争手段，如提高关税、限制进口、拓展出口市场以及提高产品合规标准等举措，也增加了国际贸易的壁垒，大幅削减了我国制造业的出口订单。

（二）国内制造业高质量发展的瓶颈

1. 高质量人才不足

高质量人才的稀缺性是企业自主创新受限的主因。当前多数制造业企业位于全球产业链低端，其劳动力缺乏创新意识与综合素质。劳动力缺乏专业技能不仅限制了生产效率提升，还导致技术成本和交易成本上升，从而妨碍了制造业向更高科技水平的演进。

由于高质量人才的匮乏，企业面临自主研发难题。一些企业不得不采取购买技术专利等手段引进技术，然而这增加了技术更新成本，损害了企业的竞争实力。高质量人才的短缺限制了制造业技术改造的步伐，延长了绿色转型升级的周期，并削弱了转型升级的效果。

2. 创新意识和能力不足

我国制造业企业在创新方面存在着显著的缺失，主要表现在缺乏创新意识，导致其自主研发活动受到限制。代加工企业受制于委托加工企业，使得其创新能力受到限制，难以在技术上有所突破；企业高管普遍缺乏对创新的足够重视，对自主研发持轻视态度，甚至存在科研部门虚设的现象。此外，这些企业缺乏足够的招聘和培养科研人才的机制，导致缺乏专业的科研团队支撑，进而使其陷入低附加值的生产状态。与此同时，这些企业与科研机构、高校之间的合作关系不够紧密，缺乏有效的技术转移渠道，导致科技成果的滞后，进而影响了企业的国际竞争力，使其在国际市场上处于不利地位。

3. 绿色发展理念不到位

我国制造业的绿色转型升级受到了绿色制造法律体系和政策体系支撑保障作

用不足的阻碍。当前环境规制政策和法律存在诸多不完善之处，其缺乏强制性约束，尤其在中小企业生产经营方面表现不佳，未能有效遏制高污染企业的产业行为。同时，知识产权法律体系的不完善也对企业的自主创新能力造成了限制，降低了科研人员的积极性和安全感。部分企业甚至试图采用非法手段获取技术，以实现技术更新，这种行为不仅扰乱了市场秩序，还对技术创新造成了负面影响。

此外，科技创新评价体系也存在偏差，使得企业过于追求经济效益，忽视了绿色生产技术的研发。企业更倾向于开发与经济效益直接相关的生产技术，而对节能减排、污染治理等绿色技术的研发投入不足。这种偏向性导致了我国制造业企业缺乏对绿色生产技术的引领作用，进而阻碍了推进绿色转型升级的进程。

第二节　制造业的可持续发展路径——绿色制造

制造业的绿色转型升级对科技创新和制度顶层设计均提出了更高的要求。面对国外制造业强势发展的压力以及国内制造业高质量发展的瓶颈，制造业应依靠科技创新和制度顶层设计，促进其绿色转型升级，提升制造业国际竞争力。

一、以核心技术推动绿色智能制造发展

（一）提高科技创新能力

我国制造强国建设的关键手段包括提高科技创新能力、掌握核心技术以及发展绿色智能制造。然而，面对贸易摩擦和劳动力成本上升等压力，单纯依靠投资扩大和降低成本已不足以支撑制造业的发展，必须从根本上提升产品价值和促进产业发展。因此，以技术为核心，通过科技创新和技术升级实现绿色发展，建立制造业绿色发展机制，形成循环生产方式，提高可再生资源利用率，降低能耗和污染至关重要。这一转型旨在推动制造业由劳动密集型、资源密集型、低附加值向资金密集型、技术密集型、高附加值转型。通过这种方式，不仅可以提升产品的价值，还能促进产业升级，使我国制造业保持在国际竞争中的领先地位。

（二）培育新型产业发展模式

在培育新型产业发展模式方面，要着眼于以制造业为核心，与信息产业、

“互联网+”、物联网等进行融合发展，以构建信息化、数字化、智能化和生态化的制造业发展模式为目标。这一新模式旨在提升产业支撑力，通过促进产业联动发展，提高制造业的生产效率和开放程度，并强化与相关产业的关联，进而形成具有抗风险能力的产业联盟，有助于提升制造业在国际市场的竞争优势。

在政策层面，提出构建新发展格局，重点强调实体经济发展和产业支撑的重要性，为新模式的培育提供政策支持与倡导。这一举措为新模式的发展提供了政策基础，为产业转型升级创造了有利环境。

推动经济高质量发展是新模式的根本目标之一。新模式有助于形成新发展格局，为我国经济的高质量发展提供持续动力，成为实现制造业转型发展的关键手段。通过促进产业结构优化升级，提升产业核心竞争力，新模式将推动我国经济实现更加稳定、可持续和高质量的发展。

（三）形成制造业智能发展标准体系

智能制造标准体系的建构被认为是推动智能制造发展的关键性步骤。在此背景下，工信部、国家标准化管理委员会于2016年颁布了《国家智能制造标准体系建设指南》，该指南提出了构建标准体系的模型框架和技术标准。智能制造标准体系的框架涵盖了基础共性标准、关键技术标准以及重点行业标准，旨在兼顾社会、经济和生态效益的融合。这一标准体系的构建不仅引导着制造业向智能化方向发展，更规范了多产业融合和多技术融合的发展标准。同时，智能制造标准体系的确立有助于引导制造业朝着智能化方向发展，不仅为其制定发展目标提供了指导，也为政府进行考核和优化发展模式提供了可靠依据。这一体系的建立旨在推动智能制造的发展，促进制造业的转型升级，以适应信息化、智能化的新时代需求，从而助力经济持续稳步增长。

二、以顶层设计促进绿色制造体系构建

（一）完善法律体系，规范企业绿色转型行为

完善立法，提高企业的产权意识和信用意识。为促进企业自主创新和维权意识，应完善知识产权法律体系，加大保护力度。这一措施不仅包括向企业科研团队提供法律保障以增进其创新活力，还涵盖明确知识产权责任，建立权责一致的惩罚责任制度，提高对侵权行为的处罚力度，以加强企业对知识产权的尊重和敬畏。

同时，为推动形成公平竞争、互信互利的市场环境，必须建立健全市场信用机制。这项举措的目标在于加强市场机制，通过提高市场运行的信任度和灵活度，为企业提供有序的交易环境。此外，还需强化对企业信用的监管力度，加大失信惩戒力度，规范企业行为，以塑造健康的商业氛围。

（二）完善绿色发展政策，支持企业绿色转型发展

政策导向可重点倾斜于绿色转型的制造业企业，以提升对其的支持力度，确保制造业基础设施、人才储备以及资金信贷、技术创新、品牌推广等活动得以顺畅进行。此举应激励企业通过自主创新或技术引进等途径对生产线进行绿色改造，推广清洁能源用于生产，倡导形成低消耗、低排放、可循环的生态友好型生产方式。

同时，通过政策手段提高环境保护的最低标准，迫使企业提升科技创新水平，改进技术及生产工艺，以实现降低污染、减少排放的目标，进而推动制造业企业向绿色转型发展。

（三）完善行业准则，形成绿色制造产业规范

完善行业准则并形成绿色制造产业规范是实现制造业绿色转型升级的重要手段。工信部、国家标准化管理委员会于 2016 年发布了《绿色制造标准体系建设指南》，旨在加快实施绿色制造工程，进一步发挥标准的规范和引领作用，推进绿色制造标准化工作，到 2025 年，形成较为完善的绿色制造标准体系。此举旨在推动制造业朝着系统性和综合性方向发展，以规范和引领绿色制造行为，为绿色制造的实践提供目标导向。通过建立普适的行业绿色生产标准，力求以行业协会为主导，统一制定行业内的绿色生产规范和标准。这一举措的核心目标在于提升行业的绿色生产水平，进而推动整个产业链的绿色化发展。同时，通过营造积极向上的制造业绿色生产氛围，将促进企业对绿色生产的认知与实践，进而助力环境友好型的产业发展。

第三节 绿色税收开辟制造业绿色转型新路径

绿色税收是国家为促进社会经济向绿色发展转型所提出的一项政策措施。其在制造业领域的应用，被视为一种有效措施，可应对制造业所面临的环境污染和资源消耗等挑战。通过对环境资源实施合理约束，可以提高制造业的发展水平。推动我国绿色税收体系的建设对于践行健康可持续发展理念具有重要推动作用。制造业的发展受到内外部双重压力的影响，因此，必须寻求合适的突破口。

一、绿色税收对制造业绿色转型效率的影响

（一）制造业绿色转型效率

制造业在生产过程中依赖劳动力和能源资源以完成产品的制造，并通过销售渠道实现产品的市场展现和资金回流，促进企业的持续生产和规模扩张。制造业的绿色转型涵盖了转变传统生产模式的概念，其旨在降低资源消耗和环境污染，并将健康、绿色、生态和环保理念融入制造业的发展中，以推进健康可持续发展的进程。此外，制造业绿色转型的效率体现在企业投入成本与产出之间的关系，即企业的投入是否与产出呈正相关趋势，从而影响到企业的经济效益和可持续发展。

（二）制造业绿色转型的影响因素

制造业绿色转型是一个长期且复杂的过程，转型的效率也会受到多重的外界环境的影响，以下是对主要影响因素的具体分析。

1. 市场的绿色需求

绿色市场需求指的是消费者渴望购买环保产品、对资源友好型产品的需求以及其购买力的总和。这种需求不仅包括外部环境对绿色产品的影响，还包括制造业内部对绿色产品的推动。消费者作为最终用户，直接塑造了产品的价格和供应情况。随着消费水平的提高和环保意识的增强，对绿色产品的需求也在不断增加，市场需求逐渐趋向于低能耗、低污染、低破坏等产品，这推动了制造业向绿色发展的转变。随着绿色市场竞争的日益激烈，企业必须通过学习相

关技术、提高生产水平来增强核心竞争力，从而在竞争激烈的市场中取得主导地位。

2. 工业技术革新

科学技术在推动制造业发展方面扮演着重要的角色，其创新力量能够引领产品结构和生产模式的革命性变革，特别是绿色、节能、减排、低碳等理念的技术，对制造业转型起到了至关重要的推动作用。工业技术的创新主要体现在产品的革新、替代品的研究以及生产结构的优化改善上，这些创新引导着企业朝着环保健康的方向发展。这样的创新能够有效地缓解环境污染、提高资源利用效率、降低能源消耗，从而为企业带来更高的经济效益。

3. 政策环境

政府制定的制造业生产政策对绿色转型具有至关重要的意义。这些政策的优化和改进有助于推动资源的合理配置，并促进环境保护与生产力发展之间的协调。针对环境污染和能源消耗问题，政府采取了监督措施以确保企业遵守相关规范。然而，传统的管理方式存在一定的弊端，因为企业在追求经济效益的过程中可能会对环境和能源造成损害。为此，绿色转型政策要求企业调整其生产模式和产业结构，尽管这可能会增加成本，但符合未来发展的趋势。企业需要全面贯彻执行这些政策，以推动制造业的绿色转型。

二、绿色税收对制造业绿色转型的影响

（一）对环境规制的影响

绿色税收通过对排放、污染和资源消耗等行为征收税收，有效地提高了企业的环境成本。这种经济手段促使企业更加重视环境保护，从而推动了环境规制的实施和执行。

首先，绿色税收使企业对环境成本有了更为清晰的认识。传统上，企业往往忽视环境成本，将其外部化或转嫁给社会。然而，绿色税收的实施使得企业不得不直面环境成本，从而激励其采取更加环保的生产方式和技术。

其次，绿色税收对环境行为产生了直接的经济影响。通过对排放和污染等行为征税，有效地提高了环境成本，降低了污染行为的盈利空间，从而减少了环境污染和资源浪费。

最后，绿色税收促使企业加大对环境技术和设备的投入。面对环境税收的压力，企业不得不加大对环保技术和设备的研发和应用，以降低环境成本，提高生产效率。

（二）对技术创新的影响

绿色税收作为一种经济激励手段，对技术创新起到了积极的推动作用，它通过激励企业采取更加环保的生产技术和工艺，促进了技术创新和发展。

首先，绿色税收激发了企业对清洁生产技术的需求。面对环境税收的压力，企业不得不寻求更加环保的生产技术和工艺，以降低环境成本。这种需求的增加促使企业加大对清洁生产技术的研发和应用，推动了清洁生产技术的创新和发展。

其次，绿色税收促进了企业与科研机构的合作。为了应对环境税收的挑战，企业需要不断地进行技术创新和改进。为此，它们通常会与科研机构展开合作，共同研发新的环保技术和工艺，从而推动了技术创新的发展。

最后，绿色税收鼓励了企业加大对绿色技术的投资。面对环境税收的压力，企业不得不加大对绿色技术的研发和应用，以降低环境成本。这种投资的增加促进了绿色技术的创新和发展，推动了制造业的绿色转型。

三、绿色税收推动制造业绿色转型的措施

随着全球环境问题的日益突出，绿色转型已成为制造业发展的必然趋势。绿色税收作为一种重要的经济政策工具，在推动制造业绿色转型中发挥着关键作用。下面将深入探讨如何通过提高税收的绿色化程度、完善配套设施以及加强税收对环境规制的保障，来有效推动制造业的绿色转型。

（一）提高税收的绿色化程度

1. 税收优惠引导绿色生产

政府可以通过提供税收优惠，来引导制造业企业采用更加环保的生产方式。例如，对使用清洁能源、节能设备以及实施资源循环利用的企业，可以给予所得税减免、增值税退税等优惠政策。这些措施能够降低企业采用绿色技术的成本，提高其市场竞争力，从而激发企业绿色转型的积极性。

此外，政府还可以设立绿色技术创新基金，支持企业进行绿色技术的研发和

应用。通过资金支持，鼓励企业加大在节能减排、资源循环利用等方面的技术创新投入，推动绿色技术的快速发展和应用。

2. 税收惩罚抑制污染行为

在提高税收的绿色化程度方面，政府还需要对污染行为实施税收惩罚。通过增加对污染企业的税收负担，迫使其减少污染排放，采用更加环保的生产方式。例如，可以对高污染企业征收环保税，根据其污染排放量和污染种类来确定税额，从而实现对污染行为的经济制裁。

同时，政府还可以建立环保信用评价体系，将企业的环保行为与税收优惠、信贷融资等政策相挂钩。对环保信用良好的企业给予更多的政策支持和市场机会，而对环保信用差的企业则实施严格的税收惩罚和市场准入限制。这种奖惩分明的政策导向，将有助于形成制造业绿色转型的良性循环。

（二）完善配套设施

1. 加强绿色技术研发和推广

政府应加大对绿色技术研发的投入，支持高校、科研机构和企业进行绿色技术的创新和应用。通过建立产学研一体化的创新体系，推动绿色技术的快速发展和成果转化；同时，政府还应加强对绿色技术的推广和应用，通过举办技术交流会、建立示范工程等方式，促进绿色技术在制造业中的广泛应用。

2. 建立绿色供应链

政府应鼓励和引导制造业企业建立绿色供应链，从原材料采购、生产加工到产品销售等各个环节都注重环保和可持续发展。通过建立绿色采购制度、推广环保包装和运输方式等措施，降低制造业的碳排放和环境影响；同时，政府还可以建立绿色产品认证制度，对符合环保标准的产品进行认证和标识，提高消费者对绿色产品的认知度和购买意愿。

3. 完善绿色金融体系

政府应建立完善的绿色金融体系，为制造业绿色转型提供资金支持。通过设立绿色投资基金、发行绿色债券等方式，吸引社会资本投入绿色产业和项目；同时，政府还应加强对绿色金融的监管和评估工作，确保资金的有效利用和风险的可控性。

（三）加强税收对环境规制的保障

1. 强化税收征管力度

政府应加大对环保税收的征管力度，确保税收政策的有效执行。通过完善税收征管制度、加大税收稽查和处罚力度等措施，防止企业逃避税收和违规行为的发生；同时，政府还应加强与环保部门的沟通协调，建立信息共享机制，提高税收征管的效率和准确性。

2. 建立环境税制度

政府可以考虑建立专门的环境税制度，对污染排放行为进行直接的经济制裁。通过设定合理的税率和税基，确保环境税能够真实反映污染排放的社会成本，从而引导企业减少污染排放并采用更加环保的生产方式；同时，政府还可以将环境税收入用于环保事业的建设和发展，形成良性循环。

3. 加强国际合作与交流

在全球化背景下，加强国际合作与交流对于推动制造业绿色转型具有重要意义。政府应积极参与国际环保合作与交流活动，学习借鉴其他国家和地区的成功经验做法；同时，政府还应加强与跨国公司的合作与交流，推动其在华投资设厂时采用更加环保的生产方式和技术标准。通过国际合作与交流的平台，共同推动全球制造业的绿色转型和发展。

第四节　碳中和目标下制造业绿色发展之路

碳达峰、碳中和目标的提出是对我国制造业创新发展的导向要求与规范约束。我国仍属于发展中国家，制造业对于经济的可持续发展至关重要。制造业作为工业的主要组成部分，“稳增长”是其高质量发展的前提。《中华人民共和国国民经济和社会发展第十四个五年规划和2035年远景目标纲要》中提出，要保持制造业比重基本稳定，增强制造业竞争优势，并强调推动制造业高端化、智能化、绿色化。党的二十大报告也明确要求，建设现代化产业体系，坚持把发展经济的着力点放在实体经济上，推进新型工业化。因此，我国制造业的绿色发展必须满足“双碳”目标和“稳增长”协同推进的要求。对于我国制造业而言，实现碳达峰是一个必然的结果，且当前我国制造业的一些行业已经实现了碳达峰，实现碳中和才是制造业高质量发展的挑战，因此本节将在强调碳中和目标这一约束条件下展开探讨。

一、碳中和目标对制造业绿色发展的影响

我国制造业的绿色发展是多方面因素的综合作用，其中政策和市场需求扮演着关键角色。实现碳中和目标不仅是环保的需要，更是对资源的有效利用和产业协调发展的迫切要求；同时，此举也催生了技术和管理的创新，推动产业向更高质量发展。政策的激励措施促使企业提升自身竞争力，以适应未来绿色发展的趋势。因此，从长期来看碳中和目标与制造业绿色发展形成了双向驱动的正反馈机制，相互促进，为可持续发展奠定了坚实基础。

（一）碳中和目标与绿色溢价

2020 年 9 月 22 日，习近平总书记在第 75 届联合国大会一般性辩论上提出，我国二氧化碳排放力争于 2030 年前达到峰值，努力争取 2060 年前实现碳中和。2021 年，我国先后出台了《中共中央 国务院关于完整准确全面贯彻新发展理念做好碳达峰碳中和工作的意见》和《国务院关于印发 2030 年前碳达峰行动方案的通知》，进一步明确了我国碳达峰、碳中和目标的战略承诺并规划了实现碳达峰、碳中和的路线图。其中，对制造业提出了建设和完善“绿色制造体系”的具体要求。制造业是我国能源消耗和碳排放的主要源头，制造业是否能够率先实现碳中和对我国碳中和目标的完成尤为关键。目前，我国制造业能源消耗量和制造业增加值整体上同步增长，尚未实现经济增长与能源消耗及碳排放的脱钩，因此必须协同推进碳中和与“稳增长”。

解决制造业碳中和问题，从经济学的角度出发可以分为供给侧减排和需求侧减排。供给侧减排战略包括广泛推广清洁能源，改进生产工艺以提高资源利用效率，并采用碳捕捉技术以减少二氧化碳排放。这些举措旨在从根本上减少碳排放源头，以实现长期的碳中和目标。需求侧减排策略通过控制能源消耗来减少碳排放，如限制能源使用或通过提高能源价格来激励消费者改变行为。然而，需求侧减排可能对经济增长产生不利影响，并且其效果通常具有短期性质。因此，在这两种减排方式中，供给侧减排被认为是解决制造业碳中和问题的主要途径。经济学分析提供了评估这一策略效果的框架，其中一个重要概念是“绿色溢价”。绿

色溢价的概念是由比尔·盖茨提出的，具体计算的是，与当前采用的高碳技术的生产成本相比，使用零碳技术的成本会比当前提升多少。① 碳中和的关键在于绿色溢价，当绿色溢价为零时，企业可以选择零碳技术而不增加成本，因而绿色溢价越低，碳中和越容易实现。

（二）碳中和约束下制造业绿色发展的动因

企业作为市场主体，其行为模式遵循利润最大化原则或成本最小化原则。在缺乏碳中和目标的约束下，制造业企业的行为模式通常遵循着利润最大化或成本最小化的原则。然而，随着绿色发展理念的兴起，企业开始从直接经济收益的角度考虑绿色转型。在这一过程中，企业通常不会主动采用减排和碳捕捉技术，而是更关注于低成本的替代性技术；同时，由于消费者对于绿色产品的碳中和因素的关注较少，绿色产品的转型并不涉及碳排放限制和能源效率优化。然而，随着碳中和目标的约束加速，企业绿色发展进程受到了外部压力的促进，迫使企业更加主动地进行绿色制造转型。这些碳中和目标的制定使得能源综合成本上升，能源效率和利用效率因而成了更为关键的成本因素。为此，企业积极获取节能减排技术、采用替代性能源以及重组生产流程，以降低能源综合成本。在环境规制的约束下，制造业企业在一方面强化末端治理，另一方面加快资本更新，并优化用能结构，以提高能源资源的利用效率，实现绿色化转型。

碳中和目标的设立强调了对碳排放的严格控制，这一趋势鼓励企业在产品生命周期中降低碳排放，并推动全球范围内碳税和碳交易市场的规范化，从而提高碳效率高企业的收入。通过采用节约能源利用系统和绿色碳排放系统，企业增加了通过碳排放额度交易获取利润的机会。在碳中和目标的背景下，制造业企业为了维持和提升其在产业链中的地位，势必需要进行绿色产业链转型，以避免承受由于产能空置而带来的巨大成本压力。碳中和目标的确立也促使消费者对绿色产品的环境和碳排放的相关内容给予更高认同，企业的绿色化程度将直接影响产品的市场竞争力，因此企业更愿意主动进行绿色产品转型。

当然，对于具体企业的绿色发展动因分析，需要考虑其所在行业碳排放特征后，才能得出更为准确的答案。总体而言，碳中和目标激励制造业企业加快绿色发展的步伐，而企业的绿色发展则将进一步促进碳中和目标的达成，碳中和目标

---

① 比尔·盖茨．气候经济与人类未来［M］．陈召强译．北京：中信出版社，2021：65.

与企业绿色发展可以形成双向正反馈机制。

二、碳中和目标下制造业绿色化转型面临的挑战

理论界对碳中和目标下我国制造业绿色发展所面临的挑战有所探讨，现有研究主要从两个维度展开：一是从行为主体维度，即从政府、企业、消费者的方向展开分析；二是从发展路径维度，即从理念、技术、体系的角度进行研究。在现有研究的基础上，本书从产业经济的视角出发，总结和归纳制造业绿色发展在宏观、中观、微观和制度四个层面所面临的挑战。

（一）宏观层面

碳中和目标下我国制造业绿色发展在宏观层面最主要挑战来源于我国制造业的产业特点。

第一，制造业发展程度的制约。目前，尽管制造业仍然是我国国民经济的主导产业，但随着经济增长对碳排放的依赖程度不断下降，制造业碳排放进入了高位调整期后，再次呈现上升趋势。自改革开放以来，我国采用的投资拉动型和要素驱动型的增长模式导致了制造业中投资和出口所带来的碳排放强度较高。制造业在我国经济中的重要地位以及长期形成的出口导向结构，对其绿色发展带来了一定阻碍。因此，需要采取有效措施促进制造业的绿色转型。

第二，区域发展不平衡。我国区域碳排放量受长期形成的制造业结构和产业布局的深刻影响，这一现象的特征主要表现为“北高南低”，即北方省份的总排放量和人均排放量明显高于南方，且这一差距不断扩大；在时间上，则呈现出“西升东降”的特征，西部省份的人均排放量持续上升，而东部省份的排放强度明显下降。这种区域分化的主要原因在于高耗能行业，如钢铁、化工、有色金属、水泥等在北方和西部地区更为集中分布。这些高耗能制造业正处于从粗放型向集约型转型的关键期，其经济效益与生态环境效益之间的矛盾不断突出，导致北方和西部地区的绿色发展进程相对滞后。与此相对，南方省份大多处于后工业化阶段，其制造业呈现轻量化、数字化、智能化等特点，附加值相对较高，对绿色发展的推动作用显著。随着碳中和目标的确立和产业结构的调整，资源密集型和劳动密集型产业逐渐向北方和西部地区转移，但这一转移过程加剧了区域之间的绿色发展差距，给制造业高质量发展带来了新的挑战。

（二）中观（或产业）层面

我国制造业具有门类齐全、分布广泛的特点，然而，各行业存在着明显的差异，特别是在高耗能行业领域，如钢铁、化工、有色金属、水泥等，其能源消耗占比超过 70%。同时，技术创新和开发能力相对薄弱，仅有 10%～30% 的前沿科技成果得以应用，制造业整体缺乏关键核心技术，高端装备和核心零部件对外依存度较高。制造业呈现出从南到北由劳动密集型向资本密集型转变的趋势。而劳动密集型行业对就业和收入有拉动作用，虽然其绿色化创新动力和能力显得不足，但在短期内仍会继续发展。在制造业中，国有企业在制造业能源消耗型大型企业中占据着一定比例，并受到任期考核和资产保值增值要求的影响，这导致国有企业对绿色技术研发持谨慎态度，更倾向于通过购买技术来推进绿色化转型。此外，过分关注投资回报率导致了能源消耗型国企的机会主义行为。这种行为表现在低能源价格时大量购买而非提升能源效率，从而对制造业的绿色发展构成了制约。因此，制造业在技术创新、绿色化转型等方面面临着诸多挑战，需要采取切实有效的措施来促进可持续发展。

制造业在国际产业链中的参与程度也密切影响其绿色发展进程。以我国对欧盟的出口为例，2021 年，欧洲议会通过设立"碳边界调整机制"的议案，计划从 2023 年开始对碳减排不达标企业出口到欧盟的部分商品征收碳关税。2023 年 2 月 9 日，欧洲议会环境、公共卫生和食品安全委员会正式通过欧洲碳边界调整机制协议，具体生效时间为 2023 年 10 月 1 日。欧洲碳边界调整机制协议正式生效后，我国出口欧洲的化工制品、钢铁、有色金属、化肥、水泥、玻璃、纸浆和纸制品等将会被首批纳入碳关税征收范围中，这将对我国制造业的有序发展将带来不确定性的影响。

（三）微观层面

部分企业绿色化转型的动力和能力不足，以及消费者关于绿色发展的意识不足和需求不足是影响制造业绿色发展的重要因素。企业是以经济收益为目标的营利性组织，如果环境价值无法体现在经济效益中，企业就难以自主选择绿色化转型的道路。基于管理惯性和文化惯性，经济性特点并不显著的绿色发展价值理念在大多数制造业企业中并不普及，绿色生产的观念无法在企业的日常生产经营中得到贯彻。

因此，虽然绿色发展在中长期内能够提高企业效率、增加发展能力，但是在短期内，企业必须面对资金投入增加、运营成本上升以及风险加大等挑战。此外，部分企业受“宏观衰退”的预期影响，无法将注意力集中在长期问题上，进一步减弱了其进行绿色化转型的意愿。企业绿色化转型的能力还受到技术储备的制约，美国、日本等国家在绿色技术领域拥有先发优势，而我国则缺乏核心技术积累，容易受到西方国家技术壁垒的影响。因此，要推动制造业绿色化转型，需要综合考虑企业动力、管理文化、消费者需求、财务压力以及技术积累等多方面因素，以制定针对性的政策和措施，推动企业朝着更加可持续的发展路径迈进。

关于消费者方面，我国消费者在商品定价方面未全面考虑环境和生态成本，对绿色产品的认知和重视程度不高。消费观念着重于成本效益，以价格和质量为主导，对碳中和产生的绿色产品的溢价接受度有限。此外，消费者在绿色产品选择上存在替代性不足的问题，部分原因在于技术与市场之间的限制，未能实现新一轮信息革命关键技术与绿色制造的深度融合，消费者个性化绿色消费需求难以得到满足。

（四）制度层面

制度供给不足是制约制造业绿色发展的主要障碍之一。第一，市场对资源配置的决定性作用没有得到充分发挥。在市场经济条件下，资源应当流向效率最高、效益最大的部门和领域。然而，由于绿色发展的外部性和市场信息的不对称性，市场往往无法有效地引导资源向绿色产业流动。这就需要政府通过制度设计，如提供税收优惠、设立绿色发展基金等，来矫正市场失灵，促进资源向绿色产业的合理配置。

第二，区域间缺乏政策协调机制。制造业的绿色发展往往需要跨区域的合作与协调，但在现实中，各地区往往各自为政，缺乏有效的政策协调机制，这导致绿色发展的政策效果大打折扣，甚至可能引发区域间的恶性竞争。因此，建立跨区域的政策协调机制，促进各地政策的互补与协同，是推动制造业绿色发展的关键。

第三，针对绿色产品消费端的政策不足。绿色产品的市场推广和消费引导需要政策的支持和引导。然而，目前针对绿色产品消费端的政策明显不足，消费者对绿色产品的认知度和接受度有待提高。政府应当通过制定相关政策，如提供绿色消费补贴、加强绿色产品认证和宣传等，来刺激绿色产品的市场需求，从而推动制造业的绿色发展。

第四，部分地方经济社会发展目标的短视性加剧了政策的不确定性。为了推动制造业的绿色发展，我们需要充分发挥市场对资源配置的决定性作用，建立跨区域的政策协调机制，加强针对绿色产品消费端的政策支持，并克服地方经济社会发展目标的短视性。只有这样，我们才能为制造业的绿色发展创造有利的制度环境，实现经济、社会和环境的可持续发展。

三、碳中和目标下制造业绿色发展的实现路径

新中国成立 70 多年，特别是改革开放 40 多年来，我国形成了独立的、比较完整的工业体系和国民经济体系，在资源再配置中有较大的承载能力和较强的控制能力，只要持续推动制造业转型升级，不断提高行业全要素生产率，把制造业的较快增长和绿色化转型结合起来，就能够实现碳中和目标。目前，统筹碳中和目标和“稳增长”要求是一项复杂的系统性工作，需要在科学规划下由多方共同推进。针对制造业所面临的挑战，通过在确立实施路线、完善政策体系、强化技术支撑、推进绿色制造体系建设等四个方面进行不断探索，可以走出一条中国特色绿色发展道路。

（一）确立绿色发展实施路线图

对应碳达峰、碳中和目标时间节点，采取分步走的战略，确立绿色发展的近期、中期和长期实现路径。

第一，近期路径是指“十四五”时期的路径。这一阶段，重点应放在调整产业结构和能源结构上，推动传统产业向绿色低碳方向转型。具体措施包括：加强环保法规建设，提高污染排放标准，促使企业采用更环保的生产方式；加大对清洁能源的研发和推广力度，提高可再生能源在能源消费中的比重；鼓励绿色技术创新，通过政策扶持和资金投入，推动绿色技术的研发和应用。

第二，中期路径是指从“十四五”末期到 2030 年的路径。在这一阶段，我们需要进一步深化绿色发展战略，确保在 2030 年前实现碳达峰。主要任务包括：持续优化产业结构，淘汰高污染、高能耗产业，大力发展绿色低碳产业；全面推进能源革命，大幅提升能源利用效率，降低碳排放强度；加强国际合作与交流，引进国外先进的绿色技术和管理经验，共同应对气候变化挑战。

第三，长期路径是指从 2030 年到 2060 年的路径。这一阶段是实现碳中和目

标的关键时期，需要在前期工作的基础上，进一步加大减排力度，推动经济社会全面绿色转型。具体措施包括：深化碳排放权交易市场建设，通过市场机制推动碳排放的减少；加强森林、草原等生态系统的保护与修复，提高生态系统的碳汇能力；推动绿色生活方式普及，提高公众环保意识，形成全社会共同参与绿色发展的良好氛围。

（二）完善相关政策体系

1. 宏观管理政策体系

宏观管理政策体系，分别包括国家、地方、产业三个层面。

在国家层面，制定气候法律框架以确保碳中和目标的法律约束，并细化相关政策以激发市场活力，推动绿色发展。同时，协调产业、贸易和环境政策，以防止高耗能、高排放企业的国际转移，抑制非绿色产品过度进口对制造业绿色转型的冲击。

在地方层面，根据本地经济发展、产业结构和资源特点，有针对性地执行国家政策，充分发挥科技创新中心和产业园区的优势，引导技术密集型制造业前行，加速企业绿色发展。

在产业层面，根据不同制造业大类的情况，建立差异化的碳排放政策，并优化政策设计以适应不同产业链的特征。同时，加强行政区域和产业链政策的对接，完善区域和行业协同机制，推动跨行政区、跨行业的协同合作，提升传统制造业的绿色发展能力。

2. 市场和金融政策体系

在碳中和目标下，建立和完善市场和金融政策体系对于推动制造业绿色发展至关重要。首先，应深化资源环境价格改革，使价格反映资源稀缺性和环境治理成本，从而引导制造业企业节约资源、减少污染。其次，要完善绿色金融政策，鼓励金融机构为绿色制造业提供优惠贷款、绿色债券等多元化融资支持。此外，还可以探索建立绿色保险制度，为制造业企业提供环境污染责任险等保险产品，降低其环境风险。

为了充分发挥市场机制在资源配置中的决定性作用，还应加快推进碳排放权交易市场的建设。通过建立全国统一的碳排放权交易市场，可以促使制造业企业自主减排，实现碳排放的外部成本内部化。同时，政府可以通过购买碳排放权的方式，对制造业企业的减排行为进行经济补偿，形成正向激励机制。

3. 财政和税收政策体系

财政和税收政策是政府引导制造业绿色发展的重要手段。在财政政策方面，政府可以通过设立绿色发展专项资金，支持制造业企业进行绿色技术改造、节能降耗等项目；同时，还可以采用政府购买服务的方式，推动绿色制造产品的应用和推广。

在税收政策方面，应进一步完善绿色税收政策体系。一方面，可以对绿色制造产品给予增值税、所得税等税收优惠，降低其生产成本，提高其市场竞争力；另一方面，对高污染、高能耗的制造业产品加征环境保护税，增加其生产成本，从而抑制其过度生产。此外，还可以通过税收优惠政策引导社会资本投入绿色制造业，形成多元化的投资主体。

4. 科创研发政策体系

科技创新是推动制造业绿色发展的关键动力。因此，建立完善的科创研发政策体系至关重要。

首先，政府应加大对绿色制造技术研发的投入力度，支持企业、高校和科研院所开展绿色技术创新活动。同时，还应加强产学研合作，推动科技成果转化和应用。

其次，要完善知识产权保护制度，为绿色技术创新提供法律保障。通过加强知识产权的申请、审查和保护工作，可以激发企业和科研人员的创新热情，促进绿色技术的持续创新和发展。

最后，政府还应建立科技人才培养和引进机制，为绿色制造业提供充足的人力资源支持。通过加强职业教育和培训、实施人才引进计划等措施，可以吸引更多的科技人才投身于绿色制造业的发展中。

（三）强化技术支撑体系

技术创新是持续提升制造业劳动生产率的唯一途径，也是制造业绿色发展的重要支撑。须通过碳中和目标促进技术创新，提升制造业行业绿色全要素生产率。

第一，加快战略性关键技术研发。随着全球环保意识的提升，传统的制造业技术已经无法满足当今的环保要求。因此，研发更加环保、高效的关键技术势在必行。例如，开发新型材料以替代传统的高污染材料，研究节能减排的新工艺和新设备等。这些技术的突破，将极大地推动制造业的绿色转型，在提高生产效率的同时降低其对环境的影响。

第二，加大绿色技术的战略储备和转移转化。绿色技术的储备不仅包括技术的研发，更包括技术的推广和应用。政府、企业和科研机构应共同建立一个绿色技术转移转化的机制，使得这些技术能够快速地应用到实际生产中。同时，通过国际合作与交流，引进国外先进的绿色技术，结合国内实际情况进行消化吸收再创新，形成具有自主知识产权的绿色技术体系。

第三，提升制造业数字化水平。数字化技术的应用能够实现生产过程的精准控制，减少资源浪费和能源消耗。例如，通过工业互联网技术实现设备的智能化管理和远程监控，提高设备的运行效率和维护效果；利用大数据和人工智能技术优化生产计划，实现按需生产，减少库存和浪费。这些数字化技术的应用将极大地推动制造业的绿色化和智能化发展。

第四，充实产业创新人才队伍。人才是推动技术创新的核心力量，因此必须重视人才的培养和引进。政府和企业应加大对创新人才的投入，提供良好的工作环境和待遇，激发人才的创新活力和创造力。同时，通过建立产学研合作机制，培养具有实践经验和创新能力的高素质人才，为制造业的绿色转型提供源源不断的人才支持。

（四）推进绿色制造体系建设

企业和产业链是实现绿色发展的最终载体，全面构建绿色生产体系是制造业实现绿色化目标的重要途径。

一是构建企业绿色生产和绿色经营管理体系。企业是绿色发展的主体，构建绿色生产和绿色经营管理体系至关重要。这要求企业从内部管理开始，确立绿色发展理念，明确绿色发展目标，制定绿色战略规划。同时，在生产过程中，应实施节能减排措施，优化资源配置，减少废弃物排放，提高资源利用效率；在经营管理层面，企业需引入绿色会计和绿色审计制度，以量化评估绿色绩效，确保绿色发展战略的有效实施。

二是构建绿色制造价值链体系。绿色制造价值链体系的构建，旨在将绿色理念贯穿于产品设计、原材料采购、生产制造、物流配送、产品销售以及回收再利用的全过程。这要求企业在产品设计阶段就考虑环保因素，选择环保材料和可再生资源；在生产过程中采用清洁生产技术，减少环境污染；在销售和物流环节推广绿色包装和绿色运输方式；在产品回收再利用方面建立完善的回收体系，实现资源的循环利用。

三是构建绿色制造循环体系。绿色制造循环体系强调资源的闭环利用，即实现废物的减量化、资源化和无害化处理。企业应建立废物分类回收制度，促进废物的再利用；采用先进的废物处理技术，提高废物处理的效率和安全性。同时，通过技术创新和工艺改进，降低生产过程中的废物产生量，从根本上减少环境污染。

四是构建绿色制造规模化生产体系。规模化生产是提高资源利用效率、降低生产成本的有效途径。在绿色制造中，规模化生产体系的构建需要企业加大技术研发投入，推广环保型生产设备和工艺；通过产业集群和供应链整合，实现资源的优化配置和共享。同时，政府应给予相应的政策支持和资金扶持，推动绿色制造产业的规模化发展。

五是构建绿色制造支撑体系。绿色制造支撑体系包括政策法规、技术创新、人才培养等多个方面。政府应制定完善的绿色制造政策法规和标准体系，为企业提供明确的政策导向和规范要求；同时，加大对绿色技术创新和研发的支持力度，推动绿色技术的广泛应用和成果转化。此外，还应加强绿色制造领域的人才培养和教育普及工作，为绿色制造提供坚实的人才保障。

总之，碳中和是一场广泛而深刻的经济社会系统性变革。就制造业而言，碳中和目标意味着加速推进产业的转型升级和低碳发展，同时保持产业的高质量发展。对于我国现代化建设来说，实现制造业的绿色转型具有举足轻重的意义。它不仅是保持我国制造业全球竞争力、实现从高速增长向高质量发展转变的基石，更是推动我国构建新发展格局的关键动力。绿色制造业的蓬勃发展，将为我国逐步实现碳中和争取宝贵的时间和资源。企业应作为制造业绿色转型的主体，绿色化对企业而言，不仅意味着经济效益的提升和生产环境的改善，还能有效降低能耗和减少环境污染，进而提升企业社会形象及其可持续性。因此，政策层面需审慎考虑如何有效地通过碳中和目标激励市场主体，确保市场在资源配置中发挥决定性作用，并在追求碳中和的同时，保持经济的稳定增长，从而促进制造业的绿色转型。

参考文献

一、著作类

[1][美]比尔·盖茨. 气候经济与人类未来[M]. 陈召强,译. 北京:中信出版集团,2021.

[2]曹华军,邱城,曾丹. 绿色制造基础理论与共性技术[M]. 北京:机械工业出版社,2022.

[3]陈伟."互联网+"背景下我国制造业高质量发展之路[M]. 北京:知识产权出版社,2023.

[4]鄂尔多斯市畜牧业局达拉特旗农牧业局. 数字经济概论[M]. 北京:科学出版社,2020.

[5]左世全. 中国战略性新兴产业研究与发展 智能制造[M]. 北京:机械工业出版社,2021.

[6]李变花. 中国经济增长质量研究[M]. 北京:中国财政经济出版社,2008.

[7]李琼砚,路敦民,程朋乐. 智能制造概论[M]. 北京:机械工业出版社,2021.

[8]中共中央马克思恩格斯列宁斯大林著作编译局. 马克思恩格斯文集(第一卷)[M]. 北京:人民出版社,2009.

[9]孙佳. 中国制造业高质量发展路径研究[M]. 北京:人民出版社,2021.

[10]夏振坤. 发展经济学概论[M]. 武汉:湖北人民出版社,2000.

二、期刊类

[1]陈晓红等. 数字经济理论体系与研究展望[J]. 管理世界,2022,38(02):208-224+13-16.

[2]邓峰,任转转.互联网对制造业高质量发展的影响研究[J].首都经济贸易大学学报,2020,22(03):57－67.

[3]丁洪福,刘思琪,白若琪.中国制造业高质量发展的时空演化和分布动态研究[J].中国物价,2024(02):40－44.

[4]杜雅静,吴克燕."双循环"新发展格局下流通集聚与居民消费分层[J].商业经济研究,2022(07):16－19.

[5]郭克莎,田潇潇.加快构建新发展格局与制造业转型升级路径[J].中国工业经济,2021(11):44－58.

[6]何宁,夏友富,黄海刚.中国产业迈向全球价值链中高端科技政策研究——以装备制造业为研究对象[J].科技管理研究,2018,38(07):47－56.

[7]何吾洁,陈含桦.绿色税收对制造业绿色转型的影响研究——基于绿色全要素生产率的经验数据[J].贵州商学院学报,2021,34(02):56－67.

[8]洪哲成,王亮亮.基于智能制造技术的智能机械制造工艺分析[J].现代工业经济和信息化,2023,13(11):131－133.

[9]胡亚男,余东华.互联网、技术路径选择与制造业高质量发展[J].财贸研究,2023,34(11):1－13.

[10]李从欣,刘艺.双循环新发展格局下中国制造业转型升级研究[J].保定学院学报,2023,36(03):8－17.

[11]李胜会,戎芳毅.中国制造业绿色转型升级:政策、实践与趋势[J].全球化,2021(05):103－114＋136.

[12]李增光,沈克印.双循环新发展格局下体育用品制造业转型升级的动力机制研究[J].沈阳体育学院学报,2022,41(01):106－114.

[13]刘靓雯.绿色税收推动制造业绿色转型的探讨[J].上海商业,2023(08):145－147.

[14]刘瑞.论习近平经济思想之市场经济观[J].财经问题研究,2018(07):15－22.

[15]潘平. 智能制造技术在制造业中的应用探讨[J]. 自动化技术与应用,2023,42(12):1-4.

[16]乔岳. 碳中和目标下中国制造业绿色发展之路[J]. 人民论坛·学术前沿,2023(05):59-70.

[17]唐卿. 基于智能制造技术的智能机械制造工艺[J]. 现代制造技术与装备,2022,58(09):193-195.

[18]王珏,唐青青. 以培育新优势实现中国制造业转型升级[J]. 西北大学学报(哲学社会科学版),2021,51(03):69-79.

[19]王霞,刘皓若. 面向智能制造的工业互联网的应用及发展[J]. 信息系统工程,2020(11):29-30.

[20]吴公平. 智能制造在机械设计技术中的应用研究[J]. 时代汽车,2023(24):150-152.

[21]谢思,夏先瑞. 数字经济赋能制造业高质量发展的内在机理与实现路径[J]. 开发研究,2022(05):9-18.

[22]徐华亮. 中国制造业高质量发展研究:理论逻辑、变化态势、政策导向——基于价值链升级视角[J]. 经济学家,2021(11):52-61.

[23]徐建伟,韩晓,赵阳华. 推动制造业高质量发展的时代要求、现实基础与策略选择[J]. 改革,2023(11):55-66.

[24]燕翔. 中国制造业高质量发展:逻辑、路径、政策[J]. 经济研究参考,2023(10):5-16.

[25]于贵平. 对供给侧结构性改革的政治经济学解析[J]. 生产力研究,2016(07):26-28.

[26]张瑾华,陈强远. 碳中和目标下中国制造业绿色转型路径分析[J]. 企业经济,2021,40(08):36-43.

[27]张璐. 供给侧结构性改革视角下中国实体经济的振兴[J]. 中国集体经济,2019(19):14-15.

[28]张瑜宸等.碳中和、碳达峰目标下制造业转型现状及路径分析[J].商展经济,2022(19):110-113.

[29]钟小凤,孙朗基.基于智能制造技术的智能机械制造工艺[J].产品可靠性报告,2023(06):119-121.

[30]周中胜,李卓,周胡迪."双循环"新发展格局下制造业企业转型升级的理论逻辑、战略方向与实现路径[J].苏州大学学报(哲学社会科学版),2022,43(01):38-48.

[31]朱兰芳,康健,陈晓峰."双循环"新发展格局下体育用品制造业国家价值链构建研究[J].沈阳体育学院学报,2023,42(02):17-24.

三、学位论文类

[1]王鑫瑀.供给理论的历史演进及其在中国的最新发展[D].哈尔滨商业大学硕士学位论文,2017.

[2]蔡延泽.数字经济对制造业高质量发展的影响研究[D].石河子大学博士学位论文,2023.

[3]杜晓东.市场经济对中国制造业现代化影响的研究[D].对外经济贸易大学硕士学位论文,2015.

[4]方梓旭.产业政策对中国制造业高质量发展的影响研究[D].南昌大学博士学位论文,2023.

[5]侯晨.碳达峰碳中和背景下我国制造业转型升级研究[D].中南林业科技大学硕士学位论文,2023.

[6]龙帼琼.数字化对中国制造业高质量发展的影响研究[D].云南财经大学博士学位论文,2022.

[7]孙时雨.马克思主义工业化理论中国化进程研究[D].沈阳理工大学硕士大学论文,2017.

[8]赵玲.马克思恩格斯工业化理论研究[D].苏州大学硕士大学论文,2015.